Red Line **3**

Lehrerband mit CD-ROM

Ausgabe für Bayern (Realschulen) Klasse 7
Herausgeber: Dr. Frank Haß

Ernst Klett Verlag
Stuttgart • Leipzig

Inhaltsverzeichnis

Vorwort

Liebe Kolleginnen und Kollegen,

die Vielfalt methodischer Vorschläge und Erklärungen in diesem Lehrerband wird einer Vielzahl an Unterrichtssituationen gerecht und eröffnet Ihnen kreative individuelle Gestaltungsspielräume.

Ein ausführlicher methodischer Kommentar unterstützt Sie mit zahlreichen Hinweisen zum Umgang mit dem Lehrwerk. Zu Beginn jedes Unit-Teils findet sich ein Kasten mit dem Titel „Auf einen Blick", in dem in wenigen Sätzen erklärt wird, worum es in der Sequenz geht, welche Schwerpunkte trainiert werden und wie hoch der Zeitaufwand ist. Anschließend folgen kompakte, leicht verständliche Erläuterungen zu den Übungen und Kompetenzaufgaben im Schülerbuch. Darüber hinaus erhalten Sie Anregungen für sprachliche Hilfestellung, die Sie den Lernenden geben können, konkrete Vorschläge für Visualisierungsbeispiele/Tafelanschriebe sowie vielfältige Tipps zur (spielerischen) Einführung und Festigung von Wortschatz.

Hilfreich und praktisch ist das Glossar mit Beschreibungen von Methoden und Spielen, die im Schülerbuch vorkommen, zusätzlich in diesem Lehrerband angeregt werden oder aus den Lehrerbänden 1 und 2 bekannt sind.

Zudem stehen Ihnen auf der CD-ROM 77 Kopiervorlagen mit einem reichhaltigen Angebot an vertiefenden und ergänzenden Übungen und Spielen zur Verfügung. Sie können die Vorlagen bei Bedarf passend für Ihren Unterricht editieren.

Darüber hinaus finden Sie auf der CD-ROM zu jeder Unit die Kompetenzziele der Unit-Teile kompakt auf einer Kopiervorlage. Sie können diese *advance organizers,* die aus dem Print-Teil dieses Lehrerbandes übernommen sind, nutzen, um Ihre S zu Beginn eines Unit-Teils über das Kompetenzziel zu informieren.

Schließlich finden Sie auf der CD-ROM Kompetenzraster zu allen Units. Die Raster verdeutlichen den kompetenzorientierten Aufbau der verschiedenen Teile der Units und unterstützen Sie bei der Strukturierung der einzelnen Unterrichtssequenzen.

Viel Freude und Erfolg beim Unterrichten wünscht Ihnen

Ihr *Red Line Bayern*-Team

Das Lehrwerkskonzept

Red Line Bayern 3 ist der dritte Band einer Lehrwerksreihe für Englisch an Realschulen in Bayern. Diese wurde auf der Basis des seit 2017 geltenden LehrplanPLUS entwickelt und setzt dessen didaktische und methodische Grundsätze auf gezielte und vielfältige Weise um.

Red Line Bayern ist ein Lehrwerk für Englisch mit Beginn in Klasse 5. Bei der Lehrwerkskonzeption wurden neueste Erkenntnisse aus den Bereichen der Fachdidaktik, Sprachlehrforschung und Lernpsychologie herangezogen.

1. Aufbau des Schülerbuchs

Red Line Bayern wurde mit einem transparenten Aufbau gestaltet, um eine reibungslose Orientierung zu gewährleisten. Die Navigation durch das Lehrwerk wird durch die Nennung des jeweiligen Buchteils und der Unit-Sequenzen oben auf den Seiten erleichtert. Die moderne Gestaltung des Buches ist übersichtlich und bietet allen Lernenden Ruhe und Klarheit.

Der **Hauptteil** des Schülerbuchs besteht aus fünf Units. Diesen Units vorgeschaltet ist eine Einstiegsdoppelseite, die die S begrüßt und an die Bände 1 und 2 anknüpft.

Die Units schließen mit einer *Skills*- und einer *Revision*-Doppelseite. Schwerpunkt ist zum einen das gezielte Training verschiedener Fertigkeiten, zum anderen die Wiederholung wichtiger Grammatikstrukturen und Sprechabsichten.

Jede Unit umfasst die folgenden Elemente mit folgenden Schwerpunkten:

Intro	Einführung in das Thema der Unit, landeskundlich-interkulturelle Bezüge mit authentischem Fotomaterial, Wortschatzeinführung, Hör- und Hör-/Sehverstehen (zwei Seiten)
Topics	Erarbeitung sprachlicher Strukturen (Wortschatz, Grammatik, Redemittel) und Teilkompetenzen (acht oder neun Seiten)
Texts	Arbeit mit Texten (Textsorten u. a.: narrative Geschichte, Blog, Website, Comic) (vier oder fünf Seiten)
Film	Schulung des Hör-/Sehverstehens; landeskundlich-interkultureller Schwerpunkt (eine Seite)
Checkout	Lernstandsanalyse; Anwenden von Wissen und Strategien der Unit in einer größeren Lernaufgabe; Checklist zur Selbstevaluation (zwei Seiten)
Skills	gezieltes Training verschiedener Fertigkeiten, eine Fertigkeit pro Unit: *Dictionary, Speaking, Reading, Internet research, Writing* (zwei Seiten)
Revision	Wiederholen und Festigen von Strukturen zu ausgewählten Schwerpunkten: *word order, the past, the future, the present, describing people, places and things* (zwei Seiten)

Die Übungen der Units werden durch ein umfassendes Angebot ergänzt:

Der **Anhang** enthält die folgenden Teile:

Grammar	Grammatikteil mit Übungen (als Nachschlage- und Lerngrammatik konzipiert)
Methods	Kurzanleitung zu den im Schülerbuch vorgeschlagenen Methoden und kooperativen Lernformen
Vocabulary	Hinweise zum Vokabellernen und zu den englischen Lauten, Bildwörterbuch mit *Word banks*, unitbegleitendes Vokabular, *Dictionary* (Englisch-Deutsch und Deutsch-Englisch) sowie *Instructions* (Arbeitsanweisungen mit Operatoren), *Classroom phrases* (Redemittel für den Unterricht) und eine Liste der unregelmäßigen Verben

2. Kompetenzorientierung als Leitgedanke

Der LehrplanPLUS für die bayerischen Realschulen stellt die Kompetenzorientierung in den Vordergrund. Entsprechend wurde das Material für *Red Line Bayern* so entwickelt, dass der Spracherwerb anhand anschaulich gestalteter, lebensbezogener Lernsituationen erfolgt.

Der Schwerpunkt liegt auf der Kommunikation über Themen, die für die Altersgruppe relevant sind. Diesen werden Fertigkeiten, Wortfelder und Grammatikpensen zugeordnet. Kompetenzen und Inhalte sind also nicht als Gegensätze zu betrachten, sondern stets eng miteinander verknüpft und sich wechselseitig ergänzend.

Folgende Maßnahmen in *Red Line Bayern* sichern die Neuausrichtung im Sinne des Kompetenzstrukturmodells:

- Zur Stärkung der Lernerautonomie werden die Kompetenzziele jeder Unit gleich auf der *Intro*-Doppelseite gebündelt angegeben *(At the end of this unit, you can …).* Die einzelnen sprachhandlungsrelevant formulierten Teilkompetenzen werden im Sinne der Zieltransparenz für die Lernenden immer wieder aufgegriffen (gelbe Hinterlegung).
- Das Lehrwerk enthält eine hohe Zahl an unterrichtsökonomisch einsetzbaren, kurzen kompetenzorientierten *Tasks* und Übungen mit relevantem Lebensweltbezug, insbesondere Sprech-, Schreib- und Sprachmittlungsaufgaben.
- Im Sinne einer zeitgemäßen Aufgabenkultur werden größere *Unit tasks* am Ende aller Units angeboten. Mittels dieser Lernaufgaben können die S einige Kompetenzziele noch einmal umfassend und abschließend anwenden.
- Der Selbsteinschätzung wird eine große Rolle zuteil. Eine Checkliste unterstützt die S dabei, sich selbst zu evaluieren – auch per Aufgreifen der Kompetenzziele und durch passende Übungen auf den *Checkout*-Seiten im Workbook, die eine ausführliche Selbstüberprüfung ermöglichen.
- Der kompetenzorientierte Aufbau der einzelnen Lektionsteile (*Intro* und *Topic*) wird durch die auf der CD-ROM vorhandenen Kompetenzraster verdeutlicht. In diesen Kompetenzrastern sind die *outcome*-orientierten Unterrichtssequenzen schematisch dargestellt. Dazu ist links oben das Kompetenzziel angekündigt, das am Ende der Sequenz zum rechts genannten *outcome* führt. Zudem sind die einzelnen Zwischenschritte sowie die sprachlichen Mittel, Methoden und Medien aufgeführt, die hier Anwendung finden. Wo sinnvoll, wird auf Differenzierungsmöglichkeiten hingewiesen. In der mittleren Spalte sind außerdem die Lernprozesse aufgelistet, die während der Sequenz stattfinden.

3. Individualisierung/Differenzierung

Red Line Bayern bietet folgende Individualisierungsmöglichkeiten:

- zweistufige Niveaudifferenzierung (mittleres und hohes Niveau ●)
- natürliche Differenzierung ✿
- Wahldifferenzierung **or**
- Differenzierung unter Berücksichtigung der verschiedenen Lerntypen (s.u.)
- zeitliche Differenzierung

Um den individuellen Bedürfnissen der S gerecht zu werden und alle entsprechend zu fördern und zu fordern, finden sich in *Red Line Bayern* Übungen, die auf verschiedenen Niveaustufen bearbeitet werden können.

Die Grundlage bilden Übungen auf einem einheitlichen Niveau. Leistungsstärkere S, die schneller vorankommen und gefordert werden sollen, können jedoch im Anschluss an bestimmte Übungen oder auch zeitlich parallel zusätzliche Übungen bzw. Übungsschritte bearbeiten, die über das angestrebte allgemeine Niveau hinausgehen ●. Häufig schreiben sie weitere Sätze bzw. kurze Texte oder trainieren das zusammenhängende Sprechen.

Die Sequenzen münden zudem in einer individualisierenden Aufgabe, der *Task*. Diese Übungen, in denen die S kommunikative Situationen bewältigen, sind relativ offen angelegt. Sie ermöglichen eine natürliche Differenzierung: Den individuellen Voraussetzungen der Lernenden entsprechend fallen die Ergebnisse einfacher oder komplexer aus. Diese Aufgaben sind daher mit dem Symbol für die natürliche Differenzierung ✳ gekennzeichnet. Darüber hinaus finden die S auf den Textseiten wahldifferenzierende *Tasks* vor **OR**, in denen sie nach Interesse oder Fähigkeiten auswählen. Ihre individuellen Produkte wie persönliche Texte, Poster und andere kreative Arbeiten können die S in einer Sammelmappe *(Folder)* abheften ⟦P⟧ und so jahrgangsweise ihren individuellen Lernfortschritt dokumentieren. Auf diese Weise kann auch der Grundstein für ein Dossier als Bestandteil des Europäischen Portfolio der Sprachen gelegt werden.

Leistungsschwächere S ○ finden Hilfen im Workbook, insbesondere auf den Seiten *Step by Step*. Weitere Hinweise, Ideen und Material für einen individualisierenden Unterricht finden sich in diesem Lehrerband sowie in den Materialien zum Fördern und Fordern.

Um eine breite Individualisierung zu gewährleisten, wurde zudem das Übungsspektrum so zusammengestellt, dass in jeder Unit möglichst viele Lerntypen angesprochen werden. Dies ist ein wichtiger Faktor zur Motivation der S und trägt entscheidend zur Optimierung des Lernprozesses bei.

Folgende Intelligenzformen werden berücksichtigt:

– die sprachlich-linguistische Intelligenz („wortklug"): die Fähigkeit, Sprache treffsicher einzusetzen, um eigene Gedanken auszudrücken oder Sachverhalte zu beschreiben
– die logisch-mathematische Intelligenz („logikklug"): die Fähigkeit, sprachliche Strukturen zu analysieren und logische Zusammenhänge zu erkennen, beispielsweise beim Lösen von Logikrätseln
– die musikalisch-rhythmische Intelligenz („musikklug"): die Fähigkeit, Lieder, Raps und Chants leicht wiedergeben zu können
– die bildlich-räumliche Intelligenz („bildklug"): die Fähigkeit, beispielsweise leicht Pläne zeichnen und Perspektiven erkennen zu können
– die körperlich-kinästhetische Intelligenz („körperklug"): die Fähigkeit, beispielsweise Übungen mit hohem Bewegungsanteil gut umsetzen zu können
– die naturalistische Intelligenz („naturklug"): die Fähigkeit, beispielsweise leicht Kategorisierungen vornehmen zu können
– die intrapersonelle Intelligenz („selbstklug"): die Fähigkeit, beispielsweise gut mit Checklisten umgehen und Selbstevaluationen vornehmen zu können
– die interpersonelle Intelligenz („menschenklug"): die Fähigkeit, sich beispielsweise gut in Partner- und Gruppenarbeit einzubringen

4. Schülerorientierung

Red Line Bayern bietet den S Anregungen zu aktiver und zunehmend selbstständiger Arbeit, zum Erproben und Ausbauen individueller Lerntechniken und zu sprachlicher Kreativität. Sie lernen, Englisch in alltäglichen Situationen zu verstehen und sich in der Zielsprache mitzuteilen. Themen, Wortschatz und Arbeitstechniken orientieren sich an den Interessen und Erfahrungen der Altersgruppe sowie am Kriterium der praktischen Anwendbarkeit.

Ein ausgewogener Einsatz von Sozialformen ermöglicht einen abwechslungsreichen Unterricht und stärkt die soziale Kompetenz. Partner- ⟨👥⟩ und Gruppenarbeit ⟨👥⟩ sowie die Anwendung spezifischer kooperativer Lernformen spielen eine bedeutende Rolle. Sie stärken den Teamgeist, machen Lerninhalte in unterschiedlichen Situationen erlebbar und tragen zur Behaltensleistung bei. Die Schülerorientierung des Lehrwerks zeigt sich weiterhin in einer Vielfalt an Spielen, Liedern, Reimen, Gedichten und Projekten.

Red Line Bayern legt Wert darauf, die S in ihrer Methodenkompetenz zu schulen. Auch hierzu tragen verschiedene kooperative Lernformen wie *Bus stop*, *Double circle* und *Peer correction* bei, die häufig in den Units angeregt werden. Die jeweiligen Übungen enthalten Verweise auf die schülergerechten Erläuterungen zu diesen Methoden im Anhang des Schülerbuchs (→ **M** Bus stop, SB S. 150).

Ebenso werden durchgängig wichtige **Lern- und Arbeitstechniken** geschult. Das Maskottchen Ben bietet nicht nur humorvolle Einlagen, sondern gibt den Lernenden auch eine Vielzahl nützlicher Lerntipps. An zahlreichen Stellen in allen Buchteilen finden die S darüber hinaus wichtige Hinweise, beispielsweise zu *Study skills* und *Group skills*.

Ein wesentlicher Bestandteil von *Red Line Bayern* ist die integrative **Wortschatzarbeit**. Hierzu dienen vor allem die wiederholten Anregungen zum Mindmapping in den Units und die Zusammenfassung von Themenschwerpunkten in *Word banks* (z. B. → V Clothes, SB S. 162). Dadurch werden vernetztes Lernen und eine hohe Behaltensleistung ermöglicht. Dies trifft auch auf die Kästen mit der Überschrift *Words I know* im Vokabular zu (z. B. *Adjectives for clothes*, SB S. 185).

Zusätzlich zur Vernetzung des eingeführten Lernwortschatzes bietet das Bildwörterbuch mit den *Word banks* den Lernenden die Möglichkeit, ihren Individualwortschatz zu erweitern, indem sie ihn beispielsweise zur Bearbeitung der *Tasks* verwenden. Um sie kontinuierlich dazu anzuregen, finden sich Querverweise bei den einzelnen *Tasks*.

Das unitbegleitende **Vokabular** im Anhang ist schülernah konzipiert. Dazu tragen Tipps, Definitionen, Visualisierungen in der rechten Spalte und die bereits erwähnten Kästen mit der Überschrift *Words I know* bei. Das Vokabular ist in der Reihenfolge seines Erstvorkommens aufgeführt.

Im Vokabular wird zwischen obligatorischem und rezeptivem Wortschatz unterschieden. Der obligatorische Wortschatz ist fett gedruckt. Der rezeptive Wortschatz zu den Film-Seiten und Songs sowie die gebündelten Darstellungen unter *Words I know* erscheinen im *Vocabulary* in grauen Kästen.

Eine Liste mit Arbeitsanweisungen mit Operatoren sowie eine strukturierte Aufstellung von *Classroom phrases* dienen den S als Nachschlagemöglichkeit für häufig im Unterricht verwendete Redemittel. Sie stehen hinter den *Word banks* (SB S. 159f.).

Auch der Grammatikanhang ist ganz auf die Bedürfnisse der Zielgruppe zugeschnitten. Zur Erleichterung des Verständnisses sprachlicher Gesetzmäßigkeiten beginnt jedes Kapitel mit einer situativen Einbettung der betreffenden Strukturen in eine Szene mit Maskottchen Ben. Dann folgen die Regeln mit deutschen Übersetzungen von Formen, Strukturen und Beispielen. Anschließend können die S bei der Bearbeitung einer *Test yourself* genannten Übung überprüfen, ob sie das Pensum erfasst haben. Die Lösungen dazu befinden sich gebündelt am Ende des Grammatikanhangs.

5. Entwicklung der kommunikativen Kompetenzen

5.1 Kommunikative Fertigkeiten

In *Red Line Bayern* werden die Fertigkeiten *Listening, Reading, Speaking, Writing* und *Mediation* bei den betreffenden Übungen speziell ausgewiesen. Dies bietet der Lehrkraft und den Lernenden eine wichtige Orientierungshilfe im Hinblick auf die jeweiligen Schwerpunkte. Selbstverständlich kann die Lehrkraft entscheiden, ob anders verfahren werden soll, beispielsweise ob ein als Lesetext ausgewiesener Dialog zunächst nur gehört werden soll. Ebenso kann sie von Fall zu Fall vorgeben, ob eine Übung mündlich oder schriftlich bearbeitet werden soll.

Hinweiskästen in den Units, z. B. zu *Reading skills* und *Speaking skills*, erläutern grundlegende Strategien, um den S ein tieferes Verständnis für die Fertigkeiten zu vermitteln, und unterstützen sie direkt bei Übungen und *Tasks*.

Hörverstehen

Das Hörverstehen wird von Anfang an konsequent entwickelt. Die Vorgehensweise folgt einer logischen Progression, d.h. es wird mit größtenteils kurzen und sorgfältig artikulierten Hörtexten begonnen. Im Lauf der Zeit nimmt die Textlänge zu. Mit Hörverstehensübungen werden auch intensive Schulungen von Aussprache und Intonation kombiniert, was besonders in den ersten Jahren des Fremdsprachenunterrichts wichtig ist.

Hör-/Sehverstehen

Durch die Verbindung von verbalen und nonverbalen Zeichen bieten Filmaufnahmen einen einfacheren Zugang zu einer Fremdsprache als Hörtexte. Mimik, Gesten und Handlungen der Akteure helfen den S, Bedeutungen von Aussagen zu entschlüsseln oder zu konstruieren. Aus diesem Grund wird dem Hör-/Sehverstehen in *Red Line Bayern* große Bedeutung beigemessen. Die DVD bietet die Möglichkeit, mit einer kurzen Filmsequenz in die Units einzusteigen (*Intro*). Sie lässt sich alternativ zur CD oder auch in Kombination mit ihr einsetzen, wahlweise bei geschlossenen oder geöffneten Büchern. Der *Film*-Teil in jeder Unit trainiert spezifische Aspekte der *Viewing skills* und enthält Auswertungsübungen zu den Aufnahmen, die Episoden aus dem Alltag britischer und US-amerikanischer Kinder und Jugendlicher zeigen.

In diesem Teil wird auch der Entwicklung interkultureller Kompetenzen große Aufmerksamkeit gewidmet. Hinweis: Die Filme beinhalten die Option, englische oder deutsche Untertitel zuzuschalten.

Leseverstehen

Die Lesefähigkeit wird in *Red Line Bayern* behutsam entwickelt. Die Texte gehen auf die Interessen der Altersgruppe ein. Zur Aufrechterhaltung der Motivation werden verschiedene Textsorten angeboten, u. a. Geschichten, Bildergeschichten, Sachtexte, ein Comic, ein Flyer, Websites und Dialoge. Zum erweiterten Textbegriff zählen auch Tonaufnahmen und Bilder. Die Progression bei den Übungen zum Leseverstehen reicht von stark gelenkter Textauswertung über die Zuordnung von Sätzen zu Bildern oder Personen bis hin zu freieren Übungsformen wie dem Nachspielen einer Szene.

Sprechen

Die Förderung der Dialog- und Kommunikationsfähigkeit hat in *Red Line Bayern* einen zentralen Stellenwert. Das Lehrwerk trainiert konsequent sowohl das monologische als auch das dialogische Sprechen.

Zahlreiche bildgesteuerte Übungen und kurze *Speaking*-Übungen in den Units bieten variantenreiche Sprechanlässe. Darüber hinaus finden sich durchgängig Musterdialoge, die sich leicht für den Austausch in der Klasse abwandeln lassen. Die S üben zunächst systematisch alle relevanten Redemittel und wandeln die Vorlagen dann individuell ab, um über sich selbst und ihr persönliches Lebensumfeld zu sprechen. Gegebenenfalls werden sie dabei durch eine farbige Kodierung der zu ersetzenden Textbausteine und entsprechend gekennzeichnete Vorgaben von alternativem Wortmaterial unterstützt.

Nachdem die S die in den *Checkpoints* angeregten *Unit tasks* bearbeitet haben, präsentieren sie ihre Texte oder Produkte in Kurzvorträgen. Auch hier erhalten sie Hilfestellung in **SKILLS**-Kästen. Darüber hinaus trainieren sie angeleitet die Formulierung von Feedback.

Wie bereits oben erwähnt, legt das Lehrwerk großen Wert auf die Schulung der Aussprache. Durch Reime, rhythmische Lieder und gezielte Übungen zu spezifischen Lauten werden die S auf spielerische Weise mit dem Lautsystem der englischen Sprache vertraut gemacht.

Schreiben

Das Schreiben wird analog zum Sprechen entwickelt. Die Progression reicht vom Abschreiben über das Einsetzen von vorgegebenen Wörtern oder Satzteilen in einen Modelltext bis hin zur Nachahmung von Satzmustern und zu freierem Schreiben. Die schriftlichen Produkte können in einer Sammelmappe *(Folder)* abgeheftet werden, die Teil des Sprachenportfolios ist.

Sprachmittlung

Bei Sprachmittlung *(Mediation)*, die integraler Bestandteil jeder Unit ist, üben die S, Kernaussagen in einfachen Texten, Monologen und Dialogen zu erfassen und sinngemäß ins Deutsche bzw. Englische zu übertragen. Die Themen des Materials betreffen ihren unmittelbaren Erfahrungsbereich.

5.2 Verfügen über sprachliche Mittel

Wortschatz

Der Wortschatz wird in *Red Line Bayern* systematisch aufgebaut und trainiert. Das Lehrwerk greift den bekannten Wortschatz auf und führt das Wortmaterial ein, das für das dritte Lernjahr vorgesehen ist. Im Sinne der Kompetenzorientierung wird neues Vokabular immer im Kontext semantisiert. Um vernetztes Lernen zu erzielen, spielt die Wortfeldarbeit eine bedeutende Rolle.

Grammatik

Red Line Bayern führt alle für Klasse 7 vorgesehenen grammatischen Pensen ein. Innerhalb einer Unit bilden die Topics jeweils mehrseitige Teilsequenzen. Ausgehend von einer konkreten Situation (Text und/oder Bild) stehen hier der Erwerb von sprachlichen Mitteln genauso wie die Schulung von Teilkompetenzen im Vordergrund. Beispielsätze in der Rubrik *Language detectives* dienen dazu, die betreffende Regel induktiv zu erschließen und im Anschluss anzuwenden. Diese Methode wird durch ein deduktives Vorgehen im Grammatikanhang ergänzt.

Aussprache und Intonation

Aussprache und Intonation werden in diesem Lehrwerk durchgängig trainiert. In den Units finden sich zahlreiche *Sounds*-Übungen sowie Raps zum Nachsprechen und Songs zum Mitsingen.

6. Interkulturelle Kompetenzen

In *Red Line Bayern* werden die Lernenden immer wieder aufgefordert, die eigene Lebenswelt mit der Zielkultur zu vergleichen und Ähnlichkeiten und Unterschiede festzustellen. Dies geschieht insbesondere bei der Auswertung der Filmsequenzen und durch die Auseinandersetzung mit den CULTURE-Kästen, aber auch an zahlreichen anderen Stellen, etwa bei der Beschreibung der vielen Fotos mit authentischem Setting. So wird die Aufgeschlossenheit gegenüber anderen Lebensweisen gefördert.

7. Text- und Medienkompetenzen

Das Lehrwerk enthält viele motivierende und altersgerechte Texte. Die S werden angeleitet, diesen die wesentlichen Inhalte zu entnehmen. Hilfestellung dafür finden sie u.a. in SKILLS-Kästen mit kurzen, leicht verständlichen Erläuterungen.

8. Methodische Kompetenzen

Methodische Kompetenzen werden auf vielfältige Weise angebahnt und trainiert. In konkreten Situationen wenden die S Lerntechniken und Sprachlernstrategien an. SKILLS-Kästen vermitteln die erforderliche Vorgehensweise und fördern somit die Bewusstmachung der Lernprozesse und das eigenverantwortliche Lernen. Diese Kästen erscheinen direkt neben den jeweiligen praktischen Aufgabenstellungen, um die Anwendung zu erleichtern. Überdies werden die Lernenden kontinuierlich angeregt, die verschiedenen Teile des Lehrwerks selbstständig zu benutzen, vor allem durch systematische Verweise auf die *Word banks* sowie die Grammatik-, Methoden- und Vokabelanhänge.

9. Themen und Inhalte von Band 3

Die Vorgaben des LehrplanPLUS hinsichtlich der Themengebiete werden in *Red Line Bayern* sorgfältig beachtet. Die Themen orientieren sich an der Erfahrungswelt Jugendlicher und konzentrieren sich auf die Themen Familie, Freunde, Schule, Freizeit und Ferien. Mit authentischen Fotos, Filmsequenzen und Hinweisen zu kulturellen Aspekten (CULTURE-Kästen) werden Großbritannien, Irland und die USA direkt erlebbar, und interkulturelles Wissen wird auch emotional vermittelt. Immer wieder wird zu interkulturellen Vergleichen angeregt.

Es wurde darauf geachtet, dass weibliche und männliche Rollen gleichwertig vorhanden sind. Der soziokulturelle Hintergrund der Lehrwerksfiguren spiegelt Facetten einer modernen Gesellschaft wider (z.B. Kernfamilie, Patchworkfamilie, alleinerziehende Eltern, vielfältige Berufsbilder, Menschen verschiedener ethnischer Herkunft).

**The successful way! Erfolgreich Englisch unterrichten
mit vielseitigen und abwechslungsreichen Lehrermaterialien**

Zusätzlich zum vorliegenden Lehrerband finden Sie viele weitere Unterstützungsangebote und Ideen u.a. in folgenden Lehrermaterialien:

Digitaler Unterrichtsassistent pro Kollegiumslizenz

Digitaler Unterrichtsassistent pro Einzellizenz

- Online und offline nutzbar
- Alle Inhalte des digitalen Schülerbuchs (eBook pro)
- Neue Vokabeln und Strukturen farblich hervorgehoben
- Alle Audio-Dateien und Filmsequenzen zum Schülerbuch
- Lehrerausgabe des Workbooks mit Lösungen
- Lehrerband
- Bildfolien
- Differenzierungsmaterial

Schülerbuch Lehrerausgabe

- Lösungen an Ort und Stelle
- Neue Vokabeln und neue Grammatik farblich gekennzeichnet
- Vokabelhinweise bei Bildern, Aussprachetipps und weitere nützliche Informationen

Workbook Lehrerausgabe

- Alle Lösungen an Ort und Stelle
- Mit Audio-CD (inkl. MP3-Dateien und Downloadmöglichkeit)
- Mit Vokabelübungssoftware

Lehrer-CDs und DVD

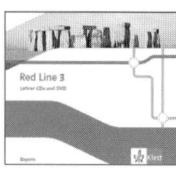

- Drei CDs mit den Hörverstehenstexten, Lesetexten und Songs des Schülerbuchs
- Alle Tracks auch als MP3-Dateien
- Angemessenes Sprechtempo
- Aufgenommen in London
- Zusätzlich alle Songs als Instrumentalversionen zum Mitsingen
- DVD mit motivierenden Filmsequenzen passend zum Schülerbuch

Vorschläge zur Leistungsmessung

- Umfangreicher Auswahlpool mit editierbaren Aufgaben für Tests und Schulaufgaben zu allen kommunikativen Fertigkeiten inkl. *Speaking*
- Pro Unit eine Musterschulaufgabe
- Angaben zum frühestmöglichen Einsatzzeitpunkt
- Hinweise für Punkteverteilung und Bewertungsraster
- Alle Audios für den CD-Player sowie als MP3-Dateien
- Lösungsseiten als Korrektur- und Feedbackhilfe

Materialien zum Fördern und Fordern mit CD-ROM

- Umfangreiches Differenzierungsmaterial zum optimalen Fördern und Fordern
- Editierbare Kopiervorlagen
- Lösungsseiten als Korrektur- und Feedbackhilfe

Testen und Fördern

- Der schnelle und kostenlose Überblick über den Leistungsstand Ihrer Klasse
- Einfaches Anmelden auf www.klett.de
- Automatische Auswertung
- Individuelle Fördermaterialien zum Ausdrucken
- Komplette Dokumentationen auf Knopfdruck

Handpuppe Ben

- Handpuppe aus Plüsch mit beweglicher Mundpartie
- Motiviert Schülerinnen und Schüler zum angstfreien Sprechen
- Vielfältige Einsatzmöglichkeiten im Unterricht

Unterstützung für Ihre Schülerinnen und Schüler

Für mehr Übungsmöglichkeiten bietet *Red Line Bayern* Ihren Schülerinnen und Schülern u.a. folgende zusätzliche Materialien:

eBook pro

– Das Schülerbuch in digitaler Form
– Enthält alle Audios und Videos
– Auf allen gängigen Endgeräten verfügbar
– Viele nützliche Funktionen wie Suche, Markierung und Zoom machen Spaß und erleichtern das Arbeiten

Workbook mit Audio-CD und Vokabelübungssoftware

– Genau passend zum Schülerbuch
– Abwechslungsreiche Übungen zu jeder Unit zur Vertiefung, zur Partnerarbeit sowie Spiele
– Zusätzliche Übungen zur Selbsteinschätzung am Ende jeder Unit *(Checkout)* und passende Förderaufgaben *(Step by step)*
– Audio-CD inkl. MP3-Dateien und Downloadmöglichkeit
– Vokabelübungssoftware: Karteikasten- und Abfragefunktion zum effektiven Lernen; alle Vokabeln des Schülerbuchs zum Anhören

Fit für Tests und Schulaufgaben

– Abwechslungsreiche Übungen zur Vorbereitung auf Tests und Schulaufgaben
– Mustertests am Ende jeder Unit
– Lösungen zur Selbstkontrolle zum Herausnehmen

Vokabellernheft

– Alle Vokabeln im handlichen Taschenformat
– Kurze Übungen am Ende jedes Lektionsteils
– Lösungen zur Selbstkontrolle

Informationen und Materialien zu allen Produkten der Reihe *Red Line Bayern* finden Sie unter www.klett.de.

Inklusion im Englischunterricht

Im März 2009 trat die UN-Konvention über die Rechte von Menschen mit Behinderung in Deutschland in Kraft. Ihr wurde damit der Rang eines Bundesgesetzes zuerkannt. In Schulen mit dem Profil Inklusion gestalten Lehrkräfte der allgemeinen Schule und Lehrkräfte für Sonderpädagogik ggf. mit weiteren Fachkräften das Lernen, um individuelle Förderung für alle Lernenden umzusetzen.

Im pädagogischen Kontext versteht man unter Integration die Teilnahme am schulischen Leben und das gemeinsame Lernen von Kindern und Jugendlichen, auch von behinderten oder von Behinderung bedrohten Heranwachsenden.
Ein gemeinsamer Unterricht soll mithilfe spezifischer integrativer Maßnahmen stattfinden. Kinder mit sonderpädagogischem Förderbedarf erhalten Förderangebote und personenbezogene Ressourcen, damit sie am System der Allgemeinen Schule teilnehmen können. Sie können im Rahmen einer Einzelintegration aufgenommen werden oder aber spezielle Integrationsklassen besuchen.

Anders das Konzept der Inklusion: Hier werden alle Kinder unabhängig von ihren Fähigkeiten in das schulische Bildungssystem aufgenommen. Schule versteht sich als „Schule für alle", in der eine „Pädagogik der Vielfalt" praktiziert wird. Alle Lernenden werden als individuell verschieden, aber auch als prinzipiell förderbedürftig angesehen und erhalten daher die spezifische Förderung, die sie benötigen – die Leistungsschwachen genauso wie die Leistungsstarken.

Wichtig für das Gelingen von Inklusion ist ein Klassen- bzw. Schulklima, das von Akzeptanz, Toleranz und Rücksichtnahme geprägt ist. Dazu gehört, dass Lehrkräfte unterschiedliche Lernvoraussetzungen als Bereicherung ansehen und zwischenmenschliche Beziehungen mit ihren S eingehen, die den S ein Gefühl von Stabilität geben. Dies gilt selbstverständlich auch für den Fachunterricht.

Inklusiver Fremdsprachenunterricht: kompetenzorientiert und differenziert
Akzeptiert man die Vielfalt der Lernvoraussetzungen und ihre Relevanz für das schulische Fremdsprachenlernen, ist die Frage naheliegend, wie unterrichtspraktisch zu reagieren ist. Die Antwort ist nicht neu: durch einen Unterricht, der ein Wechselspiel aus Phasen gemeinsamen (sozialen) und individualisierten (differenzierten) Lernens darstellt. Ein Prinzip sollte sein, die S wann immer möglich gemeinsam lernen zu lassen. Differenzierte Unterrichtsphasen sind dann angezeigt, wenn zu befürchten ist, dass Lernende oder Lerngruppen drastisch über- bzw. unterfordert werden könnten.

Dazu ist es wichtig, Unterricht langfristig und zielorientiert vom Ende, d.h. von der Kompetenzerwartung her zu planen. Zunächst ist ein gemeinsames Lernziel ins Auge zu fassen, das für die Mehrheit der S erreichbar scheint. Dann gilt es, in einem zweiten Schritt zu überlegen, welche S wann, wodurch und wie über- bzw. unterfordert sein könnten. Für diese Lernenden sind differente Ziele zu definieren. Nach der Formulierung des Lernziels ist zu überlegen, anhand welcher Inhalte (Themen, Texte usw.) dieses wahrscheinlich am besten erreicht werden kann. Auch hier ist sofort zu überlegen, ob es einzelne S oder Gruppen von S gibt, die durch die gewählten Inhalte nicht angesprochen werden. Gleiches gilt für Entscheidungen zu Methoden und Medien.

Zusätzlich ist es erforderlich, individuell auf die jeweilige Disposition einzugehen. Die folgenden Ausführungen erläutern einige Beeinträchtigungen/Behinderungen, die das Lernen – und damit auch den Fremdsprachenerwerb – beeinflussen, und bieten Tipps, wie Lehrkräfte reagieren können.

1. Sprachstörungen

1.1 Phonetisch-phonologische Störungen
Förderbedarf im Bereich der Aussprache umfasst phonetische und phonologische Störungen, die auch verschränkt auftreten können. Unter einer phonetischen Störung versteht man eine Artikulationsstörung, bei der ein oder mehrere Laute falsch gebildet werden. Eine phonologische Störung wird sichtbar, wenn ein Kind zwar einen Einzellaut isoliert richtig bilden kann (sprechmotorisch), ihn in Wörtern aber nicht korrekt (bedeutungsunterscheidend) verwendet. Diese Symptome können auch inkonstant (nicht immer) oder inkonsequent (nicht immer in der gleichen Weise) auftreten.

Im schulischen Kontext sind häufig Auswirkungen auf den Schriftspracherwerbsprozess zu beobachten. Gerade dieser bietet jedoch gute Möglichkeiten, die bedeutungsunterscheidende Funktion von Lauten zu verdeutlichen, beispielsweise durch Minimalpaare wie *bat – cat*.

Falls ein Kind begleitend eine sprachtherapeutische/logopädische Förderung erhält, kann die schulische Förderung diese unterstützen. Eine Absprache mit dem Therapeuten/der Therapeutin ist sinnvoll. Ggf. kann auch professionelle Unterstützung über zusätzliche (außer-)schulische Angebote durch Sprachheilpädagogen, Beratungsstellen u.a. eingeholt werden.

Tipps für den Unterricht zu phonetisch-phonologischen Störungen
- auditive Wahrnehmungsübungen durchführen (Welchen Laut hörst du am Anfang des Wortes? Was klingt gleich? usw.)
- Artikulationsübungen durchführen, um die Aussprache bestimmter Laute zu trainieren
- verwendetes Wortmaterial im Hinblick auf die Schwierigkeiten der betroffenen S überprüfen
- die Schriftsprache fördern, um die bedeutungsunterscheidende Funktion von Lauten zu zeigen

1.2 Poltern
Beim Poltern stellt sich die Symptomatik unterschiedlich dar, u.a. durch Auffälligkeiten im Bereich Phonetik und Phonologie (z.B. Auslassen, Verschmelzen oder Verschlucken von Lauten), Auslassungen von Morphemen oder syntaktischen Elementen, Satzabbrüche, Umstellungen oder Wiederholungen, die zu fehlerhaften Satzstrukturen führen, sowie eine hohe Sprechgeschwindigkeit mit häufig monotoner Satzmelodie, uneinheitlichem Betonungsmuster und/oder schwankender Lautstärke. Die Mitteilungsabsicht ist nicht immer klar erkennbar. Selbstkorrekturen finden kaum statt.

Tipps für den Unterricht zum Poltern
- den betroffenen S Zeit geben, um langsames und deutliches Sprechen zu ermöglichen
- Kommunikationsregeln in der Klasse einsetzen, um eine umsichtige Sprachkultur zu etablieren
- den betroffenen S konstruktiv Rückmeldung zur Verständlichkeit ihrer Beiträge geben
- diesen Kindern Aufgaben geben, bei denen sie das deutliche Sprechen trainieren können (z.B. die Ansage von Arbeitsaufträgen beim Stationenlernen oder die Mitwirkung beim szenischen Lesen eines Dialogs), damit konkretes Feedback möglich ist

1.3 Stottern
Stottern ist gekennzeichnet durch die Wiederholung von Lauten und/oder Silben und/oder Blockierungen und Dehnungen von Lauten und/oder Silben. Zusätzlich treten Symptome auf, die individuell sehr unterschiedlich sind, u.a. begleitende Mimik und Gestik, Verwendung von Startern (häufig eingesetzte Laute, Phrasen oder Wörter, die symptomfrei sind), Vermeidung von Gesprächssituationen, Atem- und Stimmauffälligkeiten, ausdrucksarmes Sprechen mit unangemessenem Tempo sowie vegetative Symptome wie Erröten, Zittern, Schwitzen oder Erblassen. Die Kinder zeigen dabei häufig ein starkes Störungsbewusstsein.

Tipps für den Unterricht zum Stottern
- mit den Eltern, den Kindern und ggf. den zuständigen Therapeuten/Therapeutinnen hinsichtlich unterstützender Maßnahmen kooperieren
- das Stottern in der Klasse bzw. der Schule enttabuisieren
- Stottern zulassen und den Inhalt des Gesagten in den Vordergrund stellen
- Blickkontakt mit den betroffenen S halten und sie aussprechen lassen
- Absprachen mit ihnen bei mündlichen Leistungen treffen (ggf. den Nachteilsausgleich nutzen)

1.4 Semantisch-lexikalische Störungen
Förderbedarf im Bereich Wortschatz und Sprachverständnis wird mit unterschiedlichen Begriffen bezeichnet. Häufig spricht man von semantisch-lexikalischen Störungen. Dies bedeutet, dass es den Kindern häufig nicht gelingt, neue Wörter effektiv zu lernen, abzuspeichern und dann situationsadäquat abzurufen und zu verwenden. Daneben werden u.a. auch die Termini Wortschatzstörung, Wortfindungsstörung, Sprachverständnisstörung und lexikalische Erwerbsstörung verwendet.

Kinder mit semantisch-lexikalischen Störungen besitzen oftmals einen gegenüber Gleichaltrigen geringeren expressiven und/oder rezeptiven Wortschatz (eingeschränkte lexikalische Vielfalt). Neben dieser quantitativen Einschränkung existieren zu den bekannten Wörtern oftmals schwache und unzureichende semantische Repräsentationen und ein unsicheres Wissen bezüglich der kategorialen Zuordnung, auch durch die fehlende Vernetzung der Wörter. Dies äußert sich u. a. wie folgt:

- Wortfindungsprobleme (kein adäquates Zugreifen auf eigentlich bekannte Begriffe)
- Sprachverständnisprobleme (auch das Anweisungsverständnis betreffend), weil dabei häufig differenzierte Kenntnisse hinsichtlich der Wortbedeutungen und grammatischen Formen sowie der Syntax notwendig sind
- Ersetzen von fehlendem Vokabular durch ähnlich klingende Wörter, Umschreibungen, nonverbale Kommunikationselemente, Wortneuschöpfungen, unspezifische Allzweckwörter oder Floskeln
- Übergeneralisierungen (z. B. Auto als Ausdruck für alle Fahrzeuge)
- Äußerungen mit Satzabbrüchen, Umformulierungen, Verzögerungen, Unterbrechungen und Pausenfüllern
- Metakommentare (z. B. Wie heißt das?)

Semantisch-lexikalische Störungen treten häufig in Zusammenhang mit sprachbezogenen Entwicklungsstörungen auf und führen ggf. auch zu Problemen im Fremdsprachenerwerb.

Tipps für den Unterricht bei semantisch-lexikalischen Störungen
- die Erstbegegnung mit neuem Wortschatz exzeptionell/beeindruckend gestalten
- die unmittelbare Bedeutung des Vokabulars für die Lernenden verdeutlichen
- neuen Wortschatz multisensorisch darbieten, etwa durch Visualisierungen (Bildkarten und Symbole), Nachsprechen, Wortschatzspiele und Gestaltung eigener Bildwörterbuchseiten durch die S
- neue Wörter mit individuell relevanten Themen verknüpfen, sie durch prägnante Beispiele einführen und mit weiteren Beispielen festigen
- wann immer möglich Phrasen (chunks) anstelle von Einzelwörtern einführen
- neue Wörter hochfrequent in unterschiedlichen Satzstrukturen umwälzen
- den neuen Wortschatz (Wörter, Phrasen) in sich geordnet (Mindmaps, Wortfelder) darbieten
- neue Wörter und Phrasen immer mit bekanntem Wortschatz vernetzen
- Ähnlichkeiten und Unterschiede deutlich herausarbeiten
- auch die Wortstruktur erarbeiten (Wortbild, Wortstamm, Silbenzahl, Orthografie usw.)
- Strategien zum Wortschatzerwerb vermitteln und trainieren
- neuen Wortschatz inventarisieren (Vokabelkartei und/oder -ordner) und regelmäßig wiederholen
- die Arbeit mit (Online-)Wörterbüchern trainieren

1.5 Syntaktisch-morphologische Störungen
Lernende mit syntaktisch-morphologischen Störungen haben Schwierigkeiten beim grammatischen Sprachgebrauch und Spracherwerb. Die Fähigkeit, das morphologisch-syntaktische Regelsystem einer Sprache korrekt anzuwenden bzw. aufzubauen, ist bei ihnen beeinträchtigt. Kennzeichnend sind u. a. Auslassungen von Funktionswörtern (Artikel, Präpositionen, Konjunktionen, Fragewörter usw.) und eine fehlerhafte Wortstellung.

Tipps für den Unterricht bei syntaktisch-morphologischen Störungen
- positive und vertrauensvolle Lernumgebung schaffen, die Fehler zulässt und die S ermuntert
- Satzstrukturen durch entsprechende Impulse evozieren, vor allem durch Bestimmungsfragen mit who, where, what, when und why, damit die S mehr als nur yes oder no sagen müssen
- Modellierungshilfen durch Aufgreifen und Erweitern von Antworten der S geben (Lehrerecho)
- Satzmuster für bestimmte Rituale vorgeben
- Hilfestellung durch Visualisierungen bieten (z. B. durch farbiges Markieren bestimmter Formen wie der Verbendungen mit -s oder -es in der 3. Person Singular)
- Unterstützung zum Einprägen von Formen und Satzmustern durch Prosodie bieten (z. B. durch wiederholendes Chorsprechen mit unterschiedlicher Lautstärke und variierendem Tempo)
- metasprachliche Betrachtungen anregen (z. B. Was fällt euch an dem Satz auf? Welche Wörter sind neu? Überlegt mal, warum man das Wort hier benutzt. Könnt ihr eine Regel formulieren?)

2. Lese-Rechtschreibschwäche (LRS)

Lese- und Rechtschreibschwäche (LRS) ist eine Entwicklungsstörung, die auf eine eindeutige Beeinträchtigung im Bereich des Schriftspracherwerbs hinweist und u.a. nicht auf das Entwicklungsalter oder eine unangemessene Beschulung zurückzuführen ist. Sie zählt zu den Teilleistungsstörungen.

Es können sich u.a. folgende Symptome zeigen: Störungen in der Analyse- und Synthesefähigkeit, Schwierigkeiten in der Zuordnung von Buchstaben und Lauten (Graphem-Phonem-Zuordnung), stockendes langsames Lesen mit Schwierigkeiten in der Sinnerfassung, Auslassen oder Vertauschen von Lauten, Wortteilen oder Wörtern sowie Rechtschreibfehler, wobei die Kinder dieselben Fehler machen wie alle anderen Kinder, nur deutlich gehäufter und mit einer Zunahme bei längeren Texten. Die Korrekturen, die von den S selbst in einzelnen Wörtern vorgenommen werden, erschweren häufig die Lesbarkeit von schriftlichen Arbeiten.

Seit Beginn des Schuljahres 2016/2017 gibt es in Bayern neue Regelungen für den schulischen Nachteilsausgleich bei LRS. Sie sind auf der Homepage der Staatlichen Schulberatung nachzulesen.

Tipps für den Unterricht zu LRS
- eine stärkere Gewichtung von mündlichen Leistungen vornehmen
- den betroffenen S Zeit geben beim Lesen
- keine Korrekturen innerhalb einzelner Wörter erlauben, sondern diese neu schreiben lassen
- auf eine klare Trennung von Text und Bild achten, d.h. keine Texte anbieten, die mit Illustrationen oder Fotos unterlegt sind

3. Hörschädigungen

Neben der an Taubheit grenzenden Schwerhörigkeit gibt es unterschiedliche Arten und Stufen der Schwerhörigkeit. Schallleitungsschwerhörigkeit resultiert aus Deformationen des äußeren Ohrs oder Schädigungen im Mittelohr. Schallleitungsschwerhörige hören alles leiser und gedämpfter. Schädigungen des Innenohrs hingegen führen zu einer Schallempfindungsschwerhörigkeit. Die Betroffenen hören die Sprache entstellt und verzerrt. Dadurch entstehen Verhörfehler (*house* anstelle von *mouse* usw.). Dies ist für die Lehrkraft bedeutsam, denn daraus erklären sich Dyslalien und Dysgrammatismen (z.B. auch Fehler beim Mitschreiben). Die beiden Formen von Schwerhörigkeit können angeboren oder erworben sein und auch kombiniert auftreten.
Laut Schätzungen liegt bei 13% der 3- bis 14-Jährigen ein Hörverlust über 20 dB vor und bei 2,4% derselben Altersgruppe ein Verlust über 30 dB. Die Auswirkungen: Bei einem Hörverlust zwischen 20 und 40 dB werden stimmlose Konsonanten und Zischlaute nicht deutlich wahrgenommen, bei einem zwischen 40 und 60 dB wird die Mehrzahl der Sprachlaute nicht gehört.

Tipps für den Unterricht zu Hörschädigungen
- sich über den Grad der Schwerhörigkeit und seine Auswirkungen beim Hören und Sprechen bzw. beim Sprachverständnis der betroffenen S informieren
- darauf achten, dass die Kinder ihr Hörgerät tragen
- die betroffenen S in die erste Reihe setzen, eventuell auf Drehstühle, damit sie sich schneller den jeweils Sprechenden zuwenden können
- Nebengeräusche im Unterricht niedrig halten
- darauf achten, dass immer nur eine Person spricht
- die jeweiligen Kinder stets von vorn ansprechen und Blickkontakt halten
- deutlich artikulieren
- Visualisierungen (z.B. Piktogramme) einsetzen, auch um Arbeitsanweisungen zu verdeutlichen
- Rückkoppelung sichern, d.h. vor allem das Sinnverständnis überprüfen (z.B. Rückfragen: *What are we talking about? Can you repeat what X has just said?* Fragen und Aussagen nur wiederholen zu lassen, ist nicht geeignet, da sich damit nicht feststellen lässt, ob der Sinn erfasst wurde)
- ausreichend Sprechanlässe schaffen und den S genügend Zeit gewähren, um sich zu artikulieren
- das Lehrerecho einsetzen (z.B. zu einem Kind mit einer Hörbehinderung gewendet wiederholen: *X said/thinks that ...*)
- auf gute Lichtverhältnisse achten, um Schatten auf dem Gesicht der Sprechenden zu vermeiden

4. Sehbehinderungen

Ein Kind ist sehbehindert, wenn es eine erheblich reduzierte Sehschärfe hat, die durch eine Brille nicht gebessert werden kann. Im Vergleich zu einem normalsichtigen Kind (Sehschärfe 1,0), das ein Objekt aus 1 m Entfernung erkennen kann, muss ein sehbehindertes Kind (Sehschärfe 0,3 oder weniger) auf 30 cm oder näher herangehen. Ein sehbehindertes Kind kennt die Welt nur so, wie es sie sieht. Sein Sehen erscheint ihm normal, vollständig und keineswegs schlecht. Es wird daher nur äußerst selten oder nie sagen: „Das sehe ich nicht!"

Jede Sehbehinderung ist anders und in ihren individuellen Auswirkungen von Kind zu Kind unterschiedlich. Daher können kaum pauschale Hinweise für schulische Situationen gegeben werden.

Tipps für den Unterricht zu Sehbehinderungen
- individuelle Lösungen im Hinblick auf die Barrierefreiheit, d.h. Sehanforderungen in der Ferne (Tafelbild, Whiteboard, OHP) und in der Nähe (Lesen, Schreiben) bequem zugänglich machen
- den Arbeitsplatz in Kooperation mit einer Sehbehindertenpädagogin/einem Sehbehindertenpädagogen sorgfältig einrichten; dabei u.a. die Blickrichtung, die Blendung, den Abstand nach vorn, die Ablage von Materialien und Hilfsmitteln sowie die Ergonomie berücksichtigen
- den Namen der betroffenen Kinder beim Aufrufen nennen und Gefühle verbalisieren, da die S die Mimik und Gestik von Sprechenden häufig nicht deutlich erkennen
- die Lernumwelt von sehbehinderten S so strukturieren, dass sie sich gut selbstständig orientieren können (Materialien an einem bestimmten Platz auslegen, Pläne und Bilder auf Augenhöhe hängen, Wochenpläne übersichtlich gestalten usw.)
- einen gut strukturierten handlungsorientierten Unterricht mit reichhaltigem Material- und Erlebnisangebot planen, dagegen wenig mit frontalen Medien (Tafel, Whiteboard, OHP) arbeiten

5. Beeinträchtigungen der emotionalen und sozialen Entwicklung

5.1 ADS/ADHS

Das Kinder- und Jugendgesundheitssurvey (KiGGS) ergab, dass 4,8 % der Mädchen und 10,8 % der Jungen Hyperaktivitätsprobleme haben, die vor allem durch folgende Symptome und Erscheinungsformen gekennzeichnet sind:
- motorische Unruhe (Zappeln, ausladende und ziellose Bewegungsabläufe, ständiger Bewegungsdrang, ständiges Reden oder Erzeugen von Tönen) und sensorische Unruhe (Reagieren auf alle Ablenkungen, schnelles Wechseln der Arbeitsaufgaben)
- Impulsivität (schnelles und unkontrolliertes Reagieren, ungesteuertes Handeln, Sprechen im Unterricht ohne Aufforderung)
- Störung der Aufmerksamkeit (reduzierte Konzentrationsfähigkeit, Unfähigkeit zu ausdauerndem Arbeiten oder Spielen, mangelndes Zuhören)

Es handelt sich um ein sehr komplexes Störungsbild mit unterschiedlichem Ausprägungsgrad. Aufgrund der Wahrnehmungsstörungen erfassen die Kinder umfangreiche Aufgabenstellungen häufig nicht, ecken an und stimulieren sich selbst. Defizitäre Koordination und mangelnde Feinmotorik führen zu einem schlechten Schriftbild. Das störende Verhalten kann Ausgrenzung zur Folge haben. Die Handlungsweisen schwanken affektiv, z.B. haben die Kinder oft auch bei nichtigen Anlässen heftige Wutausbrüche und ertragen Kritik nur schwer. Dadurch werden sie seltener in Gruppen integriert. Als Folge sinkt ihr Selbstwertgefühl, was wiederum zu emotionalen Problemen mit Weinen, aber auch der Leugnung von Problemen führt. Lernrückstände und -auffälligkeiten häufen sich.

Tipps für den Unterricht zu ADS/ADHS
- klare Raumgestaltung (Reizüberflutung durch Poster u.Ä. vermeiden, feste Sitzordnung)
- für Ordnung am Arbeitsplatz sorgen (nur notwendige Materialien)
- eine transparente Unterrichtsstruktur gewährleisten (Abläufe klären, Stundenaufbau vorab erläutern, Aufgabenstellungen eindeutig formulieren, Handlungsschritte darstellen, regelmäßige Kontrolle bzw. Selbstkontrolle einbauen)
- Bewegung im Unterricht (Spiele, Singen mit passenden Bewegungen, kooperative Lernformen)
- Verhaltensregeln konsequent einhalten

5.2 Autismus (Asperger-Syndrom)

Kinder mit Asperger-Syndrom entwickeln sich erst scheinbar normal. Daher werden auch kommunikative Fähigkeiten ausgebildet, und es gibt keine kognitiven Einschränkungen. Am auffälligsten sind die Beeinträchtigungen in der sozialen Interaktion: Die betroffen Kinder können keinen Augenkontakt halten, und sie haben eine starre, begrenzte Mimik und Gestik. Sie meiden den Kontakt zu anderen Personen und können keine Beziehungen aufbauen, zeigen kaum oder keine Emotionalität. In ihren Handlungen sind sie stark ritualisiert, d.h. Handlungen müssen immer nach demselben Schema ablaufen, und Dinge müssen an derselben Stelle liegen. Diese Handlungsmuster werden stereotyp wiederholt, was zu ausgedehnten Beschäftigungen mit winzigen Gegenständen führen kann. Spezielle Interessen werden ausgiebig und tiefgründig entwickelt und zelebriert. Daneben zeigen Kinder mit Asperger-Syndrom auch Verhaltensweisen, für die es keine Erklärung gibt, z.B. Schnipsen mit den Fingern, Verdrehen der Finger oder wiegende Körperbewegungen.

Tipps für den Unterricht zum Asperger-Syndrom

- immer wiederkehrende Übungstypen und gleiche Schemata benutzen (z.B. bei Tafelbildern, Hefteinträgen, Übungen auf Kopiervorlagen)
- Handlungsabläufe im Unterricht gleich gestalten (z.B. bei der Hausaufgabenkontrolle, bei der Vokabelabfrage, beim Einsatz von Partner- oder Gruppenarbeit)
- wenn möglich, zur Motivation besondere individuelle Interessen der betroffenen S nutzen

5.3 Autismus (Kanner-Syndrom)

Kindern mit frühkindlichem Autismus, auch Autismus-Spektrum-Störung (ASS) und Kanner-Syndrom genannt, ist gemein, dass sie neben anderen Symptomen eine extreme Zurückgezogenheit aufweisen. Auffällige Merkmale zeigen sich in der sozialen Interaktion, der Kommunikation und im eingeschränkten stereotypen repetitiven Verhalten (= Triade der Beeinträchtigungen). Charakteristisch ist hierbei oftmals die reduzierte oder fehlende Aufnahme von Blickkontakt sowie Schwierigkeiten, adäquate Beziehungen zu Gleichaltrigen aufzubauen. Oft fällt es den Betroffenen schwer, Freude anderen gegenüber auszudrücken oder spontan, abwechslungsreich und fantasievoll zu spielen. Als weitere Anzeichen beim Kanner-Syndrom gelten z.T. auch das vollständige Fehlen aktiver Sprache bzw. die stereotype oder repetitive Verwendung von Sprache, die Beschäftigung mit besonderen Interessensgebieten sowie stereotype repetitive motorische Bewegungen.

Meist geht mit ASS eine Beeinträchtigung der zentralen Kohärenz einher. Das bedeutet, dass es Menschen mit dieser Diagnose häufig schwerfällt, Informationen zu verknüpfen, um sie als sinnhaftes Ganzes zu erkennen. Somit kann auch nur schwer die Bedeutung einer Handlung bzw. eines Arbeitsauftrages entschlüsselt werden, weil Wesentliches kaum von Unwesentlichem unterschieden werden kann und in diesem Zusammenhang auch oft die Gefahr einer Reizüberflutung besteht. Häufig haben Menschen mit ASS Probleme, sich in andere Personen zu versetzen und nachzuvollziehen, mit welcher Absicht diese handeln. Die fehlende Empathie führt meist zu Schwierigkeiten innerhalb sozialer Begegnungen und erschwert die Nutzung gängiger Kommunikationsstrategien.

Die Integration von Kindern mit ASS ist unter Berücksichtigung unterstützender Rahmenbedingungen gut zu bewältigen. Gerade Kinder mit ASS lernen im schulischen Miteinander, Kontakte in einer Gruppe aufzunehmen und gemeinsam zu spielen. Für die inklusive Beschulung von Lernenden mit frühkindlichem Autismus ist eine Begleitung durch ausgebildete Spezialkräfte wichtig.

Tipps für den Unterricht zum Kanner-Syndrom

- die betroffenen Kinder durchgängig in die Arbeit der Klasse einbeziehen
- sie nur Aufgaben bearbeiten lassen, die sie schaffen können und bei denen sie etwas lernen (z.B. Lückentexte ausfüllen, Bilder zu einem Lesetext ausmalen, eigene Bilder malen als Ersatz für das Schreiben von Texten)
- für Ordnung am Arbeitsplatz sorgen (nur notwendige Materialien)
- den Klassenraum klar strukturieren (verschiedene Zonen einrichten)
- Zeitvorgaben verdeutlichen (Sanduhr)
- subjektive Interessen der betroffenen S einbeziehen

5.4 Angststörungen

Angst gehört zum Leben. Ohne sie wäre eine evolutionäre Entwicklung nicht möglich gewesen, hindert sie uns doch, unüberlegte Schritte zu tun. Dennoch gehört die Angst auch zu den Störungen der emotionalen und sozialen Entwicklung, und zwar wenn der Angstauslöser in keinem Verhältnis zur Angst steht, die Angst lange Zeit vorhält, zu Kontrollverlust führt, den Betroffenen daran hindert, am normalen Leben teilzunehmen, und das Leben beherrscht.

Als Formen von Kinderängsten werden unterschieden: Angst vor Personen, Trennung, Strafe, Konflikten, Misserfolg, Etikettierung/Bloßstellung, irrealen Mächten, Schule, Zukunft und der Angst selbst.

Bei den phobischen Störungen wird unterschieden zwischen sozialen Phobien (soziale Ängste, anhaltende Furcht vor Situationen, in denen man der Aufmerksamkeit anderer ausgesetzt ist, Angst vor demütigenden oder peinlichen Situationen), einfachen Phobien (Furcht vor einem begrenzten Auslöser, z. B. vor einem Hund) und Agoraphobien (Furcht vor bestimmten Orten oder Situationen).

Angststörungen gehören zu den häufigsten Störungen bei Kindern und Jugendlichen. Etwa 10 % von ihnen sind betroffen. Angststörungen sind sehr hartnäckig und Phobien nur psychotherapeutisch zu behandeln. Kinder, die daran leiden, sollten ermutigt werden, brauchen Zuwendung und Bestätigung. Es sollte nicht zu einer ständigen Konfrontation mit dem angstauslösenden Zustand kommen, aber Vermeidungsverhalten sollte auch nicht unterstützt werden. Eine systematische Desensibilisierung (systematisches langsames Heranführen) ist auch in Unterrichtssituationen möglich.

Tipps für den Unterricht zu Angststörungen und Phobien
- ein vertrauensvolles, angstfreies Klassenklima schaffen
- viel loben
- auf die Einbindung der betroffenen Kinder in die Klasse achten
- Aussprracheübungen durchführen und Redemittel zur Verfügung stellen, die den Kindern die Kommunikation erleichtern (Minimierung von Angst vor Misserfolg und Bloßstellung)

6. Körperbehinderungen

Der Begriff Körperbehinderung allein vermag ein betroffenes Kind nicht angemessen zu beschreiben, da er sich nur auf einen Aspekt einer Person bezieht. Die Vielzahl der miteinander vernetzten Entwicklungsbereiche (Motorik, Wahrnehmung, Sprache, Lernen, Emotionalität, soziale Kompetenz) zeigt, dass ein Mensch nicht auf seine Körperlichkeit bzw. Bewegungsfähigkeit zu reduzieren ist. Wie sich ein Kind mit einer Körperbehinderung entwickelt, hängt nicht allein von seiner Beeinträchtigung ab, sondern sehr stark von den Anregungs- und Entwicklungsbedingungen, die es vorfindet.

Körperbehinderungen können sich direkt auf die Entwicklung körperlicher und motorischer Funktionen bzw. Strukturen auswirken. Bewegungsmuster können durch eine veränderte Körpereigenwahrnehmung (Gleichgewicht, Stellung des Körpers im Raum, Hautwahrnehmung) beeinträchtigt sein. Zudem können verschiedene Begleiterscheinungen in anderen Bereichen auftreten. So lassen sich Gefährdungen und Erschwernisse in der emotionalen, sozialen, kommunikativen und kognitiven Entwicklung beschreiben. Von großer Bedeutung ist aber auch, dass körperliche oder motorische Schädigungen nicht zwingend zu Veränderungen in anderen Bereichen führen.

6.1 Epilepsie

Bei Epilepsie finden wiederholte unkontrollierte neuronale Entladungen des Gehirns aufgrund veränderter elektrisch-chemischer Übertragungsprozesse zwischen den Nervenzellen statt. Die häufigsten Ursachen sind Hirnschädigungen und Hirnentwicklungsstörungen, z. B. durch Stoffwechselstörungen, Hirntumore oder Hirnblutungen. Epilepsien treten begleitend bei Schädigungen des Zentralnervensystems auf, z. B. bei infantilen cerebralen Bewegungsstörungen. Von den Ursachen zu unterscheiden sind Anfälle auslösende Faktoren wie unregelmäßige Einnahme von Antiepileptika, unregelmäßiger Schlaf, Schockzustände oder Flackerlicht.

Es existieren mehr als 20 verschiedene Epilepsiearten. Die meisten entstehen im Kindesalter. Ungefähr 1 % der Bevölkerung ist betroffen. Viele Formen können erfolgreich medikamentös eingestellt werden, einige mit der Pubertät spontan ausheilen.

Tipps für den Unterricht zu Epilepsie
- klare Struktur (Rhythmus) des Schultages schaffen
- Möglichkeiten zur Erholung und Entspannung bieten
- reduzierte Aufgabenstellungen (langsameres Arbeitstempo), Hausaufgaben beschränken
- Warnsignale (Aura) kennenlernen
- verbindliche Absprachen für das Verhalten bei einem Anfall treffen

6.2 Infantile cerebrale Bewegungsstörungen

Bei infantilen cerebralen Bewegungsstörungen liegt eine Schädigung des zentralen Nervensystems (Gehirn und Rückenmark) vor. Aus medizinischer Sicht werden Spastik, Athetose und Ataxie unterschieden. Bei einer Spastik treten erhöhte Muskelspannung und eingeschränkter Bewegungsradius auf. Die Athetose ist von einem häufigen und nicht kontrollierbaren Wechsel der Muskelspannung gekennzeichnet. Die Bewegungen erscheinen ungesteuert, und das Bewegungsausmaß ist erhöht. Häufig sind Mimik und Sprechen betroffen. Bei der Ataxie ist die Muskelspannung reduziert. Durch Störungen von Bewegungssteuerung und Gleichgewicht wirkt das Gangbild stark schwankend.

Bei cerebralen Bewegungsstörungen treten häufig orthopädische Komplikationen, Störungen der Nahrungsaufnahme und des Sprechens sowie Epilepsien auf. Die sensorische Integration, d.h. das Verknüpfen von Wahrnehmungsinformationen des Körpers (Muskelspannung, Stellung der Gelenke, Gleichgewicht, Hautwahrnehmung) und aus der Umwelt (Sehen, Hören, Riechen, Schmecken) kann ebenfalls verändert bzw. beeinträchtigt sein. Häufig nutzen die Betroffenen einen Rollstuhl.

Kinder mit umfänglichen Sprechstörungen erlernen oft bereits früh den Umgang mit elektronischen oder nichtelektronischen Kommunikationshilfen. Gesprächssituationen sind darauf abzustimmen.

Tipps für den Unterricht zu infantilen cerebralen Bewegungsstörungen
- individuelles Lerntempo zulassen, Pausen ermöglichen
- ggf. Schreiben am Computer ermöglichen
- Bewegen und Begreifen einbeziehen, da Hören und Sehen oft nicht ausreichen
- verschiedene feste Zonen im Klassenraum einrichten
- klar strukturierte Bilder, Tafelbilder, Whiteboardfolien und Kopiervorlagen einsetzen
- mehrteilige Arbeitsanweisungen und längere Lehrervorträge vermeiden
- wiederkehrende Lernsituationen schaffen
- Lernen in Partner- und Gruppenarbeit sowie in der gesamten Klasse ermöglichen

6.3 Muskeldystrophie

Für die Muskeldystrophie ist eine fortschreitende Schwächung bzw. Rückbildung der Muskulatur kennzeichnend. Eine der häufigsten Formen ist die Duchenne Muskeldystrophie (DMD), bei der Muskelzellen durch Bindegewebe ersetzt werden. Die Erkrankung ist genetisch bedingt und betrifft fast nur Jungen. Jährlich werden etwa 100 Kinder mit DMD geboren.

Gegen Ende der Grundschulzeit nutzen die Jungen in der Regel zunächst einen mechanischen Rollstuhl. Aufrechtes Sitzen und Selbstversorgung sind noch weitestgehend möglich. Durch die zunehmende Rückbildung der Schulter- und Armmuskulatur wird später ein Elektrorollstuhl erforderlich. Jugendliche mit DMD benötigen für die Selbstversorgung und das Führen alltäglicher Gegenstände Unterstützung. Ihre Atmung ist zunehmend erschwert.

Tipps für den Unterricht zur Muskeldystrophie
- Schreiben am Computer ermöglichen
- weiterführende Themen anbieten, gesteigertes Interesse fördern
- Aufgaben im Klassenverband übertragen
- Wortschatz, Satzfragmente und andere Möglichkeiten zum Ausdruck von Stimmungen und Gefühlen bereitstellen

Ausführliche Informationen finden Sie hier: Hintergrundwissen Inklusion, Handreichung Sekundarstufe I. Ernst Klett Verlag, Stuttgart 2013. ISBN: 978-3-12-547009-5

The British Isles (SB S. 8–9)

Auf einen Blick

Der thematische Einstieg erfolgt mit einem Blick auf die *British Isles*. Die S werten Landkarten aus und äußern Vorwissen.

Außerdem trainieren die S das Hörverstehen, indem sie Jugendlichen aus England, Wales, Schottland, Nordirland und der Republik Irland zuhören.

Kompetenzen:	• über grundlegende geografische, landeskundliche, geschichtliche und gesellschaftliche Kenntnisse der Britischen Inseln verfügen (interkulturelle Kompetenzen) • in zunehmend natürlichem Tempo artikulierte Sprachäußerungen verstehen, wenn deutlich gesprochen und weitgehend bekanntes oder leicht erschließbares Sprachmaterial verwendet wird (Hörverstehen)
Wortfeld:	*the British Isles*
Ergänzendes Material:	Kopiervorlagen 1–3
Zeit:	ca. 1 Stunde

Einstieg

L konfrontiert die S mit den Begriffen *(the) British Isles*, *(the) United Kingdom* und *Great Britain*. Die landeskundliche Bedeutung wird geklärt, Unterschiede werden herausgestellt.

– *Great Britain: England, Scotland and Wales*
– *the United Kingdom: Great Britain and Northern Ireland*
– *the British Isles: the United Kingdom and the Republic of Ireland*

1 Do the British Isles quiz with a partner. (SB S. 8)

Methodisches Vorgehen

Die S beantworten die Fragen mithilfe der Landkarte der vorderen inneren Umschlagseite.
Die Lösungen liegen am *Bus stop* (→ **M** SB S. 150, LB S. 177) aus.

KV 1   Nach der Verbesserung bearbeiten die S Kopiervorlage 1. Die Lösungen dazu liegen aus.

Lösung

1. *England, Northern Ireland, Republic of Ireland, Scotland, Wales*
2. *England*
3. *Republic of Ireland*
4. *Scotland*
5. *Northern Ireland*
6. *Scotland*
7. *London*

2 What else do you know about the British Isles? (SB S. 8)

Methodisches Vorgehen

a) Die S notieren jede/r für sich in drei Minuten Dinge, die sie mit den *British Isles* verbinden.

KV 2   Alternativ finden sich die S in Dreiergruppen zusammen und bearbeiten Kopiervorlage 2: Sie gestalten ein *British Isles vocabulary picture poster* und stellen es im Plenum vor.

b) Präsentieren und ggf. Ergänzen der Antworten aus a) im Plenum.

Lösung   individuelle Lösungen

3 (LISTENING) Listen to five teenagers from the British Isles. (SB S. 9)

1,1

Transkript

Gwen:	Hi, I'm Gwen and I live in Manchester. That's in England. I'm 14 and in my free time I often go horse riding. I really like horses. At the weekend my best friend Sue and I sometimes go swimming. My plan for the future? Well, I'm not sure, but I'd like to work with animals.
Dylan:	Hi, I'm Dylan and I'm from Wales. I'm 15. In my free time I often go rock climbing. It's very exciting. I think Wales is the most beautiful part of the United Kingdom. There are mountains, castles – we've got it all! I don't want to live anywhere else! When I'm older, I would like to be a doctor.
Lewis:	My name is Lewis. I'm 13 and I live on a sheep farm in Scotland. In the summer tourists spend their holidays on our farm. Then I have to help my parents. In my free time I often take my dog for a walk, and in the winter my sister and I go skiing near where we live. That's fun! Why not come and visit us when you're in Scotland next time? After school I want to be a cook. I hope I'll find a good job as a cook in a hotel restaurant one day.
Sophie:	My name is Sophie. I'm from Northern Ireland and I'm 15. I often sing and dance in my free time and I take lots of photos. I'm in the dance club at school and I really enjoy that. My dream when I leave school is to become a singer or a dancer. I just love musicals! "Cats" is my favourite – it's an old musical, but I think it's the best!
Sean:	Hi, I'm Sean. I live with my family in the Republic of Ireland, in Galway. I'm 14 and I have got an older sister. What do I do at the weekend? Well, I often spend my free time with my friends. We hang around or we play football in the park near where I live. When I leave school, I'd like to work as a shop assistant in a sports shop.

Methodisches Vorgehen

Die S legen im Heft eine sechsspaltige Tabelle an, siehe SB *(name, from?, age?, hobbies?, plans?, other information)*, und hören den Audiotrack zweimal. Die Lösung wird im Plenum besprochen.

 KV 3   Alternative: Die S verwenden Kopiervorlage 3. Dort ist die Tabelle zum Ausfüllen vorbereitet.

Lösung

Name	from?	age?	hobbies?	plans?	other information
1. Gwen	Manchester (England)	14	go horse riding, go swimming	work with animals	–
2. Dylan	Wales	15	go rock climbing	be a doctor	thinks that Wales is the most beautiful part of the UK, wants to stay in Wales
3. Lewis	Scotland	13	take his dog for a walk, go skiing	be a cook in a hotel restaurant	lives on a sheep farm, helps his parents with tourists who spend their holidays on their farm
4. Sophie	Northern Ireland	15	sing, dance, take photos, dance club	become a singer or dancer	her favourite musical is "Cats"
5. Sean	Republic of Ireland	14	hang around with friends, play football	work as a shop assistant in a sports shop	has got an older sister

Erweiterung

Die S legen eine weitere, sechste Zeile an und füllen die Spalten auf sich bezogen aus. Auch hier

 KV 3   kann Kopiervorlage 3 eingesetzt werden, die in Aufgabe 2 eine sechste Zeile für die Eintragungen der S bereithält. Anschließend Austausch im *Milling around* (→ M SB S. 153, LB S. 180).

A long time ago . . .

Intro (SB S. 10–11)

Auf einen Blick

In kurzen landeskundlichen Texten, Bildern, einem Film und/oder einem Hörtext erhalten die S einen Überblick über Epochen und Meilensteine der britischen Geschichte bis 1840. Dem anschließenden Hörverstehenstext entnehmen die S Informationen zu Stonehenge.

Kompetenzen:	• über grundlegende Kenntnisse der Geschichte Großbritanniens verfügen, u.a. Spuren der Kelten, Römer, Angelsachsen und Normannen (Leseverstehen, interkulturelle Kompetenzen)
	• einen kurzen Film über die Geschichte Großbritanniens verstehen (Hör- und Hör-/Sehverstehen, interkulturelle Kompetenzen)
	• einem Hörtext Informationen über Stonehenge entnehmen (Hörverstehen, interkulturelle Kompetenzen)
	• sich über Vorwissen und persönliche Erfahrungen austauschen (monologisches und dialogisches Sprechen)
Wortfeld:	*history*
Ergänzendes Material:	Kopiervorlagen 4.1 und 4.2
Zeit:	1–2 Stunden

Einstieg

– Zieltransparenz: L kann die S vorab über das Kompetenzziel informieren.

    ○ *Talk about old buildings and sights*

    ○ *Find out historical facts about Britain*

    ● *Listen to information about Stonehenge*

– L wählt eines der Fotos von SB S. 10 und zeigt, z. B. mittels einer App (Dalli Klick o. Ä.) oder durch Abdecken unter der Dokumentenkamera, nur einen kleinen Ausschnitt bzw. deckt das Foto schrittweise auf. Die S äußern sich spontan *(guessing)*. Mögliche L-Impulse: *What can you see? Have you seen anything like that before?*

Wortschatz

circle, Roman, to protect, empire, to take, Viking, age, at the end, northern, Denmark, Norway, to attack, Norman, to found, powerful, Industrial Revolution, to produce, industry, noisy, dirty, at that time

Transkript

1 🎬

Alicia:	*We're going to find out more about England today. Let's look at some of the famous places from England's past.*
Narrator:	*There has been a circle of stones at Stonehenge for thousands of years. Stonehenge is in the south of England. No one knows who built it, or why the stones are there.*
	This is Hadrian's Wall. The Romans started to build it in the north of England in the year 122. It took six years to build the wall and it is more than 70 miles long, from one side of England to the other.

In 1066, the Normans came across the sea from France. They fought a battle against the English near Hastings. The Normans won, and their leader, William the Conqueror, became king of England.

The Vikings came to England from Denmark, Norway and other countries in Scandinavia. In the year 866, they invaded the English city of York. Some stayed and the city became their home. Today there are often Viking festivals in York.

Methodisches Vorgehen

Der Einstieg in die Unit ist – wie immer auf der *Intro*-Doppelseite – mit einem Videoclip und/oder Audiotrack möglich.

KVs 4.1, 4.2 Zur Sicherung des Videoclips, d.h. Schulung des Hör-/Sehverstehens, können Kopiervorlagen 4.1 *(completing sentences with your own ideas, numbering places in the order they are shown in the film, labeling places on a map of England)* und 4.2 *(matching exercise, writing sentences)* eingesetzt werden.

1,2 Alternativ erfolgt der Einstieg mithilfe des Audiotracks (= die rot unterlegten Texte der SB-Doppelseite), ggf. bei geöffnetem SB, sodass die S die Bilder anschauen und mitlesen können. Anschließend Übergang zu Aufgabe 1.

> **Info: Hadrian's Wall**
>
> Der Hadrianswall, ein römisches Grenzbefestigungssystem, wurde im ersten Jahrhundert nach Christus vom römischen Kaiser Hadrian erbaut.
>
> Die Mauer erstreckt sich über etwa 120 km von der Gegend um Newcastle in Nordengland bis zum Solway Firth im Westen und markiert die Grenze zwischen England und Schottland. Für den Bau sollen rund 40 Millionen Steine verwendet worden sein. Bis heute können gut erhaltene Abschnitte besichtigt werden. Diese Überreste zählen seit 1987 zum Weltkulturerbe der UNESCO. 2003 wurde der 84 Meilen (= 135 km) lange Fernwanderweg *Hadrian's Wall Path National Trail* eingeweiht.

1 What is the oldest building or sight that you know? (SB S. 10)

→ **M** Think – pair – share, SB S. 155

Methodisches Vorgehen

L leitet über zu Aufgabe 1 *(Think – pair – share)*. Die S tauschen sich über alte, ihnen bekannte Gebäude und Sehenswürdigkeiten aus. Die SBs bleiben geschlossen.

Share: Die Paar-/Gruppenergebnisse werden im Plenum zusammengetragen. Am besten informiert sich L im Vorfeld über das Alter der örtlichen Gebäude/Sehenswürdigkeiten, um ggf. ergänzende Informationen beisteuern zu können.

Lösung individuelle Lösungen

2/1–2 **2** Name the place. (SB S. 10)

Methodisches Vorgehen

Sicherung des Textverständnisses. Die S lesen die Texte 1–6 der SB-Doppelseite. Der Audiotrack kann ergänzend eingesetzt werden. Ggf. Klärung unbekannter Vokabeln im Plenum.

Im Anschluss bearbeiten die S die Aufgabe in Einzel- oder Partnerarbeit. Falls Partnerarbeit: S1 liest die Beschreibung des Ortes vor, S2 nennt den Ort; anschließend Wechsel.

Lösung

2. *That's York.*
3. *That's Stonehenge.*
4. *That's Hadrian's Wall.*
5. *That's France.*

3 (LISTENING) Listen to the information about Stonehenge. (SB S. 11)

1,3 ☞

Transkript

There are many questions about Stonehenge: Who built it? How did they build it? And why?
We don't know how old Stonehenge is. But we do know it took a long time to build. The stones are heavy – the biggest ones weigh 45 tonnes. That's the same as about seven elephants! The smaller stones, called bluestones, come from Wales (nearly 240 kilometres away). How did they get them to this part of England?
The biggest mystery is what Stonehenge was for. We know that people didn't live there; it was a special place. The stones are in a circle, so some people think Stonehenge was a large clock. It's possible people used it to tell the time with the sun.
Others think that it was a place for sick people to come to when they wanted to feel better. Archaeologists have found graves near Stonehenge, so maybe it was a holy place?
Today Stonehenge is one of England's biggest tourist sights. More than a million people visited the stone circle last year.

Wortschatz   *to weigh, tonne, grave, holy*

Methodisches Vorgehen

– *Before you listen:*
   L lässt Stonehenge auf einer Karte lokalisieren, z. B. auf der Karte vordere Innenumschlagseite des SB. Die S versprachlichen die Lage, z. B.: *Stonehenge is in the south of England. It's west of London and south of Oxford. It's not on the coast.*
   L fragt die S dann nach ihrer Einschätzung, wie viel einer der Steine wohl wiegt. Dabei können *weigh* und *tonne* aus der Infobox (= Grabstein-Illustration SB S. 11) eingeführt werden.

– *Now listen:*
   Die SBs werden geöffnet. L verweist auf die annotierten Vokabeln auf SB S. 11 unten.
   Die S hören den Text bei geöffnetem SB zweimal und vervollständigen die Sätze aus Aufgabe 3 im Heft.
   Die Ergebnisse werden im Plenum durch Vorlesen verglichen.

Lösung

1. *45 tonnes.*
2. *about seven elephants.*
3. *Wales.*
4. *the sun.*
5. *biggest tourist sights.*
6. *last year.*

Erweiterung

Die S notieren in Einzelarbeit sechs weitere Vergleiche für 45 Tonnen. Darunter sollten ein paar falsche Angaben versteckt sein. Zum Beispiel:
45 tonnes is the same as about …
– 45,000 litres of water
– five cars
– …
Danach werden die Hefte ausgetauscht. Die S überlegen, ob sie die Aussagen für richtig oder falsch halten, und diskutieren dann mit dem Partner/der Partnerin.
Ggf. stellt L Tablets für eine Internetrecherche zur Verfügung.

Topic 1: Who are the British? (SB S. 12–15)

Auf einen Blick

Die S erhalten anhand eines Sachtextes einen Überblick über die historische Entwicklung des britischen Volkes von den Anfängen am Ende der Eiszeit über die Kelten, Römer, Angelsachsen und Wikinger.

Neben einer Wortbildungsübung sowie Übungen zur Wiederholung des *simple past* setzen sich die S mit Bildung und Verwendung einer neuen Zeit auseinander, dem *past perfect*.

In der abschließenden **TASK** erstellen die S einen Zeitstrahl mit Daten der britischen Geschichte und präsentieren ihn den MitS.

Kompetenzen:	• einem Sachtext grundlegende Informationen über die Geschichte Großbritanniens entnehmen, u.a. zu Kelten, Römern, Angelsachsen und Normannen (Leseverstehen/Hörverstehen, interkulturelle Kompetenzen)
	• über Kenntnisse über prägende historische Ereignisse in Großbritannien verfügen (interkulturelle Kompetenzen)
	• mithilfe von Bildern Zeitabläufe in der Vergangenheit versprachlichen (Schreiben, monologisches Sprechen)
	• anhand von Lückensätzen Aussagen zu geschichtlichen Ereignissen formulieren (Schreiben)
	• einem Hörtext über die Geschichte Großbritanniens, hier: der Wikingerüberfall 793 auf das Kloster Lindisfarne, Informationen entnehmen (Hörverstehen, interkulturelle Kompetenzen)
	• zunehmend selbstständig grundlegende Erschließungsstrategien (u.a. mithilfe einfacher Wortbildungsgesetze) anwenden (Wortschatz)
	• sich über Ereignisse in der Geschichte Großbritanniens informieren, Informationen sammeln, strukturieren, veranschaulichen und präsentieren (Schreiben, Text- und Medienkompetenzen, methodische Kompetenzen, interkulturelle Kompetenzen)

Wortfeld:	*history*
Grammatik:	*simple past* (Wiederholung) und *past perfect*
Ergänzendes Material:	Kopiervorlagen 5 und 6
Zeit:	ca. 3 Stunden

Einstieg

– Zieltransparenz: L informiert die S über das Kompetenzziel.

　　○ *Learn about the history of the British people*

　　○ *Talk and write about different events in the past*

　　● *Present British history in a timeline*

– L nimmt Bezug zur Überschrift *Who are the British?* Die S äußern sich. Hierbei auf geschichtliches Vorwissen ebenso eingehen wie ggf. auf geäußerte Vorurteile/Klischees. (Auf die Frage wird in Aufgabe 2 c) nochmals eingegangen. Dort können dann Vergleiche angestellt werden.) Stichpunkte an der Tafel festhalten.

1,4 ☞ **1** (READING) **Read the text.** (SB S. 12)

Wortschatz

to begin, who, ice age, to turn, ice, by, BC (= before Christ), to melt, to disappear, island, tool, to be made of, metal, busy, Celt, to invade, obviously, fort, else, AD (= Anno Domini), Anglo-Saxon, one(s), to make sb do sth, the rest, themselves, northeast, to destroy, to kill

Methodisches Vorgehen

Die S lesen den Text jede/r still für sich.
Alternativ spielt L den Text über Audiotrack ab, und die S lesen leise mit.

3/1 **2 Copy the table and fill it in.** (SB S. 13)

Methodisches Vorgehen

a) Die Tabelle wird ins Heft übertragen. Bearbeitung der Aufgabe in Einzelarbeit. Sicherung/Vergleich der Ergebnisse in Partnerarbeit.

b) L stellt Tablets oder einen alternativen Internetzugang bereit. Die S erarbeiten die Tabelle in Partnerarbeit. Die Ergebnisse werden im Plenum gesichert.

● c) Leistungsstärkere S äußern sich, nun in Bezug zu den in der Einstiegsphase gemachten Äußerungen, erneut zu der Frage *Who are the British?* Das Tafelbild kann ergänzt werden.

Lösung

a)

	Who?	When?	From where?	What?	Why?
1.	the first 'modern' people	end of ice age	walked across the North Sea	they were farmers and later learned to use tools made of stone and metal	there was a land bridge between Europe and Britain (out of ice)
2.	the Celts	650 BC	Europe	they invaded the British Isles and stayed; they built forts made of wood; they fought each other	because they liked to fight
3.	the Romans	55 BC/ 43 AD	Europe	they invaded Britain; they built roads and founded towns; they built Hadrian's Wall	because the Celts still fought against them
4.	the Anglo-Saxons	5th century AD	Germany and Denmark	they made the Celts go to Wales and Cornwall	because the Anglo-Saxons liked Britain
5.	the Vikings	793 AD	Norway	they attacked the church on the island of Lindisfarne; they killed people and animals; they stole things; many of the Vikings stayed	because they wanted to steal everything they could

b) Beispiel:
end of ice age: the first 'modern' people on the Isles were the Picts
Celts: lived in tribes with kings or chiefs
Romans: they invaded Britain from "Gaul" (today it is called France); Julius Caesar first tried to invade the British Isles
Anglo-Saxons: the most famous Anglo-Saxon king was called "Alfred the Great" and became king in 871 AD
Vikings: not all Vikings were bad; some of them were farmers and kept animals

c) Beispiel: *The British came from northern Europe, Germany, Denmark and France. The biggest groups were the Anglo-Saxons, the Celts, the Romans and the Vikings.*

3/2 **3 Make new words.** (SB S. 13)

Methodisches Vorgehen

Der Kasten **STUDY SKILLS** wird im Plenum gelesen und besprochen.

a) Die S bearbeiten die Aufgabe schriftlich jede/r für sich.

b) In Partnerarbeit werden die Ergebnisse mithilfe eines Wörterbuchs verglichen.
Sollten Smartphones zu Unterrichtszwecken in der Schule erlaubt sein, können auch Online-Wörterbücher oder eine Dictionary-App zu Hilfe genommen werden.

Lösung

a) *to attack – an attack – an attacker*
to win – a win – a winner
to build – a building – a builder
to invade – an invasion – an invader
to arrive – an arrival

Erweiterung

Die S suchen in Partnerarbeit weitere zehn Beispiele für Verben und dazugehörige ähnliche Nomen *(to dance – dance – dancer, to teach – teacher, to feel – feeling, to act – actor)*. Hier kann das *English-German dictionary* hinten im SB, ab SB S. 204, zu Hilfe genommen werden.

3/3
4/4 **4 Complete the sentences with the simple past.** (SB S. 13)

Methodisches Vorgehen

Die S erhalten Zeit, sich wieder mit dem *simple past* vertraut zu machen. Hierzu sind ihnen die Erläuterungen in **G1** eine Hilfe, die sie jede/r für sich durchlesen. L verweist weiterhin auf die Liste der unregelmäßigen Verben auf SB S. 200–202. Diese können an dieser Stelle mit diversen Übungen wiederholt werden.

Die Sätze in Aufgabe 4 werden sodann in Einzelarbeit schriftlich bearbeitet.

● *Fast finishers* können zusätzlich die *Test-yourself*-Aufgaben auf SB S. 130 bearbeiten (mündlich). (Die Lösungen finden sie auf SB S. 149.)

Lösung 1. *invaded* 2. *came* 3. *built* 4. *was* 5. *needed* 6. *wasn't/was not* 7. *went*

Language detectives (SB S. 14) → **G2**, SB S. 131

Methodisches Vorgehen

Im Anschluss an die Ergebnissicherung zu Aufgabe 4 im Plenum leitet L zu *Language detectives* über. Die S lesen die Beispielsätze und beantworten die Fragen nach der Methode *Think – pair – share* (→ **M** SB S. 155, LB S. 182). Die Beispielsätze werden im Anschluss ins Heft übertragen, Regeln und Überschrift werden ergänzt.

Möglicher Hefteintrag/Tafelanschrieb:

> The past perfect
>
> After the Vikings had destroyed Lindisfarne, they went back home.
> The Vikings hadn't travelled to Britain before they attacked this church.
> Had they been to England before they invaded York? – Yes, they had.
>
> When talking about two events in the past, we use the past perfect for the event that happened first, and the simple past for the event that happened second.
> Form: had / hadn't + 3rd form of the verb
> Signal words: before (+ simple past), after (+ past perfect)

KV 5 Alternativ kann das *past perfect* mit Kopiervorlage 5 eingeführt werden.

Lösung

Beispiel:
- *Which event happened first? The events underlined in blue happened first.*
- *Which tense do you use for it? past perfect*
- *How do you form it? had + past participle (= third form of verb)*
- *Which words tells you which event happened first? signal word 'after' goes with the past perfect*

 5 Complete the sentences about a girl in Roman Britain. (SB S. 14)

Methodisches Vorgehen

a) Die Sätze werden im Plenum erarbeitet und schriftlich im Heft und an der Tafel/via Dokumenten-kamera festgehalten.

● b) Ebenfalls im Plenum. Als Hilfe und zur Veranschaulichung dient für jeden Satz ein Zeitstrahl, auf dem eingezeichnet wird, welche Handlung zuerst und welche danach in der Vergangenheit stattfand.

Lösung

a) 1. *Before Vellibia was 13, her parents had already found a husband for her.*
   2. *She had worked for her parents in the fields since she was six.*
   3. *She had learned to cook before she was 14 years old.*
   4. *Her parents hadn't gone/had not gone to school, so Vellibia never went.*
   5. *Her family hadn't had enough to eat, so her father killed rabbits for food.*
   6. *After the Romans had built new roads, life in her village became easier.*
b) 1. *Before she married Tiberius, she hadn't left/had not left her village.*
   2. *Every day after she had come home from the field, she fed the chickens.*
   3. *Life was hard because the Romans hadn't brought/had not brought all the new things to the village yet.*

Erweiterung

⊙ KV 6   Kopiervorlage 6 zur Vertiefung bzw. Gegenüberstellung von *past perfect* und *simple past:* Die S notieren zunächst jede/r für sich zweimal sechs Aktivitäten im *simple past,* z. B. *stood on one leg for five minutes, clapped my hands.* Anschließend setzen sie je zwei Aktivitäten zueinander in Beziehung, z. B. *After I had stood on one leg for five minutes, I clapped my hands.*

 6 (SPEAKING) Ask and answer questions. (SB S. 15)

Methodisches Vorgehen

L schreibt *Before you came to this school more than two years ago …* an die Tafel.
L stellt Fragen und hilft den S anfangs bei der Kurzantwort. Zum Beispiel:
Before you started at this school, … had you travelled to another country? (Yes, I had./No, I hadn't.)
… had you slept at a friend's house? (Yes, I had./No, I hadn't.)
… had you cooked your own meal? (Yes, I had./No, I hadn't.)
… had you had a mobile? (Yes, I had./No, I hadn't.)
usw.
L schreibt ein oder zwei der Fragen sowie die Kurzantworten an die Tafel.

a) Die S machen sich mit der Aufgabe vertraut. In Partnerarbeit bearbeiten sie a) mündlich.

● b) Für leistungsstarke S bzw. *fast finishers* in Einzelarbeit schriftlich.

Lösung

a) 2. *Had she had a big party? – No, she hadn't.*
   3. *Had she slept in another house? – Yes, she had.*
   4. *Had she learned to wash clothes? – Yes, she had.*
   5. *Had she travelled to other places? – No, she hadn't.*
   6. *Had she cooked dinner for many people? – Yes, she had.*
   7. *Had she made clothes for men? – No, she hadn't.*

b) Beispiel:

1. *Before you married Vellibia, had you asked your parents for advice?*
2. *Before you married Vellibia, had you spent much time with girls?*
3. *Before you married Vellibia, had you talked to your friends about it?*

5/8 **7** (LISTENING) **Listen to a text about the Viking attack on Lindisfarne.** (SB S. 15)

1,5 **Transkript**

The Vikings are coming!

It was in the year 793 AD, when strange long ships were sailing near the northeast coast of England. Not much later, the strange ships arrived at the island of Lindisfarne.

Nobody had ever seen anything like the men that got off these ships. They were huge, with wild eyes and long hair. The men wore helmets and carried swords, and it was clear that they were dangerous. They were men from the north, the Vikings, and they had come to take what they could get.

The group of 'northmen' quickly moved towards the church on Lindisfarne. Nothing could stop them. The Vikings immediately began to kill the people in the church. They killed the chickens and the sheep too. They stole pieces of art, gold and everything else that they could get their hands on. After that they set fire to the buildings. And then it was over. The Vikings were gone as quickly as they had arrived and soon they were on their way back home across the North Sea.

But from now on the people of England were scared that the Vikings would come back. And they did. During the next centuries the Vikings attacked churches and towns on the coast of England again and again. And over time, more and more of them stayed in Britain and spent the rest of their lives there.

But the Vikings weren't the first group of people who came to the British Isles. Centuries earlier, the Celts had arrived. And after them, the Roman army and later the Anglo-Saxons came.

Methodisches Vorgehen

a) Das Vorwissen über Lindisfarne (von SB S. 12) wird aktiviert und in einer Mindmap festgehalten.

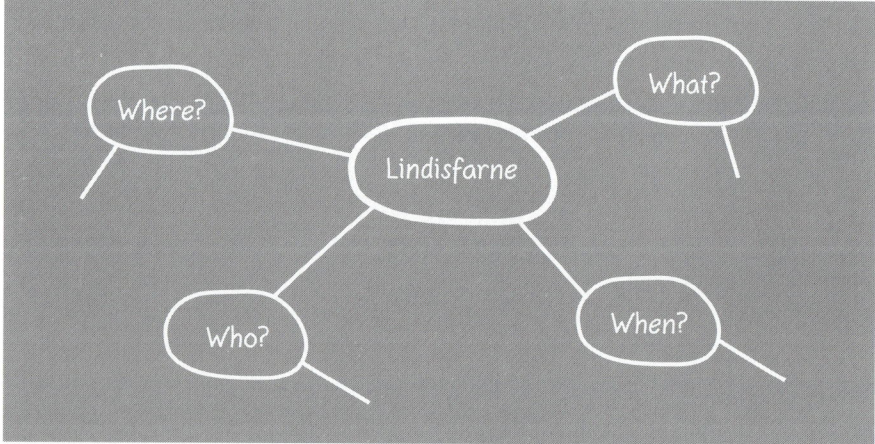

Dann erhalten die S Zeit, sich in die Notizzettel A–C einzulesen.

L spielt den Hörtext vor, in leistungsschwächeren Klassen zweimal.

Im Plenum wird das Ergebnis besprochen. Abstimmung: Wer ist für A, wer für B, wer für C? → Sicherung im Plenum.

● b) Die S erhalten Zeit, sich Notizen zu machen und sich untereinander auszutauschen. Bei Bedarf kann der Hörtext vorab nochmals abgespielt werden.

Lösung

a) B

b) Beispiel: *the Vikings came in 793 AD; they were huge and had long hair; they attacked the church of Lindisfarne; they stole pieces of art and gold; they came and went across the North Sea; before the Vikings, the Celts, the Romans and the Anglo-Saxons had arrived*

Erweiterung

Die neuen Fakten werden in der Mindmap an der Tafel ergänzt. Zum Beispiel:
Who? huge, with wild eyes and long hair; wore helmets and carried swords
What? killed chickens and sheep; stole pieces of art and gold; set fire to the buildings

P ✳ **8** (TASK) **A history timeline.** (SB S. 15) → **V** History, SB S. 173

Methodisches Vorgehen

Die S erhalten zunächst Zeit, sich in die **TASK** einzulesen.
Anschließend werden im Plenum die Hilfen gesammelt, die die S heranziehen können:
– *textbook pages 10–13*
– *table from page 13/2*
– *history words I know: page 173*
sowie ggf.
– *internet*

a) Die S listen in Einzelarbeit die einzelnen Perioden auf – Achtung, bei *period*, hier neu, wird es Gekicher geben – und überprüfen eigenständig ihre Ergebnisse. L steht als Hilfestellung bereit.

b) Die Ergebnisse werden in einem Zeitstrahl geordnet, der ins Heft gezeichnet wird.

c) In Partnerarbeit werden die Ergebnisse verglichen. Es können Korrekturen und Ergänzungen vorgenommen werden. Sollte die Möglichkeit der Internetnutzung inkl. Ausdrucken gegeben sein, können die S Bilder suchen und ergänzen. Alternativ hält L einige Bilder bereit, die die S erhalten, die im nächsten Schritt ihre Ergebnisse im Plenum präsentieren.

d) Freiwillige S stellen ihre Ergebnisse vor, indem sie den Zeitstrahl via Dokumentenkamera präsentieren und sich dazu äußern. Redemittel: *I would like to present my timeline to you. It shows important periods of time in British history. … This was my timeline. Thank you very much for listening.*

Lösung

a) Beispiel:

2,000 B.C.	*people built Stonehenge*
650 BC–43 AD	*the Celts invaded Britain*
43–410 AD	*Roman Britain*
122–28	*the Romans built Hadrian's Wall*
from the 5th century	*the Anglo-Saxons arrived in Britain*
793–1066	*the Viking Age*
1066	*the Battle of Hastings*
1066–1154	*Norman Britain*
1485–1603	*the Tudors*
1780–1840	*the Industrial Revolution*

d) Beispiel:

A long time ago, in 2,000 BC, people built Stonehenge. We don't know much about these people. Then, from 650 BC to 43 AD, the Celts invaded Britain.
In 43 AD the Romans came to Britain. They founded important towns and they built Hadrian's Wall. The girls in Roman Britain married very early and their parents decided who they married. They had to work for their parents and didn't go to school. The Romans built new roads too.
In the 5th century, the Anglo-Saxons invaded Britain and they made the Celts go to Wales and Cornwall.
But in 793, the Vikings attacked the church on Lindisfarne. This was the time when the Vikings attacked Britain many times.
When a Norman became king of England in 1066, people in Britain had to learn French.
Then King Henry VIII from the Tudor family founded the church of England. The Tudor family was very powerful between 1485 and 1603.
From 1780 to 1840, it was the Industrial Revolution. This was the time when people started to use machines to produce things.

Text 1: The Norman conquest (SB S. 16–17)

Auf einen Blick

Ein illustrierter Text informiert über die Eroberung Englands durch William den Eroberer im Jahr 1066. Die S äußern ihre Reaktionen auf den Text und fassen ihn schriftlich zusammen, Textsorte *summary*.

Kompetenzen:	• über Kenntnisse über prägende historische Ereignisse in Großbritannien verfügen, hier: Eroberung Englands 1066 durch William den Eroberer, Herzog der Normannen (interkulturelle Kompetenzen) • Texten Informationen entnehmen, hier: über die Eroberung Englands durch William den Eroberer im Jahr 1066 (Leseverstehen/Hörverstehen) • in einfachen Worten Meinungen und Reaktionen zum Ausdruck bringen (dialogisches Sprechen) • einen Text zusammenfassen, Textsorte *summary* (Schreiben, Methodenkompetenz)
Wortfeld:	*history*
Ergänzendes Material:	Kopiervorlage 7
Zeit:	ca. 1 Stunde

Einstieg

– Zieltransparenz: L informiert die S über das Kompetenzziel.

    ○ *Read/Listen to a text about the Norman conquest in 1066*

    ○ *Talk about the text with a partner*

    ● *Sum up the text*

– Bei geschlossenen SBs präsentiert L eine Karte von Großbritannien und Frankreich. Dies kann über Beamer/Dokumentenkamera erfolgen. Im Plenum wird kurz auf die beiden Länder eingegangen (*Have you ever been there?*, *If so, which places did you visit?*, *Do you know the names of any British or French cities?* usw.). Dann leitet L über zu Aufgabe 1.

1 What comes to mind when you think about the French and the British? (SB S. 16)
→ **M** Think – pair – share, SB S. 155

Methodisches Vorgehen

Think – pair – share (→ **M** SB S. 155, LB S. 182): Die S aktivieren weiteres Vorwissen über Briten und Franzosen. Binnendifferenzierende, arbeitsteilige Alternative: Leistungsschwächere S sammeln ihr Vorwissen zu *the British*, leistungsstärkere S zu *the French*.

Lösung
Beispiel:
– *French words like pommes frites, portemonnaie*
– *famous people from history like Louis XIV, Mary, Queen of Scots (Mary Stuart), Marie Antoinette, Napoleon Bonaparte, Henry VIII*
– *events and periods like the Normans, the Battle of Hastings*
– *the last one hundred years: France and England fought together in World War II, France and the UK are in the European Union, Brexit, Emmanuel Macron*

1,6 ☞ **2** (**READING**) **Read the text.** (SB S. 16)

Wortschatz

Die folgenden neuen Wörter, die im Text vorkommen, gehören nicht zum Lernwortschatz:
conquest, both … and …, brother-in-law, duke, himself, trained, archer, on foot, tapestry, comic, arrow, Christmas Day, pork, surname

Methodisches Vorgehen

Die S lesen den Text jede/r still für sich.
Alternative: L spielt die Texte per Audiotrack bei geschlossenen SBs vor. Vor jedem Abschnitt präsentiert er/sie die entsprechende Illustration von SB S. 16 oder 17 über Beamer oder Dokumentenkamera. Die S äußern sich vor dem Hören des Abschnitts spontan zum jeweiligen Bild.

👥 **3** **What did you find interesting in the texts? Talk about it with a partner.** (SB S. 17)

Methodisches Vorgehen

Bei geöffneten SBs erhalten die S ein paar Minuten Zeit, sich jede/r für sich mit den Texten sowie der Arbeitsanweisung zu befassen. Sie können sich Stichpunkte notieren.
L sollte die S motivieren, im anschließenden Partnergespräch auf die Äußerungen des Gegenübers einzugehen. L: *Listen to what your partner has to say. Make sure you keep eye contact. Let your partner finish what he or she has to say. If you didn't understand everything, ask him or her to say it again. Just say: "Could you say that again, please?" Make sure you have a dialogue, not just two monologues.*
Die S finden sich in Paaren zusammen und tauschen sich aus.

Lösung

Beispiel:
A: *I found it interesting that knights fought for William and that they won the Battle of Hastings.*
B: *I found it interesting that William the Conqueror built many castles.*

● **4** (**WRITING**) **Sum up the text.** (SB S. 17)

5/9

Methodisches Vorgehen

Die S bearbeiten die Aufgabe in Einzelarbeit, z.B. als Hausaufgabe. Sie halten sich an die kleinschrittige Vorgabe der Arbeitsanweisung:
– *First, make a list of the five most important words in a paragraph.*
– *Then use these five key words to write one or two sentences about the paragraph.*
○ Alternative: In leistungsschwächeren Klassen bietet es sich an, die Aufgabe – oder zumindest ein oder zwei Abschnitte – musterhaft im Plenum zu bearbeiten.

Lösung

Beispiel: *The king of England died in 1066 and Harold made himself the new king.*
His cousin William was angry because he wanted to become king too.
Harold and William fought near Hastings, but William's men were knights and Harold's men were tired from an earlier battle. We know about the battle because the Bayeux Tapestry shows pictures of it. On Christmas Day 1066, William became king of England. His name was William the Conqueror and he built many castles. The Normans changed the English language because they brought new words and surnames to the English language. Most people in England hadn't had surnames before the Normans arrived.

Erweiterungen

– Die S schreiben weitere Sprechblasen zu den Illustrationen der SB-Doppelseite, gehen mit ihrem Heft im Klassenzimmer umher und lesen einem Partner/einer Partnerin eine Sprechblase vor. Der Partner/Die Partnerin rät/erkennt, auf welches Bild sich die Sprechblase bezieht.
L präsentiert die SB-Doppelseite hierzu über Beamer/Dokumentenkamera.

◉ KV 7
– Kopiervorlage 7 *The battle of mistakes:* Illustration zur Battle of Hastings, allerdings mit zehn eingebauten Fehlern, die die S erkennen und verschriftlichen sollen, z. B.: *In 1066 there were no planes. People rode on horses or they walked.*

Topic 2: Everything changes (SB S. 18–21)

Auf einen Blick

Gwen, Jugendliche aus Manchester, beschreibt die Entwicklung ihrer Heimatstadt, von der Industriellen Revolution bis heute.

Dabei lernen die S, mit und ohne Relativpronomen über Personen, Gegenstände, Orte und Sachverhalte zu sprechen (*relative clauses with relative pronouns* und *contact clauses*). Es folgt eine Sprachmittlungsaufgabe Englisch-Deutsch zu einer Erfindung, der Laufmaschine von Karl Drais.

In der abschließenden **TASK** schreiben die S einen Text über eine existierende oder von ihnen ausgedachte Erfindung.

Kompetenzen:	• über grundlegende geschichtliche Kenntnisse Großbritanniens verfügen (interkulturelle Kompetenzen)
	• einem Text Informationen entnehmen, hier: über die Entwicklung der Stadt Manchester (Leseverstehen/Hörverstehen, interkulturelle Kompetenzen)
	• einen Text verstehen, hier: über die von Karl Drais erfundene Laufmaschine, und die Informationen auf Deutsch wiedergeben (Sprachmittlung, methodische Kompetenzen)
	• einen Text über eine Erfindung verfassen (Schreiben, methodische Kompetenzen)
	• Personen, Gegenstände, Orte sowie Sachverhalte mit und ohne Relativpronomen genauer beschreiben (Grammatik)
Wortfeld:	*inventions*
Grammatik:	*relative clauses with relative pronouns, contact clauses*
Ergänzendes Material:	Kopiervorlagen 8 bis 10
Zeit:	ca. 3 Stunden

Einstieg
Zieltransparenz: L informiert die S über das Kompetenzziel.

- ○ *Find out about the city of Manchester*
- ○ *Describe people and things*
- ● *Write about inventors and their inventions*

1 Look at these inventions from the 17th to 20th century. (SB S. 18)

Wortschatz   *dishwasher, steam engine, toaster, microscope*

Methodisches Vorgehen

Matching exercise: Die S ordnen die vier Erfindungen den vier Jahrhunderten zu. Möglich als *Think – pair – share* (→ **M** SB S. 155, LB S. 182). (Die Lösungen stehen auf SB S. 149.)

Im Anschluss können im Plenum weitere Erfindungen gesammelt werden. Die S spekulieren jeweils, wann sie gemacht wurden.

Lösung

dishwasher: 19th century
steam engine: 18th century

toaster: 20th century
microscope: 17th century

1,7
6/1

2 (READING) Read about where Gwen lives. (SB S. 18)

Wortschatz

half a million, to let, which, form, a lot, coal, energy, less, factory, crowded, condition, mine, to earn, travel, traffic (no pl), to get on sb's nerves, to get around

Methodisches Vorgehen

Die S lesen den Text jede/r still für sich. Anschließend werden Vokabel- und Verständnisfragen im Plenum geklärt.

6/2

3 What is the reason? Match the sentence parts. (SB S. 19)

Methodisches Vorgehen

Die S lesen den Text noch einmal, bearbeiten anschließend die *matching exercise* in Einzelarbeit und vergleichen ihre Ergebnisse in Partnerarbeit.

L entscheidet, ob es genügt, wenn die S lediglich die Zahlen-Buchstaben-Kombinationen ins Heft notieren, oder ob sie die vollständigen Sätze ins Heft schreiben sollen.

Lösung

1–F   2–D   3–A   4–E   5–C   6–B

Erweiterung

Would you have liked to live in Manchester in the 18th century? Say why/why not.
Die S erhalten Zeit, sich zu der Frage Gedanken und ggf. Stichpunkte zu notieren. Sichern der Ergebnisse als *Milling around* (→ **M** SB S. 153, LB S. 180).

4 (SOUNDS) Say the words. (SB S. 19)

1,8

Transkript

1. a telephone   2. an invention   3. a factory   4. a coal mine   5. a new machine

Methodisches Vorgehen

Die S entschlüsseln die in Lautschrift umschriebenen Wörter, sprechen sie leise vor sich hin und notieren sie ins Heft. Anschließend vergleichen sie ihre Lösungen in Partnerarbeit.
Zur Ergebniskontrolle werden die Wörter per Audiotrack vorgespielt.

Lösung   1. *a telephone*   2. *an invention*   3. *a factory*   4. *a coal mine*   5. *a new machine*

Erweiterung

Partnerarbeit: Die S sammeln weiteres Vokabular zum Wortfeld *inventions*. Im Anschluss Überleitung zu *Language detectives*, Einführung der *relative clauses with relative pronouns*.

Language detectives (SB S. 19) → **G3**, SB S. 132

Methodisches Vorgehen

Die *relative clauses with relative pronouns* werden eingeführt. Hier geht es zunächst nur um *who* und *which*, in Aufgabe 7 kommt *whose* hinzu. In Aufgabe 8 dann erfolgt die Abgrenzung *relative clauses with relative pronouns* von *contact clauses*.
Gwens Text in Aufgabe 2 enthält Belegstellen für *relative clauses with relative pronouns*:
There were lots of inventions which made life easier. (ll. 17–18)
James Watt is the man who is famous for inventing its modern form around 1770. (ll. 20–21)

Möglicher Hefteintrag/Tafelanschrieb:

> Relative clauses with relative pronouns <u>who</u> or <u>which</u>
>
> Alexander Graham Bell is the man <u>who</u> invented the telephone.
>   ↑
> His telephone wasn't like the phones <u>which</u> we use today.
>   ↑
> Relative clauses are used to describe a person or thing in more detail.
> We use the relative pronoun <u>who</u> to describe people, and <u>which</u> to describe things.

Lösung

Beispiel: *We use 'who' for people, and 'which' for things.*

Erweiterung

⊙ KV 8   Falls L auch gleich *whose* einführen möchte (wird in Aufgabe 7 benötigt), können die Regeln für *who, which* und *whose* mithilfe von Kopiervorlage 8 erarbeitet werden.

7/3–4   **5 Describe people and things.** (SB S. 19)

Wortschatz   *material*

Methodisches Vorgehen

a) Die Aufgabe wird im Plenum schriftlich bearbeitet.

● b) Die S überlegen sich in Einzelarbeit Umschreibungen. Anschließend gehen sie im Klassenzimmer umher und lesen sich gegenseitig eine Definition vor. Das Gegenüber nennt die Person oder Sache, die beschrieben wird.

Lösung

a) 1. *Manchester is a city which is in the north of England.*
   2. *A steam engine is a machine which made life a lot easier for many people.*
   3. *An inventor is a person who has got good ideas and makes new things.*
   4. *Coal is a material which can produce a lot of energy.*
   5. *A horse is an animal which helped farmers in the past.*
   6. *James Watt was the man who invented the modern form of the steam engine.*
b) Beispiel:
   car: It's a thing/machine with four wheels which people use to drive from one place to another.
   village: It's a place which is smaller than a town.
   factory worker: It's a person who works in a factory.
   telephone: It's a thing which people use to call someone far away.
   engineer: It's a person who can build machines.

6 (GAME) Do you know the answers? (SB S. 20) → M Bus stop, SB S. 150

Methodisches Vorgehen

L stellt sicher, dass die S mit der Methode *Bus stop* (→ M SB S. 150, LB S. 177) vertraut sind, und benennt und markiert entsprechende Plätze (= Haltestellen) im Klassenzimmer.

a) In Einzelarbeit befassen sich die S mit der Teilaufgabe, leistungsschwächere S können sich Notizen machen. Die S gehen, wenn sie bereit sind, zum *Bus stop,* um dort eine/n MitS zu treffen oder auf diese/n zu warten und die Lösungen auszutauschen.

● b) Ehe die S b) bearbeiten, erfolgt ein kurzer Hinweis auf die Hilfestellung des Maskottchens Ben. Die S erhalten für diese Übung Kärtchen oder schreiben Stichpunkte in ihr Heft. Leistungsstärkere S können ohne Notizen arbeiten. In Partnerarbeit werden die Umschreibungen vorgetragen und das Umschriebene benannt. Alternativ in Gruppen: Ein/e S trägt seine/ihre Umschreibung vor. Das Gruppenmitglied, das das Lösungswort am schnellsten nennt, erhält einen Punkt.

Lösung

a) 2. *It's a person who works on a farm. – a farmer*
   3. *It's a machine which takes a lot of people at the same time from one city to another. – a train*
   4. *It's a material which is black and is used in steam engines. – coal*
   5. *It's a king who married six times. – Henry VIII*
   6. *It's a wall which was built by the Romans. – Hadrian's Wall*

b) Beispiel:
   It's a place where you watch films. – a cinema
   It's a person who fights for a king. – a knight

7/5
8/6

7 Put in the right pronoun: who, whose or where. (SB S. 20)

Wortschatz *whose*

Methodisches Vorgehen

Das Relativpronomen *whose* ist hier neu.
L geht zudem kurz auf die Verwendung von *where* ein, mithilfe von **G3**, SB S. 132.
Die S bearbeiten die Aufgabe dann jede/r für sich schriftlich.

Lösung

1. *Do you know the name of the man who invented the bike?*
2. *Birmingham was one of the places where most of the coal was.*
3. *Parents whose children had to work too were very unhappy.*
4. *Scotland and England are the countries where the steam engine was invented.*
5. *The people who moved to the cities hoped to find work there.*
6. *James Watt is the man whose invention became very famous.*

Erweiterungen

⊙ KVs 8 und 9   Kopiervorlagen 8 und 9 zur Festigung von *who, which* und *whose:* auf KV 8 mithilfe von Umschreibungen zum Thema *inventions,* auf KV 9 in Rätselform (Beschreibungen Personen zuordnen).

8/7–8

8 Look at these sentences. Where can you leave out the relative pronoun?
Say the new sentences. (SB S. 20)

Wortschatz *railway, system, company, line*

Methodisches Vorgehen

– Im Plenum werden *contact clauses* thematisiert, d.h. Relativsätze ohne Relativpronomen.
  L schreibt die folgenden beiden Lückensätze an die Tafel.

> The man _____ conquered England was called William.
>
> This is the wall _____ Hadrian built in the year 122.

– Die S tragen die Relativpronomen ein.

> The man who conquered England was called William.
>
> This is the wall which/that Hadrian built in the year 122.

– L klammert im zweiten Satz das Relativpronomen ein und liest dann beide Sätze vor. Die S folgern, dass man im zweiten Satz das Relativpronomen weglassen kann.

> The man who conquered England was called William.
>
> This is the wall (which/that) Hadrian built in the year 122.

– L: *Can you find the rule?* Als Hilfe kann L das Verb des Relativsatzes jeweils farblich markieren. Die Regel wird an der Tafel festgehalten.
Als Überschrift wird *Relative clauses with and without relative pronouns* ergänzt.

> Relative clauses with and without relative pronouns
>
> The man <u>who</u> <u>conquered</u> England was called William.
>
> This is the wall (which/that) Hadrian <u>built</u> in the year 122.
>
> If there is a word between the relative pronoun and the verb (e.g. Hadrian), you can leave out the relative pronoun.
> Relative clauses without relative pronouns are called contact clauses.

○ (Leistungsschwächeren S hilft oft folgende, weniger grammatisch ausgerichtete Regel: Folgt auf das Relativpronomen eine Verbform, kannst du das Relativpronomen **nicht** weglassen.)

– Die S erarbeiten Aufgabe 8 dann zu dritt oder viert. Sie lesen einen Satz zunächst still für sich und entscheiden, ob das Relativpronomen weggelassen werden kann. Anschließend beraten sie in der Gruppe und entscheiden gemeinsam, ggf. als *Placemat* (→ M SB S. 154, LB S. 180).

– Im Anschluss werden die Ergebnisse im Plenum verglichen und besprochen.

Lösung

You can leave out the relative pronoun in sentences 1, 2, 5 and 6.

1. *The London Underground is a railway system people also call by its nickname 'the tube'.*
2. *In the 1830s a person we don't know anything about today had the idea to build an underground railway.*
5. *It was a very successful railway system 38,000 people wanted to use on the first day.*
6. *Today there are eleven lines 4.8 million people use every day.*

9/9–10 **9** (MEDIATION) **Lies den Text über eine Erfindung und beantworte die Fragen auf Deutsch.** (SB S. 21)

Methodisches Vorgehen

L zeigt das Bild von SB S. 21 oben über die Dokumentenkamera oder den Digitalen Unterrichtsassistenten. Die SBs sind geschlossen.

Die S äußern sich zu dem Bild. Mögliche L-Impulse: *Let's take turns to describe the bike. Who would like to start? … What are the differences between the bike in the picture and our bikes today? … How old do you think the bike is?*

Die S öffnen ihr SB. L weist auf den Aufgabentyp *mediation* hin. Der **SKILLS**-Kasten wird im Plenum besprochen.

Die S lesen den Text dann jede/r still für sich und beantworten die Fragen. Dazu können sie sich Stichpunkte im Heft machen.

Lösung

1. Er wollte etwas finden, das schneller war als ein Pferd und Menschen und Dinge transportieren konnte.
2. Man musste sich im Sitzen mit den Füßen abstoßen, um voranzukommen.
3. Es war das erste Transportmittel mit zwei Rädern in einer Reihe.
4. Seit dem 19. Jahrhundert.

Erweiterungen

– Gespräch im Klassenverband über das Fahrradfahrverhalten der S. Dies kann mit einer Umfrage verbunden werden (z. B. *How many bikes have you already had? How many times a week do you ride your bike? How many bikes have you got at the moment? Do you come to school by bike?*).

© KV 10 – Kopiervorlage 10, Wortfeld *inventions*: Die S sortieren Wörter nach *bike, computer, car, smartphone* und *plane*. Dann nehmen sie Stellung, welche der Erfindungen für sie unverzichtbar sind.

P ❋ **10** (TASK) **A great invention** (SB S. 21) → V Inventors and inventions, SB S. 159

Methodisches Vorgehen

L sollte im Vorfeld sicherstellen, dass in der Bearbeitungsphase jede/r S die Möglichkeit hat, auf das Internet zuzugreifen.

L gibt den S Zeit, sich mit der Aufgabe vertraut zu machen, und verweist auf die *Word bank: Inventors and inventions* auf SB S. 159, die die S als Hilfestellung heranziehen können.

Fragen werden vorab im Plenum geklärt (z. B. Wie lang soll der Text in etwa werden?). Eine Mindmap kann helfen, die Gedanken zunächst zu sortieren.

Die S schreiben ihren Text ins Heft oder auf von L bereitgestelltes buntes dickeres Papier. Die Seiten können zu einem Heft zusammengefügt werden. Bilder können ggf. nachgeklebt werden. Die S können sich gegenseitig korrigieren *(peer correction)*. L steht bei Unsicherheiten unterstützend zur Verfügung.

Lösung

Beispiel: *The microscope is a machine that you use to see very small things. In the beginning, people just used glass to see small things. In a microscope, people use many glasses on top of each other. People used the first microscopes to study biology. There are many different types of microscopes today. Light microscopes became popular in the 17th century when Antonie Philips van Leeuwenhoek invented different microscopes. Other modern microscopes work with laser and electrons.*

Text 2: A deadly silence (SB S. 22–24)

Auf einen Blick

Die S lesen die Geschichte des Jungen Jonas, der von einer Gasexplosion 1850 in einer Mine in Manchester erzählt. Jonas erkennt die Warnung durch den Kanarienvogel Billy und kann so viele Leben retten. Kanarienvögel können Gas sehr viel schneller riechen als Menschen und hören dann auf zu singen.

In der abschließenden TASK schreiben die S ein Gedicht oder ein Lied über die Arbeit in einer Kohlemine, oder sie schreiben aus der Ich-Perspektive über das Leben des Kanarienvogels Billy, der Jonas im Bergwerk das Leben rettet.

Kompetenzen:	• über grundlegende geschichtliche Kenntnisse Großbritanniens verfügen (interkulturelle Kompetenzen) • Inhalte auch längerer erzählender Texte verstehen (Leseverstehen) • zunehmend selbstständig Lesetechniken und Strategien des Leseverstehens anwenden, hier: *reading for gist, wh-questions* (Leseverstehen, methodische Kompetenzen) • über Gelesenes sprechen und Gefühle und Meinungen in einfachen Worten zum Ausdruck bringen (monologisches Sprechen) • zusammenhängende Texte zu vertrauten Themen zunehmend selbstständig schreiben, hier: über die Hauptfigur der Geschichte (Schreiben) • ein Gedicht, ein Lied oder eine Geschichte schreiben und dabei auf angemessene formale Gestaltung achten (Schreiben)
Wortfeld:	*working in a coal mine*
Ergänzendes Material:	Kopiervorlage 11
Zeit:	ca. 2 Stunden

Einstieg

Zieltransparenz: L informiert die S über das Kompetenzziel.

○ *Read Jonas's story about life in a coal mine*

○ *Collect details about Jonas and write a text about him*

● *Write a poem, chant or story about working in a coal mine*

Wortschatz *deadly, silence*

1 What do you know about Manchester? (SB S. 22) → M Think–pair–share, SB S. 155

Methodisches Vorgehen

Think–pair–share (→ M SB S. 155, LB S. 182): Die S aktivieren bei geschlossenen SBs ihr Manchester-Vorwissen aus der Unit, speziell aus Topic 2. Mögliche S-Äußerungen:

- *Manchester is in the north of England.*
- *It's a large city with more than half a million inhabitants.*
- *Manchester is a place with lots of history.*
- *During the Industrial Revolution Manchester became very crowded because many people moved there to find work.*
- *Lots of tourists visit Manchester today because it's a modern city with an interesting past.*
- *Manchester is a fun place. There are cafés, museums, parks, cinemas and football stadiums.*
  Im Plenum wird Manchester sodann auf einer Landkarte lokalisiert (z. B. vordere Innenumschlagseite des SB).
  L präsentiert die Illustration von SB S. 22 (Dokumentenkamera oder geöffnete SBs). Die S äußern sich dazu im Plenum. Hierbei kann Wortschatz vorentlastet werden.

Lösung

Beispiel: *It's in the north of England, it's a large city, it has more than half a million inhabitants, there were many factories near Manchester in the past, there was a lot of coal near Manchester, many people moved there during the Industrial Revolution, there is a lot of traffic in Manchester today, lots of tourists visit Manchester today.*

1,9 ☞ ## 2 (READING) Read the story. (SB S. 22)

Wortschatz

tunnel, the dark, all day, canary, gas, to explode, explosion, miner, to smell, one day, to cough, silent, truck, wind, any, to warn, sound, nothing, cage, to hurt, to breathe, Come on!, to pick up, to turn around, dead, ear, alive

Methodisches Vorgehen

- Im Plenum wird zunächst der Kasten **READING SKILLS** auf SB S. 23 gelesen und besprochen. Dann lesen die S die Geschichte jede/r still für sich. Sie können es sich hierzu gemütlich machen.
- Falls L die S mit einem konkreten Leseauftrag versehen möchte: Die sieben Abschnitte der Geschichte werden unter den S aufgeteilt. Jede/r notiert für seinen/ihren Abschnitt die Antworten auf die *wh-questions* aus dem **SKILLS**-Kasten. *Who is in this part of the story? Where are they, what happens and when?*

> ### Info: Kinderarbeit heute
> 2017 arbeiteten weltweit rund 152 Millionen Kinder zwischen fünf und 17 Jahren unter Bedingungen, die ihren elementaren Rechten entgegenstehen, die meisten in Afrika und Asien. Etwa die Hälfte leistet gefährliche Arbeit, z. B. in Steinbrüchen oder auf Plantagen, arbeitet nachts oder zu lange. Ein Drittel besucht keine Schule. Rund 19 Millionen sind jünger als elf.

3 **Talk about the story.** (SB S. 24)

Methodisches Vorgehen

Partnerarbeit: L motiviert die S, auf alle vier Fragen einzugehen, die in der Aufgabe gestellt werden, und möglichst frei zu sprechen.

Alternativ als wechselnde Partnerarbeit, d.h. als *Milling around* (→ **M** SB S. 153, LB S. 180): Die S gehen im Klassenzimmer herum und suchen sich eine/n MitS, mit dem/der sie über die erste Frage sprechen. Danach gehen sie weiter, suchen sich den/die nächste/n MitS und besprechen die nächste Frage, usw.

In leistungsschwächeren Klassen kann L *language support* über den Beamer präsentieren.

– *If you ask me, I thought the story was …* (*interesting/boring/exciting/sad/…*). *Here's why: …*
– *I must say …*
– *In my opinion …*
– *For me, …*
– *My answer to this question is that …*
– *I liked/didn't like the scene where …*
– *I was really surprised that/when …*
– *I think Billy/Jonas …*
– *I'm sure Billy/Jonas …*
– *I wouldn't be surprised if Billy/Jonas …*

Lösung

Beispiel:

I liked the story because Jonas found his voice and warned everyone.
I think that Billy was happy to see Jonas too and Jonas gave him some extra food because Billy had warned him about the gas.
I think Jonas made new friends because he had started to speak again.

Erweiterungen

– Fächerübergreifendes Projekt zu Kinderarbeit (Geographie, Sozialwesen; Wirtschaft und Recht)
© KV 11 – Kopiervorlage 11 festigt den neuen Wortschatz: zunächst mit einem *word search*, in dem sich zehn Wörter des Wortfelds *coal mine* verstecken, dann mit einem Lückentext (Tagebucheintrag) über ein Mädchen, das in Indien in einer Textilfabrik arbeitet.

4 **Make up a heading for each section of the story.** (SB S. 24)

Methodisches Vorgehen

– Die S bearbeiten die Aufgabe schriftlich in Partnerarbeit.
– Alternative: Die S schreiben ihre Überschriften auf Karteikarten, eine Überschrift pro Karte. Die Nummer des Abschnitts wird auf die Rückseite geschrieben. Anschließend tauschen die S ihre sieben Karten mit einem anderen Paar. Das jeweils andere Paar liest die Überschriften, entscheidet, um welchen Abschnitt es sich handelt, und legt die Karten in die entsprechende Reihenfolge. Selbstkontrolle erfolgt über die Rückseite der Karten.
– Mögliche Ergebnissicherung: Im Plenum werden für jeden Textabschnitt vier Vorschläge gesammelt. Die S stimmen jeweils ab, welcher Vorschlag ihnen am besten gefällt.

Lösung

Beispiel:

2. *Canaries smell dangerous gas*
3. *Jonas's brother is dead*
4. *Billy stops singing*
5. *Jonas warns the miners*
6. *They all leave the mine*
7. *The miners thank Jonas*

5 (WRITING) Write about Jonas. (SB S. 24)

Methodisches Vorgehen

a) Der Kasten **READING SKILLS** wird im Plenum gelesen. Mögliche Unklarheiten werden besprochen.

L weist darauf hin, dass die S nicht die Geschichte nacherzählen, sondern nur Fakten über Jonas schriftlich sammeln sollen.

b) Die S suchen sich eine/n MitS und vergleichen ihre Ergebnisse. Bei Unklarheiten leistet L Hilfestellung.

c) Einzelarbeit. Im Plenum werden sodann einige Ergebnisse vorgetragen.

Lösung

a) *How old? 12 years old*

Job? works in the mines (sits near a door in the tunnel; opens the door when the coal arrives, then closes the door again)

Job (good things)? his canary Billy is with him and sings for him; never boring

Job (bad things)? it's in the dark; gas explosions can kill the miners and the boys

Family? his brother Bart, who also worked in the mines, is dead; we don't know about his parents

Problems? he stopped talking when his brother died; that makes it difficult for him to warn the miners

c) Beispiel: *Jonas is 12 years old and works in the mines. He sits near a door in the tunnel and opens the door when the coal arrives. Then he closes the door again. Jonas stopped talking when his brother Bart died. Jonas's job is very dangerous because gas can explode in the mines and he has to sit in the dark every day. But he has got a friend, Billy. Bill is a canary.*

6 (TASK) Choose one of these tasks. (SB S. 24) → **M** Writers' conference, SB S. 156

10/1
11/2–5

Wortschatz *fired, smell*

Methodisches Vorgehen

– Die S machen sich mit den beiden Vorschlägen vertraut und erhalten ausreichend Zeit, sich für einen zu entscheiden. Der **SKILLS**-Kasten wird im Plenum gelesen und besprochen.

– Die S bearbeiten die gewählte Aufgabe in Einzelarbeit. L stellt Wörterbücher bereit.

– Anschließend *Writers' conference:* Die S setzen sich in Gruppen von vier oder fünf S zusammen, die dieselbe *Task* gewählt haben, und tragen einander ihre Texte vor. Die MitS äußern sich *(what was good/what could be better)*. Jede Gruppe entscheidet sich für das beste Ergebnis der Gruppe, baut ggf. noch Verbesserungsvorschläge ein und präsentiert das Produkt dann vor der Klasse.

Lösung

a) Beispiel:

I don't like the gas smell,
and the place is so dirty,
Every day I don't feel well,
and I don't think I'll be thirty!

Who's with me until the end?
It's Billy, my friend.
I want to run away,
but we must work every day!

b) Beispiel:

My name is Billy. I'm a canary and I work in a mine near Manchester.
Jonas is my friend. He is a nice boy but he stopped talking when his brother died. But then one day something really unusual happened. Let me tell you the story.
I was sitting in the coal mine with Jonas when I suddenly smelled gas. I tried to warn Jonas, but I couldn't sing any more. For a moment Jonas didn't understand, but then he knew that something

bad was happening. He had to warn the miners! I thought: "Oh no! He can't speak and there is going to be an explosion!" But suddenly Jonas shouted, "Gas!" Everyone ran out of the coal mine and then there was an explosion. Everybody was OK. I was really proud of Jonas! He had found his voice again.

Erweiterung

◎ KV 74   Kopiervorlage 74 bietet den S die Möglichkeit, das Schreiben einer *picture story* zu üben.

Film: Girl from the past (SB S. 25)

Auf einen Blick

Laura und Marley gehen in die Bücherei, um nach Informationen über die Lebensumstände von Kindern im 19. Jahrhundert in England zu suchen, die sie für eine Präsentation benötigen. Laura stöbert in Geschichtsbüchern, während Marley einschläft und im Traum ins 19. Jahrhundert versetzt wird. Dort trifft er das Mädchen Violet und dessen kranke Mutter und erfährt viel über die Lebensumstände der damaligen Zeit.

Kompetenzen:	• über grundlegende geschichtliche Kenntnisse Großbritanniens verfügen (interkulturelle Kompetenzen)
	• Ideen in einer Mindmap sammeln zur Ausbildung einer Erwartungshaltung und als anschließende Verstehenshilfe (methodische Kompetenzen)
	• einen kurzen Film über eine Zeitreise ins 19. Jahrhundert verstehen und Informationen entnehmen (Hör-/Sehverstehen, interkulturelle und methodische Kompetenzen)
	• Gefühle und Meinungen in einfachen Worten zum Ausdruck bringen (dialogisches Sprechen)
Ergänzendes Material:	Kopiervorlage 12
Zeit:	ca. 1 Stunde

Einstieg

Zieltransparenz: L informiert die S über das Kompetenzziel.

○ *Collect ideas about life in the 19th century in a mind map*

○ *Watch a film about a girl from the past*

● *Talk about the film with a partner*

1 How did children live in Germany or England about 150 years ago? (SB S. 25)

→ **M** Think – pair – share, SB S. 155

Methodisches Vorgehen

Think – pair – share (→ **M** SB S. 155, LB S. 182): Die S sammeln ihr Vorwissen bzw. ihre Assoziationen zu der Vorgabe *life for children in Germany or England about 150 years ago.*
Bevor die S den Film dann sehen, sollten die Ergebnisse im Plenum zusammengetragen werden.

Lösung

Beispiel:

home: small homes, lived with their parents and grandparents, shared their rooms with brothers and sisters, used fire to cook and get warm, didn't take a shower every day, had animals at home (sheep, cows, chickens)

school: they often didn't go to school, they had to go to school on Saturdays, teachers could beat students, boys and girls often went to different schools
work: children worked at home, in factories and in coal mines, they had to work hard, very young children had to work in mines too

2 (VIEWING) Watch the film. (SB S. 25)

2 ⬛ **Transkript**
(library)

Marley:	*Jinsoo! What's up? … Sorry, I can't. I'm stuck in the library with Laura. Yeah, we're preparing the history presentation. … What? Oh, sorry! I've got to go. I'll call you later.*
Laura:	*This is interesting: Poorer children often had to work to earn money for their family. Lots of parents couldn't afford to send their children to school.*
Marley:	*I'd rather work than go to school and do this history homework. … I'll go and get some more books.*
Laura:	*OK.*
Marley:	*Are you OK there?*
Violet:	*Where am I?*
Marley:	*This is the library.*
Violet:	*I need to go to the pawn shop.*
Marley:	*Pawn shop? … What are you doing with all those clothes?*
Violet:	*I must take them to the pawn shop. I need some money so I can buy some food.*
Marley:	*Hey! Where are you going?*

(Violet's house)

Jane:	*Who's that, Violet?*
Violet:	*I don't know.*
Marley:	*I'm Marley.*
Violet:	*Mother is terribly ill. She has a fever. So I have to look after her and get us food. We haven't eaten since yesterday. I'm going to take these clothes to the pawn shop and get some money for them. I'll buy them back later – hopefully.*
Marley:	*Don't you have to go to school?*
Violet:	*I wish I could go to school! But we can't pay the school fees.*
Marley:	*This is the year 1888?*
Violet:	*I believe so.*
Marley:	*Wow! I think I can help you. Come on!*

(library)

Marley:	*You see, we've just travelled through time – through that door. Welcome to the 21st century!*
Violet:	*This is the 21st century?*

(greengrocer's shop)

Violet:	*Oh, my! I've never seen one of these before!*
Marley:	*That's a pineapple.*

(Violet's house)

Violet:	*Mum, look at all this food we've got!*
Marley:	*Fruit should help to make you feel better. It has lots of vitamins.*
Violet:	*But first, how about a nice cup of camomile tea? … What's this?*
Marley:	*A tea bag. I guess that's a new invention for you. Well, I'll show you how it works. All I need is a mug and some hot water.*
Violet:	*I'll be right back.*
Marley:	*You just put the tea bag in this cup and pour the hot water over it. Done!*
Violet:	*Oh, that was easy! Well, thank you … for everything.*
Marley:	*Happy to help. In fact, let's meet again. Deal?*

(library)

Laura: *Welcome back. You've been asleep for almost an hour.*
Marley: *What?*
Laura: *Remember? The lives of children in the Victorian era?*
Marley: *Yeah! They didn't have tea bags back then!*
Laura: *How do you know that? I thought you were asleep.*
Marley: *I guess I ... dreamt it.*

Wortschatz

Die folgenden neuen Wörter, die im Film vorkommen, gehören nicht zum Lernwortschatz:
to fall asleep, I'd rather, to be asleep

Methodisches Vorgehen

a) Erstes Hör-/Sehverstehen: Multiple-Choice-Globalverstehen.
b) Zweites Hör-/Sehverstehen: Beim zweiten Durchgang konzentrieren sich die S darauf zu erkennen, wer die vier Sätze sagt, Laura, Marley oder Violet. Dazu lesen sie die Sätze vorher durch, um dann zielgerichtet den Film anschauen zu können.

○ In leistungsschwächeren Klassen ggf. mit Zwischenstopps: Wer meint, einen der Sätze gehört zu haben, meldet sich und ruft *Stop!* L hält den Film an und die Antwort wird überprüft.

Lösung

a) *Summary 2 is correct.*
b) 1. *Marley*   2. *Violet*   3. *Marley*   4. *Laura*

Erweiterung

◎ KVs 12.1, 12.2   Kopiervorlagen 12.1 *(multiple choice, putting pictures into the correct order, ticking the things you hear)* und 12.2 *(right or wrong?, comparing Violet's life with your own life)* zur weiteren Sicherung des Hör-/Sehverstehens.

3 (SPEAKING) Talk about the film. (SB S. 25)

Methodisches Vorgehen

a) Ggf. im Vorfeld möglichst viele *adjectives of feeling* sammeln, sodass die S für ihre Antworten aus mehreren auswählen können.
b) Persönliche begründete Stellungnahme.
Satzstrukturhilfen:
If I had the chance, I would like to travel back in time to ...
I would like to meet ...

● Leistungsstärkere S können aufgefordert werden, ihre Aussagen zu begründen.

Lösung

a) Beispiel:
First he is confused because he doesn't understand what Violet is doing.
Later he is surprised because he has travelled through time. / He is surprised because Violet can't go to school.
At the end he is happy because Violet and her mother now have food.
b) Beispiel: *I would like to travel back in time to the eighteenth century and the Industrial Revolution.*
I would like to meet the famous inventor James Watt.

(UNIT TASK) **A history quiz** (SB S. 26–27)

Auf einen Blick

Die **UNIT TASK** am Ende jeder Unit ist ein wichtiger Bestandteil des kompetenzorientierten Unterrichts. Hier wenden die S ihr Wissen und die kommunikativen und methodischen Kompetenzen an, die sie in der Unit erworben haben.

Zunächst nutzen die S die Checkliste (immer am linken Seitenrand), um Aufgaben zu wiederholen, Wissen zu festigen oder sich auf eine Schulaufgabe vorzubereiten.

Die angegebenen Workbook-Seiten beziehen sich auf das jeweilige Lernziel und dienen der Selbstkontrolle.

Mithilfe der Checkliste links auf SB S. 26 überprüfen die S die in Unit 1 erworbenen Kompetenzen. In der **TASK** festigen sie die Kompetenzen, indem sie ein Quiz über die Geschichte Großbritanniens erstellen.

Zeit: ca. 2 Stunden

Einstieg

Ehe L auf die **UNIT TASK** eingeht, bespricht er/sie mit den S die Checkliste links auf SB S. 26. Diese Checkliste ist den S aus den Bänden 1 und 2 vertraut. Sie wiederholen und überprüfen eigenständig anhand der Übungen WB S. 12f. die Inhalte der Unit.

Methodisches Vorgehen

- L stellt vor Bearbeitung der **UNIT TASK** sicher, dass die S Zugang zum Computerraum haben bzw. ihnen Tablets oder andere Internetmöglichkeiten zur Verfügung stehen. Des Weiteren braucht jede Gruppe zehn Karteikarten, um ihre Fragekarten zu erstellen.
- Die S lesen vorab die vier **STEPS** der **TASK** durch. Mögliche Unklarheiten werden im Plenum beseitigt. Im Plenum wird auch auf die **STUDY SKILLS** und **SPEAKING SKILLS** auf SB S. 27 eingegangen. L erinnert daran, dass die S in den Diskussionsphasen im Team ausschließlich auf Englisch kommunizieren sollen. Je nach Klasse können die S anschließend selbst Gruppen bilden oder L nimmt die Einteilung vor. Keine Gruppe sollte mehr als vier Mitglieder haben.
- Während der Erarbeitungs- und Durchführungsphase steht L individuell beratend zur Verfügung.

Step 1 Decide which kind of quiz you want to prepare. (SB S. 26)

Die S machen sich in ihrem Team mit den beiden Aufgabentypen im Detail vertraut.
- Variante A: *Multiple Choice*. Eine Frage und vier mögliche Antworten a) bis d).
- Variante B: Vollständige Frage und Antwort. Im Quiz muss eine passende Frage zu einer vorgegebenen Antwort gestellt werden.

Somit handelt es sich bei Variante B um die anspruchsvollere Variante, da zwei vollständige Sätze erarbeitet werden müssen.

Die Teams entscheiden sich per Mehrheitsbeschluss für eine Quizvariante.

Step 2 Collect ideas and decide on your questions (Game A) or answers (Game B).
(SB S. 27) → **M** Placemat, SB S. 154

a) Die S erarbeiten jede/r für sich mindestens fünf Fragen. (Möglichkeit der Binnendifferenzierung: Leistungsstärkere S erarbeiten sechs bis acht Fragen.) Hierfür sollten sie, wenn gewünscht, Internetzugang haben. (Am besten notieren sie auch gleich die Antworten auf die Fragen; diese Vorgabe produziert in der Regel bessere Fragen.)

Als Nächstes tragen die S ihre Ergebnisse im Team zusammen (z.B. nach der Methode *Placemat* (→ **M** SB S. 154, LB S. 180)).

b) Durch Abstimmung im Team (z.B. als Strichlisten) werden die zehn besten Fragen gewählt.

Lösung

a) Beispiel:

Game A:

1. *Where did Harold fight against William in 1066?*
   a) *Lindisfarne*   b) *Hastings*   c) *York*   d) *Stonehenge*   (*Hastings*)
2. *Who invented the first bike?*
   a) *James Watt*   b) *Karl Drais*   c) *Queen Elizabeth I*   d) *Karl Benz*   (*Karl Drais*)
3. *Why did many people move to Manchester in the past?*
   a) *There was a lot of work. (correct)*
   b) *The king said they had to move there.*
   c) *They were afraid of the Vikings.*
   d) *Life was cheaper there.*

Game B:

1. *Answer: They wanted to protect their empire. / Question: Why did the Romans build Hadrian's Wall?*
2. *Answer: On Christmas Day 1066. / Question: When did William become king of England?*
3. *Answer: It took only four hours. / Question: How long did it take to travel from Manchester to London in 1880?*

Step 3 Prepare ten cards for your quiz. (SB S. 27)

Es empfiehlt sich, die S erst einen Entwurf auf ein Blatt Papier schreiben zu lassen. Nach der Überprüfung auf sprachliche und inhaltliche Richtigkeit werden dann die Karten beschriftet.

Step 4 Do the quiz with another group. (SB S. 27)

Die Gruppen sollten sich für die Durchführung ihrer Quiz so im Klassenzimmer verteilen, dass sie von den anderen Gruppen akustisch nicht zu sehr gestört werden.

Erweiterung

- Je nach Klassengröße spielen alle Gruppen gegeneinander. So kann ein Klassensieger ermittelt werden.
- Die Klassensieger spielen sodann gegen den Klassensieger einer Parallelklasse, z. B. an einem Schulaktionstag.
- Jede Klasse sucht 20 *Best-of*-Karten aus. Die Klasse erstellt somit ein neues „Klassenquiz". Dieses kann, z. B. in einer Vertretungsstunde oder an einem Schulaktionstag, gegen eine andere Klasse der Jahrgangsstufe, die ebenfalls 20 *Best-of*-Karten ausgewählt hat, gespielt werden.

Dictionary skills: The sword in the stone (SB S. 28–29)

Auf einen Blick

Die S üben auf der Doppelseite anhand eines Textes über König Arthur und eines Wörterbuchauszugs den Umgang mit einem englisch-deutschen Wörterbuch. Sie erhalten kleinschrittig Hilfestellung beim Verstehen gängiger Abkürzungen und Kategorien.

Ergänzendes Material:	Kopiervorlage 13
Wortfeld:	*history*
Zeit:	ca. 1 Stunde

Einstieg

L präsentiert den S ein Wörterbuch Englisch-Deutsch. Die S werden motiviert, sich im Plenum zu ihrem persönlichen Umgang mit Wörterbüchern zu äußern.

Mögliche L-Impulse:

– *Do you have a dictionary at home?*
– *Do you have a dictionary on your mobile?*
– *Do you sometimes use a dictionary when you do your homework?*

Methodisches Vorgehen

L stellt ausreichend Wörterbücher zur Verfügung. Im Plenum wird kurz auf die Illustration SB S. 28 eingegangen und ggf. vorhandenes Vorwissen aktiviert. Dabei weist L auf die Aussprache von *sword* hin. (Die S können aufgefordert werden, weitere Wörter mit stummen Buchstaben zu nennen, z. B. *knee, answer, write, know, Wednesday, mustn't, listen.*) Alternativ kann die Aussprache über ein Online-Wörterbuch auf dem Smartphone vorgespielt werden (Präsentation mithilfe der Dokumentenkamera). Somit haben die S schon einen ersten Bezug zur bevorstehenden Aufgabe.

Die S lesen die Geschichte jede/r still für sich und suchen sich im Anschluss für Aufgabe 1 eine/n MitS, der/die ähnlich schnell gelesen hat (Methode *Bus stop:* → **M** SB S. 150, LB S. 177).

1 Look at the dictionary entry. (SB S. 29)

Methodisches Vorgehen

In Partnerarbeit bearbeiten die S Aufgabe 1. L weist vorab darauf hin, dass die Hinweise in den Kästen rechts genau gelesen werden sollen.

● *Fast finishers* dürfen sich bereits ein Wörterbuch holen und weitere Wörter nachschlagen, ehe die Ergebnisse aus Aufgabe 1 im Plenum verglichen werden.

Lösung

1. jdm auffallen
2. gegen etwas krachen
3. der Hit
4. kräftig zuschlagen
5. der Treffer

16/1–3
17/4–5

2 Work with a dictionary. (SB S. 29)

Methodisches Vorgehen

Alle S-Paare statten sich nun mit einem Wörterbuch aus und bearbeiten die beiden Teilaufgaben.

● *Fast finishers* können weitere Bedeutungen der unterstrichenen Wörter suchen. Die Ergebnisse werden im Plenum verglichen.

Lösung

a) *saved: to save sth/sb from sth (verb)* – etw/jdn (vor etwas) retten
   danger: (noun, no plural) – Gefahr
   smoke: (noun, no plural) – Rauch
   stuck: to stick sth through sth (verb) – etwas durch etw (hindurch)stoßen
   pull: to pull sth (verb) – etw ziehen

b) 1. *to save money, time (verb)* – sparen
   2. *to be in danger of doing sth (verb)* – in Gefahr sein, etw zu tun
   3. *to smoke (verb)* – (Zigaretten) rauchen
   4. *to stick with the group (verb)* – bei der Gruppe bleiben
   5. *pull (noun)* – Zugkraft

Erweiterung

◎ KV 13   Kopiervorlage 13 vertieft die Wörterbucharbeit: In den ersten beiden Aufgaben geht es um *alphabetical order,* in Aufgabe 3 um Lautschrift, in Aufgabe 4 um Übersetzungen und in Aufgabe 5 um *phrases* mit *look.*

Revision: Word order (SB S. 30–31)

Methodisches Vorgehen

Die fünf Aufgaben können für Stationenlernen genutzt werden. L bereitet den Klassenraum vor:

– Je nach Klassengröße werden zwei oder drei Tischgruppen bereitgestellt, jeweils mit Listen für die Aufgaben 1, 2, 4 und 5, in die die S sich eintragen und aus denen dann die Paarbildungen hervorgehen. Kopiervorlage 14 bietet eine entsprechende Vorlage. L kopiert die Vorlage zwei- oder dreimal pro Übung.

⊙ KV 14

– Des Weiteren werden zwei oder drei Sitzgruppen vorbereitet, die für *Speaking*-Aufgabe 3 benötigt werden. Dort werden DIN-A4-Blätter ausgelegt, auf denen in großen Lettern **Speaking corner exercise 3** steht (siehe Muster auf KV 14).
Auf den Stühlen der *speaking corners* kann auch **G5** auf SB S. 134 in Kopie ausgelegt werden; die S greifen bei Unsicherheiten darauf zu.

– Die S werden angehalten, sich vorab bei jeder Aufgabe einmal einzutragen (= KV 14). Der Partner/Die Partnerin muss jedoch bei jeder Aufgabe wechseln.

– Die S bearbeiten die Aufgaben dann jeweils in Partnerarbeit, indem sie von Station zu Station wandern und ihr SB mitnehmen. Die Lösungen liegen bei L zur Selbstkontrolle bereit. Sobald ein/e S auf eine/n MitS warten muss, begibt er/sie sich zu einer der *speaking corners*, um dort die Sprechübung mit einem/r bereits wartenden oder noch einzutreffenden MitS durchzuführen.

1 Make sentences about British history. (SB S. 30)

Lösung

	Who?	What?	To whom?/What?	Where?	When?	Why?
2.	The Romans	built	forts	in England	–	to keep out the Celts
3.	The Anglo-Saxons	attacked	the Celts	–	–	because they wanted to stay in Britain
4.	The Normans	brought	new words	to England	in the 11th century	–
5.	People	used	machines	–	during the Industrial Revolution	to make new things
6.	The Scottish inventor Alexander Graham Bell	invented	the telephone	–	in the 1870s	–

2 Make questions. Give short answers. (SB S. 30)

Methodisches Vorgehen

Die Aufgabe knüpft an Aufgabe 1 an: Die S sollen die Sätze aus Aufgabe 1 zu Entscheidungsfragen umarbeiten und mit Kurzantworten beantworten.

Lösung

2. *Did the Romans build forts in England to keep out the Celts? – Yes, they did.*
3. *Did the Anglo-Saxons attack the Celts because they wanted to stay in Britain? – Yes, they did.*
4. *Did the Normans bring new words to England in the 11th century? – Yes, they did.*
5. *Did people use machines during the Industrial Revolution to make new things? – Yes, they did.*
6. *Did the Scottish inventor Alexander Graham Bell invent the telephone in the 1870s? – Yes, he did.*

3 What do you do to find out about things that happened in the past? How often do you do it? (SB S. 30)

Lösung   individuelle Lösungen

4 Write sentences about the Tudor family. Use the timeline. (SB S. 31)

Methodisches Vorgehen

Die Vorgaben sind im *simple present* und müssen von den S ins *simple past* umgearbeitet werden.

Lösung
Beispiel:
First, Henry Tudor won a battle against King Richard III in 1485.
Later, in April 1509, his son Henry VIII became king.
Three months later Henry married his first wife.
In 1534, Henry VIII founded the Church of England.
After that, in 1558, Henry's daughter Elizabeth I became queen.
Thirty years later, in 1588, England won an important sea battle against the Spanish.
Then, in 1603, Elizabeth I died.

18/1–3
19/4–6

5 Choose the right word to connect the sentence parts about the Tudors. (SB S. 31)

Methodisches Vorgehen

Die vollständigen Sätze sollten abgeschrieben werden.

Lösung

1. *Henry Tudor won a battle against King Richard III and he became King Henry VII after that.*
2. *His son was Henry VIII. Henry VIII's first wife was Catherine. Henry left her and got a divorce so he could marry another woman.*
3. *His second wife was Anne but he married again later. He had six wives!*
4. *In 1558 their daughter Elizabeth became queen. She never married and she had no children.*

Welcome to Ireland

Intro (SB S. 32–33)

Auf einen Blick

Typische und bekannte Dinge Irlands werden vorgestellt. Die S erhalten Einblicke in die Geschichte, Traditionen und die Musik Irlands. Sie erweitern ihre interkulturellen Kompetenzen und verbessern ihr Hör-/Sehverstehen.

Kompetenzen:

- über Orientierungswissen über Irland als Teil Europas verfügen, u. a. geografische, kulturelle, wirtschaftliche und politische Aspekte (Hör- bzw. Hör-/Sehverstehen, interkulturelle Kompetenzen)
- über grundlegende Kenntnisse der Geschichte Irlands verfügen, u. a. irische Emigration in die USA (interkulturelle Kompetenzen)
- einen kurzen Film über Irland verstehen und Informationen entnehmen (Hör- und Hör-/Sehverstehen, interkulturelle Kompetenzen)
- Bilder von Irland beschreiben, in einfachen Worten Eindrücke und Reaktionen zum Ausdruck bringen und sich austauschen (dialogisches Sprechen)
- kurze Texte über Irland verstehen (Leseverstehen/Hörverstehen)
- einem Hörtext über das irische *Book of Kells* Informationen entnehmen (Hörverstehen, interkulturelle Kompetenzen)

Wortfeld: *Ireland*
Ergänzendes Material: Kopiervorlagen 15 und 16
Zeit: ca. 2 Stunden

Einstieg

– L sagt den S im Sinne der Zieltransparenz, dass sie sich in den nächsten Stunden mit Irland beschäftigen werden. Verschiedene Gesichtspunkte zu Irland werden angesprochen und diskutiert werden. L weist ebenso auf den typischen irischen Akzent hin.

- ○ *Read, listen to and/or watch information about Ireland*
- ○ *Answer questions and check your answers with a partner*
- ● *Listen to information about the Book of Kells, a very important book in Ireland*

– Es wird die Irland-Karte auf der vorderen Innenumschlagseite aufgeschlagen. L fragt nach der Besonderheit Irlands, nämlich der Unabhängigkeit von Großbritannien. Die geschichtliche Entwicklung wird kurz dargestellt.

Info: The United Kingdom and the Republic of Ireland

Until 1922 Ireland was part of the United Kingdom of Great Britain and Ireland. But then many Irish people wanted to be independent from Britain, so a violent and bloody war broke out in 1919. It lasted for two years. In 1921 Britain and Ireland agreed to split the island into Northern Ireland and the Irish Free State, which then became the Republic of Ireland.

Wortschatz

because of, library, Irish (no pl), per cent (%), heart, the Irish, band, pub, famine, somewhere, to find out, root, parade, all around the world

3 **Transkript**

Laura: *Hi! Now we're going to leave the UK, but stay in the British Isles. Let's look at Ireland!*

Narrator: *It often rains in Ireland so the countryside is very green. Ireland isn't a part of the UK and the people there use different money – the euro! The capital of Ireland is its biggest city, Dublin.*

Music is very important in Ireland. Musicians often play or sing together for fun in pubs like this, and there are lots of famous bands and orchestras.

Teenagers in Dublin can learn how to dance, act and even make films at special workshops. Maybe these teenagers will be stars one day!

St Patrick's Day – the 17th of March – is a holiday in Ireland. There are big parades and everybody wears green, the Irish colour. Lots of people left Ireland in the past and went to live in America, so now they have St Patrick's Day parades in American cities like New York too. The day is a big Irish party!

Methodisches Vorgehen

Der Einstieg in die Unit ist – wie immer auf der *Intro*-Doppelseite – mit einem Videoclip und/oder Audiotrack möglich.

KV 15 Zur Auswertung des Videoclips/Films kann Kopiervorlage 15 *(multiple choice)* eingesetzt werden. Die SBs bleiben geschlossen. L spielt den Film zweimal als Ganzes vor. Die Aufgabe wird im Plenum verbessert.

1,10 Alternativ erfolgt der Einstieg mithilfe des Audiotracks (= Texte 1–6 der SB-Doppelseite), ggf. bei geöffnetem SB, sodass die S die Bilder anschauen und mitlesen können.

Anschließend Übergang zu Aufgabe 1.

1 What do you know about Ireland? (SB S. 32)

Methodisches Vorgehen

a) Die S tauschen sich in Partnerarbeit darüber aus, was sie bereits über Irland wissen bzw. was sie im Introfilm gesehen haben.

b) Arbeit mit Bildern: Die S betrachten die Fotos der Doppelseite und machen sich Notizen, was die Fotos über Irland aussagen. Im Plenum werden die Informationen ausgetauscht.

Lösung

a) Beispiel: *Ireland is not in the UK. / The capital of Ireland is Dublin. / Ireland is on an island. / People speak English in Ireland. / It often rains. / People celebrate St Patrick's Day in March.*

b) Beispiel: *very green (Irish colour), there are many sheep, road signs in English and Irish, Trinity College, music in the street, St Patrick's Day, people wear green, famine in 19th century*

2 Answer the questions. (SB S. 32) → M Peer correction, SB S. 153

Methodisches Vorgehen

L erläutert das Wort *famine (when there isn't enough food for everybody)*.

Dann lesen die S jede/r für sich die Texte der Doppelseite und beantworten die Fragen. Anschließend Partnerarbeit, um die Antworten zu vergleichen und sich ggf. zu verbessern.

Lösung

1. *Dublin*
2. *on 17th March*
3. *parades and parties, people wear green clothes*
4. *English; some also Irish*
5. *in the 19th century because there was a famine*

3 (LISTENING) **Listen to the information on the Book of Kells.** (SB S. 33)

1, 11 🎧

Transkript

The Book of Kells is one of the most important books in Ireland today. It is a part of the Bible and it was written by hand in the 8th century. As well as the text, the book has got a lot of amazing pictures and illustrations in it. Each picture is very colourful and very detailed. Nearly all of the 680 pages are decorated. You might think this is nothing special. But don't forget this was before the invention of printing, so somebody wrote and drew every page by hand! And who decorated the Book of Kells? Monks! A lot of people couldn't read or write at that time, but monks usually could.

Thieves stole the book in the 11th century. It's hard to believe but someone found it a few months later in the ground, under some grass. Unfortunately its beautiful golden cover wasn't there any more.

Today you can see the Book of Kells in the library of Trinity College in Dublin. It's one of the most popular things to do in Dublin and a must-see for many tourists. That means you'll need to get up early if you don't want to wait in a long queue of tourists!

Wortschatz   *bible, amazing, monk*

Methodisches Vorgehen

Die S lesen die vier Aussagen, bevor sie den Text einmal anhören.

Ergebnissicherung mit Bewegung: L fordert die S auf aufzustehen, wenn sie der Meinung sind, dass eine Aussage richtig ist, und sitzen zu bleiben, wenn sie meinen, eine Aussage sei falsch.

L: *Stand up if you think the sentence is right. Stay seated if you think the sentence is wrong.*

◎ KV 16   Anschließend bearbeiten die S Kopiervorlage 16 *(finding and correcting words that are wrong).*

Lösung

1. *That's right.*
2. *That's wrong.*
3. *That's wrong.*
4. *That's right.*

Erweiterung

Die beiden Falschaussagen in Aufgabe 3 richtigstellen lassen.

2. *The pictures in the book are very colourful.*
3. *Thieves stole the book in the 11th century.*

Topic 1: At the tourist office (SB S. 34–37)

Auf einen Blick

Die S lernen Ethan Murphy und seine Mutter Amy aus Boston in den USA kennen. Die beiden leben in den USA, aber ihre Vorfahren stammen aus Irland. Sie sind in Irland, um ihre irischen Verwandten zu besuchen bzw. kennenzulernen. Zunächst jedoch verbringen sie vier Tage in Dublin und fragen im Touristeninformationszentrum nach Empfehlungen für ihren Aufenthalt.

Die S wiederholen das *present perfect* und festigen das Wortfeld *visiting a city*.

Sie lernen die *question tags* kennen und werden so zunehmend an eine idiomatische Sprachverwendung herangeführt.

In der abschließenden **TASK** erarbeiten die S ein Rollenspiel in einem Touristeninformationszentrum und präsentieren es anschließend den MitS.

Kompetenzen:	• über Orientierungswissen zu englischsprachigen Ländern und Regionen verfügen, hier: Irland, u. a. irische Emigration in die USA, Lebensbedingungen sowie regionale Besonderheiten (interkulturelle Kompetenzen) • Dialoge zwischen Lehrwerksfiguren verstehen, die weitgehend bekanntes bzw. leicht erschließbares Sprachmaterial enthalten (Leseverstehen, Hörverstehen) • Bestätigungsfragen verwenden und intonieren (monologisches und dialogisches Sprechen, Aussprache und Intonation) • in alltäglichen Kommunikationssituationen (hier: im Touristeninformationszentrum) als Sprachmittler agieren und die wesentlichen Inhalte und Details in der jeweils anderen Sprache verständlich, adressatenbezogen und überwiegend spontan wiedergeben (Sprachmittlung) • sich in typischen Alltagssituationen verständigen (hier: im Touristeninformationszentrum) und dabei beispielsweise Kontakte knüpfen und einfache Auskünfte einholen oder erteilen (dialogisches Sprechen)
Wortfeld:	*visiting a city*
Grammatik:	*present perfect* und *question tags*
Ergänzendes Material:	Kopiervorlage 17
Zeit:	ca. 3 Stunden

Einstieg

Zieltransparenz: L weist darauf hin, dass es in den nächsten Stunden um Dublin, die Hauptstadt der Republik Irland, geht.

⟳ ○ *Read a dialogue about Ethan's and his mother's visit to Dublin*

○ *Get to know question tags*

○ *Help a German tourist to talk to an Irish person*

● *With a partner, make a role play at a tourist office and act it in class*

Wortschatz   *tourist office*

1 When you visit a city for the first time, how can you find out about interesting sights?

(SB S. 34) → **M** Think – pair – share, SB S. 155

Methodisches Vorgehen

Think – pair – share (→ **M** SB S. 155, LB S. 182): Die SBs bleiben geschlossen, L stellt die Frage aus der Arbeitsanweisung. Die S denken erst darüber nach, dann tauschen sie sich in Partnerarbeit aus und im Plenum werden die Vorschläge besprochen.

Lösung

Beispiel:

I can find interesting sights online/in a book.

I can ask people at the hotel.

I can ask other tourists.

I can ask people who live there.

I can look at posters/pictures.

1,12
21/1

2 (READING) Read the dialogue. (SB S. 34)

Wortschatz

to recommend, actually, relative, potato/potatoes, especially, Gaelic, to take place, to be afraid (of), to be worth, visit, along, safe, to go sightseeing, map

Methodisches Vorgehen

Die S hören den Dialog und lesen leise mit.

Anschließend finden sich die S in Dreiergruppen zusammen und lesen den Dialog mit verteilten Rollen: Mrs Murphy, Ethan, Clare. (Binnendifferenzierung: Ethan hat die geringsten Redeanteile.)

L erinnert vorher an die Intonation bei Fragen, siehe **SPEAKING**-Kasten unten auf SB S. 36.

L: *Remember: Your voice goes up when you ask a question.*

Die Dreiergruppen können für die Aufgaben 3 und 4 beibehalten werden, siehe im Folgenden.

3 Choose the correct answer. (SB S. 34)

Wortschatz   *meeting, cab*

Methodisches Vorgehen

Multiple-Choice-Sicherung des Textverständnisses.

Kann in den oben für Aufgabe 2 vorgeschlagenen Dreiergruppen erfolgen: Die S helfen und korrigieren sich gegenseitig.

Anschließend ggf. zügiges Sichern durch Vorlesen der Lösungssätze im Plenum.

Lösung

1. *Ethan and his mother live in Boston.*
2. *They've come to this city for the first time.*
3. *They'll spend four days here.*
4. *Mrs Murphy and Ethan are going to get around Dublin on a bus.*

21/2 ## 4 Where can you do this? (SB S. 35)

Methodisches Vorgehen

Sicherung der im Dialog enthaltenen landeskundlichen Informationen.

Wie für Aufgabe 3: weiterhin in den Dreiergruppen. Die S korrigieren sich gegenseitig.

Lösung

1. *on the museum ship 'Jeanie Johnston'*
2. *at Croke Park Stadium*
3. *on the Skyline Walk along the top of the stadium*

21/3 **5 Put the verb in the present perfect.** (SB S. 35)

Methodisches Vorgehen

Wiederholung des *present perfect* (bekannt aus Band 2)

L stellt folgende Fragen und die S stehen auf, wenn sie die Frage bejahen können:

I will ask you questions. Please stand up if your answer is yes. … Let's start.

- *Has anybody here in class ever been to Dublin?*
- *Or what about London: Have you ever been to London?*
- *Have you ever visited a castle?*
- *Have you ever been on a hop-on hop-off bus tour?*
- *…*

Eine der Fragen wird exemplarisch an die Tafel geschrieben und ein/e S beantwortet sie positiv, ein/e andere/r negativ. So wird der Hefteintrag gemeinsam erarbeitet und das *present perfect* wiederholt.

Möglicher Hefteintrag/Tafelanschrieb:

> Have you ever been to Dublin? – the present perfect
>
> Have you ever been to Dublin?
> Peter: No, I haven't.
> Ina: Yes, I have.
>
> How you form it: have / has (not) + 3rd form of the verb (past participle)
>
> We use the present perfect to talk about actions that started in the past and
> – have something to do with the present
> or
> – are still going on.
>
> Signal words: ever (in questions), already, not … yet, just

Die S schreiben anschließend die Sätze 1–7 ins Heft ab und füllen die Lücken in Einzelarbeit. Sicherung/Verbesserung erfolgt im Plenum.

Lösung

1. *It's the first time that they've been to Ireland.*
2. *Ethan and his mother haven't visited Dublin before.*
3. *Mrs Murphy has always wanted to know more about her family.*
4. *Have you tried any Irish sports yet, Ethan?*
5. *Unfortunately they haven't learned any Irish yet.*
6. *Mrs Murphy hasn't bought any bus tickets yet.*
7. *Clare has recommended lots of sights for them today.*

6 (LISTENING) **Listen to Clare and find the answers.** (SB S. 35)

1, 13 **Transkript**

If the city gets too busy for you two, I'd recommend St Stephen's Green. It's a beautiful park with lots of old trees right in the centre of the city. The park is very popular with both locals and tourists. It's easy to find. It's near Grafton Street, which is one of the main shopping streets.

If you have time, take a look at the many signs around the park. They will give you more information on the history of the park and Dublin.

On a warm day like today, it's nice to buy a few things to eat and to have a picnic. There are also free concerts in the summer, but too bad, there is no concert today. My favourite place in the park is near the lake. If you lie on the grass and close your eyes, it's hard to imagine you are in the middle of a busy city!

Another thing you should do in Dublin is walk over Ha'penny Bridge. It's Dublin's most famous bridge. In the past you had to pay half a penny – or halfpenny – to cross the bridge. That's where it got its name from. It's not far away from St Stephen's Green, in the Temple Bar. That's the area where there are a lot of pubs and restaurants.

Methodisches Vorgehen

a) Die S lesen zunächst die Aufgabe durch, um im Anschluss zielgerichtet hören zu können. (Bei Clare handelt es sich um die Mitarbeiterin aus dem Touristeninformationszentrum in Aufgabe 2.) Dann hören sie den Hörtext zweimal und entscheiden sich für die korrekten Antworten.

Ⓒ KV 17   Alternative: Die S nutzen Kopiervorlage 17. Die Kopiervorlage bietet zum einen die beiden Teilaufgaben aus dem SB, darüber hinaus ein *word search* zum neuen Wortschatz. (Das *word search* kann bis nach Teilaufgabe b) zurückgestellt werden.)

b) Leistungsstärkere S überlegen, was sie noch verstanden haben. Ggf. Austausch in Partnerarbeit. Arbeitsanweisung *What else can you remember?:* Es ist Ausdruck verschiedener Leistungsniveaus und Lerntypen, dass die S unterschiedliche Dinge (quantitativ und qualitativ) verstehen.

Lösung

a) 1. *Clare recommends going to St Stephen's Green.*
    2. *It is in the city centre.*
    3. *Learn more about the city's history by reading signs in the park.*
    4. *On a warm day, you can have a picnic.*

b) Beispiel: *It's a beautiful park. It has got old trees. It is near Grafton Street, one of the main shopping streets in Dublin. There are free concerts in the summer. There's a lake in the park. Clare also recommends going to Ha'penny Bridge. It is near (the) Temple Bar. That's an area where there are a lot of pubs and restaurants.*

22/4 **7 What are the things?** (SB S. 35)

Wortschatz   *dictionary, flyer*

Methodisches Vorgehen

a) Jede/r S für sich nimmt die Zuordnung vor, dann wird im Plenum gesichert/besprochen.
b) Die S überlegen sich Sätze und schreiben sie in ihr Heft.

Lösung

a) *Picture 1 is a ticket.*
Picture 2 is a bus timetable.
Picture 3 is a map.
Picture 4 is a dictionary.
Picture 5 is a flyer.

b) Beispiel:
I take my map when I go sightseeing.
I keep my ticket when I visit a museum.
I take selfies when I go on a hop-on hop-off bus tour.
I try typical food at a restaurant.

Language detectives (SB S. 36) → **G7**, SB S. 136

Methodisches Vorgehen

Die drei Beispielsätze werden im Plenum laut gelesen und die Regeln für die Bildung der *question tags* werden erarbeitet.

Anschließend lässt L die S die Sätze übersetzen und erläutert, dass es sich nicht um „richtige" Fragen, sondern nur um „Bestätigungsfragen" handelt, die man im Deutschen mit „…, oder?", „… nicht wahr?" oder umgangssprachlich „gell?", „ne?" zum Ausdruck bringt.

Die Intonation von Bestätigungsfragen wird geübt.

Möglicher Hefteintrag/Tafelanschrieb:

Question tags – They're easy to understand, aren't they?

You're American, aren't you?
  +   −

You didn't see the Book of Kells yesterday, did you?
        −   +

For the question tag, repeat the auxiliary (forms of 'be', 'can', 'will', 'have/has', 'do/did') of the main clause.

You like Dublin, don't you?
They are visiting their relatives, aren't they?
The bus didn't drive very fast, did it?

If there's no auxiliary, we use a form of 'do'.

We use question tags when we think we know the answer, but just to make sure.

Lösung

Beispiel:

– *When is the question tag positive and when is it negative?*
  The question tag is positive if the main clause is negative.
  The question tag is negative if the main clause is positive.
– *In what situations do you use question tags? We use question tags to keep a conversation going and/or to double-check when we think we know the answer, but just to make sure.*

Erweiterung

Online-Empfehlung: https://www.youtube.com/watch?v=RpunLrghIjo (Stand: April 2019)
– BBC Learning English: *The Grammar Gameshow Episode 22* zu *question tags*.

22/5 **8 Add the correct question tag.** (SB S. 36)

Methodisches Vorgehen

Die S schreiben die Sätze ins Heft ab und unterstreichen die *auxiliaries* bzw. das Verb, wenn kein *auxiliary* vorhanden ist.

Question tags kommen besonders häufig in gesprochener Sprache vor. Daher Sichern durch Vorlesen im Plenum, um die Intonation zu festigen.

Lösung

1. *You haven't been to Ireland before, have you?*
2. *You're both from the USA, aren't you?*
3. *You can't speak Irish, can you?*
4. *I've given you a map of Dublin, haven't I?*
5. *She has wanted to meet her Irish family, hasn't she?*
6. *Irish people love music, don't they?*
7. *They haven't gone on the bus tour yet, have they?*
8. *They are happy to be in Ireland, aren't they?*

9 (SPEAKING) Make questions. Use question tags. (SB S. 36)

22/6
23/7

Methodisches Vorgehen

a) Die S lesen einander abwechselnd ihre Lösungssätze vor und achten dabei auf die Intonation.
● b) Leistungsstärkere S stellen sich gegenseitig Fragen und antworten mit Kurzantworten.

Lösung

a) 2. *The bus tour isn't expensive, is it?*

3. *We haven't missed the bus, have we?*

4. *It's very high, isn't it?*

5. *You haven't lost your phone, have you?*

6. *They're great singers, aren't they?*

b) Beispiel:

A: *You're in the football team, aren't you?* – B: *Yes, I am. / No, I'm not.*

B: *You have got a brother, haven't you?* – A: *Yes, I have. / No, I haven't.*

A: *Mr Thomson is your favourite teacher, isn't he?* – B: *Yes, he is. / No, he isn't.*

23/8 **10** (MEDIATION) **Can you help?** (SB S. 37)
24/9

Methodisches Vorgehen

Um eine möglichst authentische Situation zu haben, arbeiten die S zu dritt (*tourist, assistant* und *mediator*). *Tourist* und *assistant* helfen dem/r *mediator* bei Schwierigkeiten.

● Schnelle Gruppen überlegen sich weitere Aussagen, die gedolmetscht werden sollen.

Lösung

– *He likes Irish music. Where can he listen to it?*
– Die meisten Pubs in der Innenstadt spielen traditionelle Musik, vor allem in Temple Bar.
– *When does the music start?*
– Die Leute fangen einfach an zu singen, wenn sie Lust haben. Es gibt keine festen Uhrzeiten.
– *Can he bring his fourteen-year-old daughter to the pub?*
– Wenn Sie dabei sind, sollte es in Ordnung sein, aber sie darf nur bis 21 Uhr bleiben. Vielleicht ist es besser, Straßenmusiker draußen zu beobachten.
– *OK. Thank you for the information.*

 11 (TASK) **At the tourist office.** (SB S. 37)

 → **V** At the tourist office, SB S. 160   → **M** Read and look up, SB S. 154

Wortschatz *leaflet*

Methodisches Vorgehen

a) L: *Work in pairs, please. One of you works at the tourist office of your hometown or another city. The other one is a tourist who is visiting.*

Die S erarbeiten ein *role play* und zeichnen es auf ihrem Smartphone auf. Sie hören ihre Aufnahme mehrmals an und überarbeiten ihren Dialog.

b) Im Plenum werden einige Dialoge vorgespielt.

Alternative: Simultanpräsentationen. Je zwei oder drei Paare präsentieren einander ihr Rollenspiel. Abschließend stimmt jede Vierer- oder Sechsergruppe darüber ab, welcher Dialog dem Plenum präsentiert wird.

Lösung

a) Beispiel:

A: *Hello. How can I help you?*

B: *Hello. It's my first time in Munich and I want to go sightseeing. What would you recommend doing?*

A: *You're staying here over the weekend, aren't you?*

B: *Yes, I am. I have two days.*

A: *Do you like sports? Then I recommend the stadium. I can show you on the map where it is.*

B: *That's great! How can I buy tickets?*

A: *You can buy tickets at the stadium.*

B: *Thank you for your help.*

A: *Goodbye. I hope you have a nice weekend!*

Text 1: Welcome aboard! (SB S. 38–39)

Auf einen Blick

Ethan und seine Mutter machen eine Stadtrundfahrt durch Dublin und hören dabei einen *audio guide*. Die S erhalten Informationen zu Dublin, aber auch zur Geschichte Irlands und Nordirlands. Anschließend hören sie einen *audio guide* zu *Dublin Castle*.
In der abschließenden **TASK** stellen die S eine Sehenswürdigkeit ihres Heimatorts vor, wahlweise mündlich oder schriftlich, d.h. als *1-minute-presentation* oder *leaflet for tourists*.

Kompetenzen:	• über Orientierungswissen zu englischsprachigen Ländern und Regionen verfügen, hier: Republik Irland und Nordirland, u.a. Lebensbedingungen sowie regionale Besonderheiten (interkulturelle Kompetenzen)
	• einfache Gebrauchstexte verstehen, hier: *audio guide*, die alltägliche und bekannte, aber auch über persönliche Interessensgebiete hinausgehende Themen aufgreifen (Leseverstehen/Hörverstehen)
	• klar strukturierte Hörtexte erfassen, hier: *audio guide*, und ihnen sowohl Global- als auch Detailinformationen entnehmen (Hörverstehen)
	• eine Präsentation oder einen Flyer erstellen und das Ergebnis mündlich bzw. schriftlich präsentieren (methodische Kompetenzen)
	• beim Verfassen von Texten, hier: *leaflet,* zunehmend auf angemessene formale Gestaltung achten (Schreiben)
Wortfeld:	*history*
Ergänzendes Material:	Kopiervorlagen 18 und 19
Zeit:	ca. 2 Stunden

Einstieg

– Zieltransparenz: L informiert die S über das Kompetenzziel.

○ *Find out more about Dublin and the history of Ireland*

○ *Listen to an audio guide about Dublin Castle*

● *Prepare a 1-minute talk about an interesting place or make a leaflet for tourists*

– L zeigt ein Foto einer *Peace Wall: Look, this is one of many 'Peace Walls' in Belfast. 'Peace Walls' were built to keep the Catholic and Protestant communities separate from each other.* L erläutert die damalige Situation in Irland.

Info: 'Peace Walls' in Northern Ireland

In the 1970s walls and fences were put up in cities in Northern Ireland to keep the Catholic and Protestant communities separate from each other. The idea was to reduce violence (between Catholics, who wanted to be Irish, and Protestants, who wanted to stay British). The walls were so effective that over the years they became higher and longer. There are about 110 peace walls. The government would like to dismantle the walls by 2023. However, many people think the walls are still necessary. They make them feel safe and protect them from violence. People are worried of the many young Catholic and Protestant men out of work who often become aggressive and violent towards members of the other group.

1 What do you know about Dublin? What would you like to find out? (SB S. 38)

Methodisches Vorgehen
Die S aktivieren ihr Vorwissen über Dublin und tauschen sich in Partnerarbeit aus.

Lösung
Beispiel:
Dublin is the capital of Ireland. You can visit the library at Trinity College and see the Book of Kells. There are pubs in Dublin. People sing there.
I would like to know more about different parts of the city/famous sights/shopping streets/music and concerts in Dublin/the history of the city/famous people from Dublin.

1,14 ☞ ## 2 (READING) Ethan and his mother are on the bus tour. Read what the audio guide tells them. (SB S. 38)

Wortschatz
Die folgenden neuen Wörter, die im Text vorkommen, gehören nicht zum Lernwortschatz: *aboard, two and a half, half, as, to be known as, independent, to change, Catholic, Protestant, community, separate, stop*

Methodisches Vorgehen
– Der Text wird in vier Abschnitte unterteilt (Vorschlag: *lines 1–12, 13–22, 23–32, 33–40*) mehrfach im
⊚ KV 18 Klassenzimmer ausgehängt: Kopiervorlage 18 bietet eine entsprechende Vorlage.
– Die S gehen umher, lesen einen Textabschnitt und merken ihn sich so gut sie können.
⊚ KV 19 – Anschließend gehen sie an ihren Platz zurück und bearbeiten Kopiervorlage 19; die Vorlage bietet Fragen zum Text, die knapp beantwortet werden sollen.
Wichtig: Die S lassen das Arbeitsblatt an ihrem Platz liegen und arbeiten aus der Erinnerung.
Sie dürfen immer wieder zu den Texten gehen, um Details nachzulesen.
– Die Reihenfolge der Textabschnitte ist nicht wichtig, die S können mit einem beliebigen Abschnitt beginnen.

3 Answer the questions. (SB S. 38)

Methodisches Vorgehen
In Einzelarbeit werden die Fragen schriftlich beantwortet.
Wer fertig ist, begibt sich an den *Bus stop* (→ M SB S. 150, LB S. 177) und vergleicht/korrigiert gemeinsam mit einem/r MitS die Antworten. Die Lösungen liegen am *Bus stop* aus.
Danach bearbeiten die Paare gemeinsam Aufgabe 4.

Lösung
1. *The bus tour is called the 'real Irish bus tour of Dublin'.*
2. *Some old buildings were destroyed during the Irish War of Independence.*
3. *They go to Belfast to learn about the history of conflict in Northern Ireland and to see the 'Peace Walls'.*
4. *They have got 20 minutes to visit the castle.*
5. *It finishes at 1:30 p.m.*

4 Right, wrong or not in the text? Correct the wrong sentences. (SB S. 39)

Methodisches Vorgehen
Mit dem Partner/der Partnerin des *Bus stop* – siehe Empfehlungen oben zu Aufgabe 3 – wird die Aufgabe bearbeitet und besprochen.
○ Ggf. Hilfestellung: *Two of the sentences are wrong.*
Die Lösungen liegen aus, sodass die S ihre Lösungen im Anschluss selbstständig überprüfen können.

Lösung

1. *That's right.*
2. *That's not in the text.*
3. *That's wrong. About 50% of Dublin's population is 25 years old or younger.*
4. *That's right.*
5. *That's wrong. Northern Ireland uses the pound.*
6. *That's not in the text.*

5 (LISTENING) Listen to what the audio guide says about Dublin Castle. (SB S. 39)

 1,15

Transkript

But first let me tell you a few things about the castle. Dublin Castle is one of the city's must-see attractions. It welcomes more than 250,000 visitors every year and is open all through the year. You can take a tour inside the castle and learn more about its long history.
The castle was actually built in the 13th century but a fire almost destroyed it in 1684. So some parts of the castle are quite old – the tower is from 1226 for example – but most parts are much newer: They were built in the 18th and 19th century.
Over the years the castle was used for different things. At one time it was a prison, and when Ireland was part of the UK, the English used it. But these days the Irish President uses it for important events. Famous people, for example Nelson Mandela and Queen Elizabeth II, have visited him there.

Methodisches Vorgehen

a) Erstes Hören (= Globalverstehen): Die S hören, nachdem sie die Arbeitsanweisung durchgelesen haben, aufmerksam zu.
   Die Antworten werden im Plenum abgerufen und besprochen.
b) Zweites Hören (= Detailverstehen): Die S achten auf Details und machen sich Notizen.

Lösung

a) *a prison*
   a place where the President meets important visitors
b) 1. *More than 250,000 people visit Dublin Castle each year.*
   2. *In 1684, a fire almost destroyed the castle.*
   3. *Nelson Mandela and Queen Elizabeth II have visited Dublin Castle.*

 24/10

6 (TASK) Choose one of these tasks. (SB S. 39)

Methodisches Vorgehen

Die S entscheiden selbst, ob sie a) oder b) bearbeiten möchten: a) für S, die lieber in Stichpunkten arbeiten und dann mündlich präsentieren, b) für S, die lieber schriftlich arbeiten.

a) *1-minute-presentation* (→ M SB S. 150): Die S folgen den Steps 1–4 auf SB S. 150, bekannt aus Band 2. Im Anschluss an die *presentations* klärt L mit den S, ob ihnen die Steps 1–4 helfen. Die zuhörenden S erhalten Beobachtungsaufträge, sodass ihre Aufmerksamkeit gebündelt ist. Im Anschluss geben sie Rückmeldung.
b) Präsentation der Ergebnisse: Die entstandenen *leaflets* können ausgehängt werden. L kann Klebepunkte verteilen, mit denen die S anzeigen, welches Produkt ihnen am besten gefällt. (Vorsicht, dass die Produkte durch die Klebepunkte nicht beschädigt werden.)

Lösung

a) Beispiel: *The Castle of Neuschwanstein was built for King Ludwig II. He wanted to have a beautiful castle, but he only lived there for a few months before he died. It was built in 1869. Today you can visit the castle and it's one of the most popular sights in Germany. About 1.5 million tourists visit the castle each year. I like it because it's beautiful and old. An interesting fact: Walt Disney's castle looks like the Castle of Neuschwanstein.*

Topic 2: At home with the O'Brians (SB S. 40–44)

Auf einen Blick

Ethan und seine Mutter Amy sind bei der irischen Verwandtschaft im westirischen Galway angekommen. Die Familie O'Brian besteht aus den Eltern Mr und Mrs O'Brian und den Kindern Sean und Caitlin.

Die S lernen die Unterscheidung zwischen *simple past* und *present perfect*.

Sie festigen das Wortfeld *things for a trip* und üben, wie man sich in einer Gastfamilie verhält.

In der abschließenden **TASK** erarbeiten die S in Partnerarbeit einen Dialog beim Essen in einer Gastfamilie.

Kompetenzen:	• einen Dialog verstehen, in dem eine Lehrwerksfigur aus den USA die irische Verwandtschaft kennenlernt, und Informationen entnehmen (Leseverstehen/Hörverstehen, interkulturelle Kompetenzen) • weitgehend selbstständig Methoden zur Wortschatzfestigung einsetzen, z.B. indem sie detaillierte Wortfelder erstellen (Wortschatz, methodische Kompetenzen) • auf den Gesprächspartner angemessen eingehen, in einfacher Form nachfragen und ggf. um Wiederholung bzw. Klärung bitten (dialogisches Sprechen) • bekanntes Sprachmaterial korrekt und mit weitgehend richtiger Intonation aussprechen (Aussprache und Intonation) • überschaubare, klar strukturierte Texte (hier: Kochrezept) erschließen und grundlegende Informationen und wichtige Details auf Deutsch wiedergeben (Sprachmittlung) • sich in Alltagssituationen verständigen, hier: Dialoge am Essenstisch führen (dialogisches Sprechen), dabei Kommunikations- und Interaktionsregeln (u.a. Höflichkeitsformeln) anwenden (interkulturelle Kompetenzen) • zentrale grammatische Fachbegriffe bei der Erarbeitung von Grammatikphänomenen verstehen (Grammatik)
Wortfeld:	*things for a trip*
Grammatik:	*simple past vs. present perfect*
Ergänzendes Material:	Kopiervorlagen 20–23
Zeit:	ca. 4 Stunden

Einstieg

– Zieltransparenz: L informiert die S über das Kompetenzziel.

> ○ *Read about the Murphys' stay with their Irish relatives*
> ○ *Think about what you need for a trip, and play a game*
> ○ *Find out when to use the simple past and the present perfect*
> ● *Make up a conversation at an Irish dinner table*

– Anknüpfen an Vorwissen: L fragt, weshalb die Murphys in Irland sind *(Why are Ethan and his mum in Ireland?).* Die S erinnern sich, dass sie ihre Verwandten besuchen wollen.
Galway wird auf einer Landkarte, z.B. vordere innere Umschlagseite, geortet.
Alternativ kann die Illustration auf SB S. 40 als stummer Impuls gezeigt werden.

1,16 ⌾
25/1 ↗

1 (READING) Read the dialogue. (SB S. 40) → **M** Dramatic reading, SB S. 151

Wortschatz

fridge, back home, bowl, cereal, juice, toast, jam, scrambled eggs (pl), dancing, class, towel, shampoo, anybody else, toothbrush, adaptor, coffee, lemonade, to mean, drink, dinner table, meal, difference, small talk

Methodisches Vorgehen

Die S hören zunächst die Audiodatei des Dialogs und lesen leise mit.

Anschließend finden sie sich in Fünfergruppen zusammen und jede/r übernimmt eine Rolle: Sean, Ethan, Mrs Murphy, Mrs O'Brian, Caitlin. (Binnendifferenzierung: Caitlin spricht nur einen Satz.) Die S lesen leise für sich ihre Redeanteile und fragen nach, wenn sie die Aussprache eines Wortes nicht wissen. Dann liest jede Gruppe gemeinsam den Text laut, L geht herum und verbessert, wenn nötig, die Aussprache.

○ In leistungsschwächeren Klassen sollte L die Aussprache von *fridge, towel* und *cereal* sichern.

2 Who could have said it? (SB S. 41)

Methodisches Vorgehen

Einzelarbeit.

Lösung

2. *That's Ethan or Mrs Murphy.*
3. *That's Mr O'Brian.*
4. *That's Caitlin.*
5. *That's Caitlin.*
6. *That's Mrs O'Brian.*
7. *That's Ethan (or Mrs Murphy).*

3 Make a mind map with things for a trip. (SB S. 41) → **M** Think – pair – share, SB S. 155

Wortschatz   *passport, charger, personal, umbrella*

Methodisches Vorgehen

Die S erstellen jede/r für sich eine Mindmap und vergleichen diese dann mit der Mindmap eines Partners/einer Partnerin. Dabei wird die eigene Mindmap ggf. ergänzt.

Lösung
Beispiel:
clothes: raincoat, pullover, hat, wellies, boots, jacket
bathroom things: toothbrush, towel, shampoo
personal things: passport, charger, phone, pen, money, keys
other things: map, umbrella, bag, tickets, dictionary, bottle of water, sleeping bag

25/2 ↗ ## 4 Which of these things would you take with you on a trip? (SB S. 41)

Wortschatz

toothpaste, hairbrush, comb, hairdryer, shower gel, soap, body lotion, mirror, perfume, nail scissors (pl)

Methodisches Vorgehen

a) *Matching exercise:* Die S ordnen die Illustrationen A–J den Wörtern 1–10 zu.
   Versprachlichen der Zuordnung (immanente Wiederholung der Aussprache der Buchstaben A–J): *(Picture) A shows/is a … (Picture) B shows/is a …* usw.
   In einem zweiten Schritt sortieren die S die Wörter in ihre Mindmap aus Aufgabe 3 ein.
● b) Schnelle S schreiben Sätze zu drei Dingen aus a).

Lösung

a) A–8   B–7   C–5   D–10   E–1   F–2   G–4   H–3   I–9   J–6

b) Beispiel:

1. You need it when your hair is wet. (hairdryer)

You need it when you want to brush your teeth with a toothbrush. (toothpaste)

You need it when you wash your hands. (soap)

You need it when you want to look at your face. (mirror)

5 (SPEAKING) **Play the game: I'm going on a trip and I'm going to take . . .** (SB S. 41)

Methodisches Vorgehen

In Vierergruppen spielen die S das Spiel („Ich packe meinen Koffer"): Der/Die nächste MitS muss das, was die vorherigen S mitnehmen, wiederholen und mit einem Gegenstand ergänzen.

KV 20   L kann Kopiervorlage 20 zur Unterstützung auslegen: Illustrationen von *things to take on a trip.*

6 (LISTENING) **Listen to Mrs O'Brian's message to her son.** (SB S. 42)

1,17   **Transkript**

Sean's voicemail:	*Hi. This is Sean. I can't answer the phone right now. Leave me a message after the . . . (beep)*
Mrs O'Brian:	*Hi Sean. So are you still sleeping? Why am I not surprised? . . . Well, what I wanted to tell you is that Aunt Amy and I have gone away for a few hours this morning. She wants to visit the church where your great-great-grand-parents married before they left Galway. . . . Help yourself to breakfast in the kitchen. There is no milk left in the fridge. So you can't have cereal. I'm sorry. But there is some orange juice and you can make some toast or maybe fried eggs. . . . Maybe Ethan wants a shower after breakfast. Tell him that he can use the blue towels in the bathroom. And please show him where he can put his dirty clothes. Don't just leave them on the floor! I'll wash them later. . . . We'll be back for lunch. You may watch TV or play computer games until we come back. Then we can go on a trip on the River Corrib. That should be fun! And tomorrow Dad doesn't have to work. Then we can all go on a trip along the coast and visit the Cliffs of Moher. See you later! Bye.*

Methodisches Vorgehen

a) Erstes Hören: Die S notieren die fehlenden Wörter.

○   Hilfestellung: als *matching exercise.* L gibt die Lösungen ungeordnet vor, die S ordnen zu.

● b) Zweites Hören: Leistungsstärkere S beantworten die beiden Fragen, die anderen S vervollstän-digen die Lücken von a), die sie beim ersten Hören nicht gehört haben.

Lösung

a) 1. *They can't have cereal for breakfast because there isn't any milk in the fridge.*

   2. *But they can make some toast or fried eggs.*

   3. *Ethan can use the blue towels in the bathroom.*

   4. *The boys can watch TV or play computer games until their mothers come back.*

b) 1. *She calls him on the phone because she and Mrs Murphy have gone away for a few hours.*

   2. *Mrs Murphy wants to see the church where Sean's great-great-grandparents married before they left Galway.*

Language detectives (SB S. 42) → **G8,** SB S. 137

Methodisches Vorgehen

Die S lesen die Beispielsätze. Es gilt zunächst herauszufinden, worin sie sich unterscheiden. Nachdem geklärt ist, dass es sich im ersten Satz um *simple past,* im zweiten Satz um *present perfect* handelt, besprechen die S in Partnerarbeit, welche der beiden Handlungen abgeschlossen ist und welche noch andauert.

Als Hilfestellung wird ein Tafelanschrieb begonnen, den die S ins Heft übernehmen. Sie erhalten den Auftrag, die beiden Sätze anzuschreiben sowie drei Müslischalen einzuzeichnen: eine große für *Yesterday I ate a lot for breakfast.* und zwei kleine für *I've had two bowls of cereal already and it's only 9 a.m.* Möglicher Hefteintrag/Tafelanschrieb:

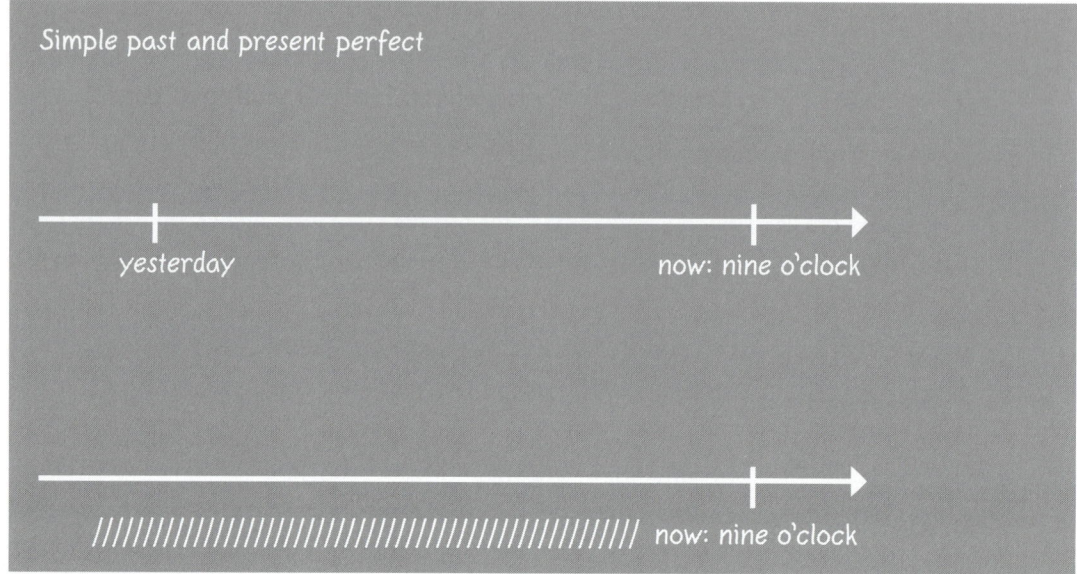

Anschließend werden die Vorschläge der S besprochen, der Tafelanschrieb wird ergänzt.

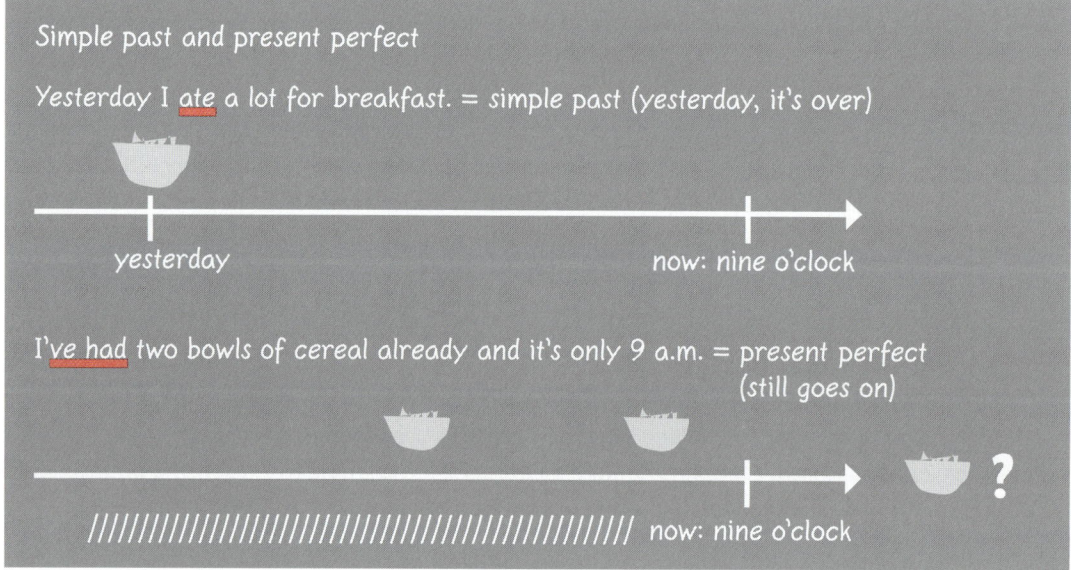

© KV 21 Alternativ kann die Kontrastierung *simple past* und *present perfect* mit Kopiervorlage 21 erfolgen.

Lösung
Beispiel:
- *In which sentence does the situation go on until now? in the second sentence*
- *How do you form this tense? present perfect: have/has + 3rd form of the verb (past participle)*

26/3 **7 Choose the right tense.** (SB S. 42)

Methodisches Vorgehen
Multiple-Choice-Festigung der Abgrenzung *simple past* und *present perfect*
Die ersten beiden Sätze werden im Plenum gelöst, inkl. Begründung.
Anschließend schreiben die S die Sätze ins Heft ab und lösen die Aufgabe in Einzelarbeit.

Lösung

1. *Ethan: Yesterday I wrote a postcard from Dublin to my friend Sarah. She loves Ireland!*
2. *Sean: Has she visited Ireland yet?*
3. *Ethan: Yes, she has been to Ireland three times before.*
4. *She went there last year.*
5. *Sean: Has she ever tried Irish food?*
6. *Ethan: Yes, of course she has.*
7. *Oh, look! She has just tried to call me on my phone.*
8. *Too bad, I didn't hear it.*

26/4 **8 Complete the dialogue. Use the present perfect or the simple past.** (SB S. 42)

Methodisches Vorgehen

Die S schreiben den Dialog ins Heft ab, ergänzen die fehlenden Verbformen und unterstreichen die Signalwörter für *simple past* und *present perfect* in unterschiedlichen Farben.

Lösung

1. *Fiona O'Brian: Have you eaten Irish food before, Amy?*
2. *Amy Murphy: Yes, I have. Yesterday I had an Irish potato soup.*
3. *Fiona: How did you like it?*
4. *Amy: Oh, it was really good.*
5. *Fiona: That's nice. Well, I've got something special for you tonight. Have you ever heard of Colcannon?*
6. *Amy: Yes, but I haven't tried it yet. It's a traditional dish, isn't it?*
7. *Fiona: That's right. I learned how to cook it from my mum when I was a girl. If you want, I can show you!*
8. *Amy: That'd be great! Nobody has ever taught me a special family recipe before.*
9. *Fiona: OK, then. Just a minute. I haven't washed my hands yet.*

27/5 **9 (SPEAKING) Tell me everything!** (SB S. 43) → **M** Milling around, SB S. 153

◎ KV 22

Methodisches Vorgehen

Dialogisches, freies Sprechen zur Festigung der Abgrenzung *simple past* und *present perfect*
Die S gehen umher und stellen einander Fragen. (Fragen ggf. vorher an der Tafel entwickeln und als Stütze stehen lassen.) Dabei füllen sie ggf. Kopiervorlage 22 aus. Nach einem akustischen Signal durch L setzen sie sich wieder an ihren Platz.
Im Anschluss berichten einige S, was sie über die MitS erfahren haben. (So werden die Aussagen der MitS von der ersten Person in die dritte Person umgearbeitet.) Zum Beispiel: *Bea has been to the beach. They went surfing for a week in the summer holidays. She fell many times. / Caroline lived in England when she was five.*

Lösung

Beispiel:
A: *Have you ever been to the beach?*
B: *Yes, I have.*
A: *When was it?*
B: *It was in the summer holidays. We went surfing for a week.*
A: *Was it difficult?*
B: *Yes, I fell many times.*

Erweiterung

Die Ergebnissicherung für Aufgabe 9 kann als Spiel gestaltet werden: Ein/e S liest eine Information vor, ohne den Namen des/r MitS zu sagen. Die MitS erkennen oder raten, um wen es sich handelt.

27/6 **10** (WRITING) **Write an e-mail.** (SB S. 43)

Wortschatz *grandma*

Methodisches Vorgehen

L erinnert an Merkmale der Textsorte E-Mail und Brief wie Anrede, Großschreibung des ersten Buchstabens nach der Anrede, Gruß am Ende usw.

Aufgabe am Computer erledigen lassen, im Computerraum oder als Hausaufgabe. Die S senden die E-Mail dann an L, der/die die Mail digital korrigiert und mit Feedback zurücksendet.

Lösung

Beispiel:

Dear Grandma Brenda,

Hello from Ireland! I've had a fantastic week here. Yesterday we were in Dublin. We went on a bus tour and visited Dublin Castle. In the afternoon we saw some street performers who were playing music. They were really good! Today we are going to visit Croke Park Stadium. People watch Gaelic football matches there, and it's one of the biggest stadiums in Europe.

I really enjoy the food here. I tried Colcannon. It was delicious. I've learned so much about Ireland. Did you know that the road signs are in English and in Irish? Sean says he used to learn Irish in school, but he's forgotten many words. That's too bad!

The weather here has been good, but tomorrow it will rain.

Bye, Ethan

1,18 **11** (SOUNDS) **Listen, read and say. Where is the stress?** (SB S. 43)

Methodisches Vorgehen

L: *Misunderstandings are often a matter of pronunciation and stress, rather than grammar. People will understand you even if you make a grammatical mistake. But it's often difficult to understand someone if the stress is not right. That's true for any language. Imagine someone saying* Blumento pferde, *rather than* Blumentopferde – *you wouldn't understand. So let's practise getting the stress right for some English words.*

Die S übernehmen die Tabelle ins Heft, murmeln die Wörter vor sich hin und tragen sie ein. Anschließend werden die Wörter angehört und die S überprüfen ihre Ergebnisse. Gemeinsam werden die Wörter nochmals geprochen (Chorsprechen: → M LB S. 177).

Lösung

Ooo	oOo
popular	*delicious*
relatives	*potato*
interesting	*adventure*
difficult	*fantastic*

Erweiterung

Um Chorsprechen (→ M LB S. 177) abwechslungsreicher zu gestalten, kann man variieren: erst die Mädchen, dann die Jungen, dann die mit roten Haaren, dann die mit Turnschuhen, …

Außerdem macht es Spaß, ein Wort erst zu flüstern, dann lauter zu sprechen, dann zu schreien. Wenn es um die richtige Betonung geht, kann L die S die Wörter pfeifen oder klatschen lassen.

12 (MEDIATION) **Beantworte die Fragen auf Deutsch.** (SB S. 44)

Methodisches Vorgehen

L: *Is there a special dish your grandmother always makes for you?* (S-Äußerungen.)

There is a special Irish dish called Colcannon. Let's see what Colcannon is.

Die S betrachten das Foto im SB und äußern sich dazu.

Anschließend lesen sie das Kochrezept und beantworten die vier Fragen auf Deutsch.

Lösung

1. Das Rezept ist für sechs Personen.
2. Man muss sie schälen, halbieren, kochen und dann zerdrücken.
3. Man kocht den Kohl und die Frühlingszwiebeln darin.
4. Man serviert es mit Butter.

Erweiterungen

– Im Internet finden sich zahlreiche Videos zur Zubereitung von Colcannon. L kann ein Video aussuchen und zeigen. Vielleicht haben einige S Lust, das Gericht zu Hause nachzukochen.
– Die S hören das Lied *Colcannon* (von der Band *The Baileys*):
https://www.youtube.com/watch?v=TCQbksGz67U (Stand: April 2019)
L erläutert, worum es in dem Lied geht. Alternative: Leistungsstärkere Klassen bearbeiten das Lied als *listening exercise* und finden gemeinsam heraus, was das Lied aussagt.

🗨🗨 ✳ 13 (TASK) At the dinner table. (SB S. 44) → V Conversation topics, SB S. 161

Methodisches Vorgehen

– Zu Beginn kann ein kurzer Austausch darüber stattfinden, wie oft die S mit der Familie zu Abend essen, ob sie gerne in Gesellschaft essen oder lieber alleine und worüber sie sich beim Essen gerne unterhalten.
– L: *When you're invited for dinner, you want to be polite and show good manners. Imagine that you are staying with a host family in Ireland and are having dinner. You want to be the perfect dinner guest. Work with a partner and make a dialogue at the dinner table.*
Ein Gespräch am Esstisch lässt sich realistischer darstellen, wenn Realien verwendet werden. Idealerweise bringt L welche mit (Besteck, Servietten, Teller, Becher, Salz, Pfeffer usw.). Gummibärchen oder Müsliriegel können das Essen darstellen. Die S werden ermutigt, während des Gesprächs mit den Realien zu arbeiten.
Spickzettel-Idee vor allem für lernschwächere Gruppen: Die S dürfen sich drei Redemittel auf die Handinnenfläche schreiben.

Lösung

Beispiel:

A: *Did you like the Colcannon? You can have some more if you like.*
B: *Thank you, the meal was delicious. It's very different from home.*
A: *I'm happy that you liked it. What do you think is different from Germany in Ireland?*
B: *I think a big difference between Germany and Ireland is the music. We saw some street performers in Dublin today and they played traditional Irish music.*
A: *That's great! Do you play rugby in Germany too?*
B: *No, we don't play rugby. I've never seen a rugby match before. And I've never seen Irish dancing!*
A: *Maybe you can try Irish dancing tomorrow at our dancing lesson! What hobbies do you and your friends have?*
B: *I go horse riding every week, and my sister plays football in the school team. My friends also play basketball and they often go mountain biking.*

Erweiterungen

◎ KV 23 – Um den S weitere Redemittel für ein Gespräch am Essenstisch an die Hand zu geben, kann vor dem Erstellen des Dialogs Kopiervorlage 23 eingesetzt werden.
◎ KV 75 – Kopiervorlage 75 bietet den S die Möglichkeit, am Thema *at the dinner table* das Schreiben einer *picture story* zu üben.

Text 2: A different kind of gold (SB S. 45–46)

Auf einen Blick

Die S erfahren im Rahmen einer Geschichte um die Lehrwerksfigur Niamh, die vor zwei Monaten mit ihrem Vater von Irland in die USA ausgewandert ist, wie der *St Patrick's Day* am 17. März gefeiert wird und welche Möglichkeiten es gibt, Gefühle auszudrücken. Außerdem begegnet ihnen in der Geschichte ein altes irisches Gedicht.

In der abschließenden **TASK** recherchieren die S irische Musiker, die selbst oder deren Vorfahren aus Irland ausgewandert sind, oder sie schreiben ein *acrostic poem*.

Kompetenzen:	• über grundlegende kulturelle und geschichtliche Kenntnisse Irlands verfügen, hier: *St Patrick's Day* und irische Emigration in die USA (interkulturelle Kompetenzen)
	• die Inhalte auch längerer erzählender Texte verstehen und erschließen (Leseverstehen, interkulturelle Kompetenzen)
	• zunehmend selbstständig verschiedene Lesetechniken anwenden, hier: *reading between the lines* (Leseverstehen, methodische Kompetenzen)
	• selbstständig einfache Arbeitstechniken nutzen, z. B. das Anfertigen von Notizen (methodische Kompetenzen)
	• Gefühle und Meinungen in einfachen Worten zum Ausdruck bringen (Sprechen)
	• verschiedene Quellen zur Informationsbeschaffung nutzen (z. B. das Internet) und ihre Rechercheergebnisse anschaulich darstellen (Text- und Medienkompetenzen)
Wortfeld:	*feelings*
Ergänzendes Material:	Kopiervorlagen 24–26
Zeit:	ca. 2 Stunden

Einstieg

– Zieltransparenz: L informiert die S über das Kompetenzziel.

○ *Read about Niamh, an Irish girl who wants to celebrate St Patrick's Day but can't*

○ *Talk about Niamh's feelings*

● *Present an Irish singer or band or write an acrostic poem*

– L zeigt Fotos von Iren, die den *St Patrick's Day* feiern. Ein Foto kann zunächst nur teilweise gezeigt (z. B. mit der Schlüssellochmethode: → M LB S. 181) und Stück für Stück aufgedeckt werden. Die S benennen/raten, was zu sehen ist.

1 Have you ever moved to another place? What could be difficult? (SB S. 45)
→ M Think – pair – share, SB S. 155

Methodisches Vorgehen

Die S denken kurz über die Frage nach und tauschen sich dann in Partnerarbeit aus. Im Plenum werden einige S-Äußerungen gesammelt.

Lösung

Beispiel: *I think it could be difficult to find new friends.*
I think it could be difficult to live with different weather.

I think it could be difficult to have new teachers at school.
I think it could be difficult that you have to move and put your things into your new house or room.
I think it could be difficult to have pets when you move.

1,19 ☞ **2 (READING) Read the story.** (SB S. 45)

Wortschatz

to wish, to miss, to introduce, area, holiday, in fact, whole, shamrock, rainbow, gold, leprechaun, pot, that's why, lonely, to be homesick, not … any, call, to stare, to cheer sb up, to pack, to cross, prom-ise, to come to be, wealth, miserable, to feel sorry for, doorbell, to ring, I couldn't believe my eyes., dressed, I couldn't help but …, to scream, youth (no pl), to bet, to rush, to grab, outfit, after all

Methodisches Vorgehen

Die S lesen die Geschichte jede/r still für sich.

© KV 24 Zur Sicherung des Textverständnisses kann Kopiervorlage 24, Aufgaben 1–3, eingesetzt werden: Multiple-Choice-Globalverstehen, *wh-questions, finding words in the story.*

3 Make notes about St Patrick's Day. (SB S. 46)

Methodisches Vorgehen

© KV 24 Die Aufgabe wird durch Aufgabe 4 auf Kopiervorlage 24 abgedeckt.
Alternativ malen die S ein großes vierblättriges Kleeblatt auf ein Blatt Papier oder ins Heft und schreiben Informationen über den *St Patrick's Day* hinein.
Anschließend vergleichen sie ihre Ergebnisse in Partnerarbeit.

Lösung

Beispiel:
St Patrick's Day: holiday of the Irish; lots of parades and parties; people wear green clothes, send cards with shamrocks and rainbows; people give each other sweets in gold paper; it's called 'Paddy's Day' too

4 Talk about feelings. (SB S. 46)

Methodisches Vorgehen

a) Die S arbeiten in Einzelarbeit und schreiben Adjektive und Verben aus der Geschichte heraus, die die Gefühlswelt von Niamh zeigen. Anschließend tauschen sie sich in Partnerarbeit aus und erweitern ggf. ihre Liste.
b) Kann mündlich im Plenum besprochen werden.

Lösung

Beispiel:
a) *wished I was back home (l. 2), felt like being back home (l. 32), feel very lonely and homesick (l. 35), sad (l. 36), staring out of the window (ll. 40–41), felt miserable (l. 55), feel sorry for myself (ll. 55–56), thought that nothing could cheer me up (ll. 56–57), laugh (l. 64), feel at home (l. 75)*
b) *At first Niamh feels homesick because it's St Patrick's Day and she doesn't know many people and places in the new town. But then she is happy because the basketball girls take her to a St Patrick's Day party.*
At first, she feels miserable because the girls didn't answer her calls. Then she is surprised and excited because they come to her house and they are wearing green clothes and party hats.

5 Explain the title of the story. (SB S. 46)

Methodisches Vorgehen

Hier sollte den S genug Zeit zum Nachdenken gegeben werden.
Ggf. kann L ruhige irische Musik im Hintergrund laufen lassen.

Lösung

Beispiel: *The poem says "The wealth of friends and family old is gold enough for me". So I think the meaning of a "different kind of gold" is to have your family with you or to think of your old friends in a new place. It's often difficult to feel at home when you are in a new place and you don't have much money. But money is not important, only family and friends are.*

Methodisches Vorgehen

 KV 25   Auf Kopiervorlage 25 lesen die S ein altes irisches Gedicht, *Lucky leprechauns*. Sie schreiben das Gedicht aus der Wortschlange ab und gestalten ggf. dazu ein Bild.
Das Gedicht kann als ‚Fleißaufgabe' auswendig gelernt werden.

P

28/1

29/2–5

6 (TASK) **Choose one of these tasks.** (SB S. 46)

Methodisches Vorgehen

a) Einzelarbeit: Die S recherchieren im Internet und stellen einen irischen Sänger oder eine Band vor, die Irland verlassen haben, um anderswo mit ihrer Musik erfolgreich zu sein, oder deren Vorfahren Irland verlassen haben. Falls nicht ausreichend Computer/Tablets zur Verfügung stehen, wird die *Task* als Hausaufgabe gestellt.
1-minute-presentation (→ **M** SB S. 150): Die zuhörenden S erhalten Beobachtungsaufträge, sodass ihre Aufmerksamkeit gebündelt ist. Im Anschluss geben sie Rückmeldung.

b) Partnerarbeit: Die S schreiben jede/r für sich ein Akrostichon zu einem Oberbegriff ihrer Wahl. Die Wörter können mit einem der Buchstaben beginnen, enden oder ihn im Wortinnern haben.
Ergebnispräsentation: Die S erläutern einander, weshalb sie sich für die Wörter entschieden haben, erläutern also den Bezug zum Oberbegriff.

Lösung

Beispiel:

a) *Bing Crosby was born in Tacoma, Washington, USA, on 3rd May 1903.*
His great-grandfather left the town of Cork, Ireland, for America in 1831.
Crosby's most famous song is called "White Christmas", and he also sang "I'll be home for Christmas".
He was also an actor and he won an Oscar in 1945.
He died in Madrid on 14th October 1977.

b)

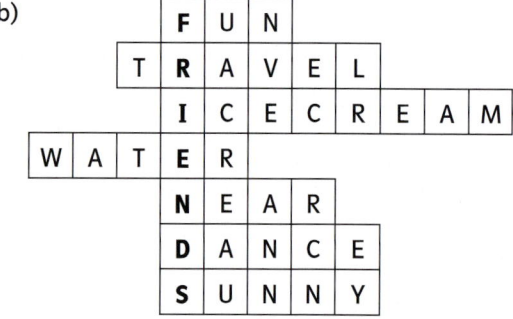

Erweiterung

 KV 26   Kopiervorlage 26 sichert mit einem Kreuzworträtsel den Wortschatz aus Unit 2.

Film: The guitar lesson (SB S. 47)

Auf einen Blick

In dem Film nimmt das Mädchen Alicia Gitarrenunterricht und Marley, den S aus vielen der bisherigen kurzen Filme bekannt, tut es ihr gleich, denn er ist in sie verliebt.
Auch Laura, ebensfalls aus bisherigen Filmen bekannt, ist wieder dabei. Sie zieht Marley damit auf, dass er sie immer wieder zu Alicia befragt.

Kompetenzen:	• einen kurzen Film über Jugendliche in London verstehen und Informationen entnehmen (Hör-/Sehverstehen, interkulturelle und methodische Kompetenzen)
	• landeskundliches Vorwissen zur Ausbildung einer Erwartungshaltung und als Verstehenshilfe nutzen (monologisches Sprechen, Hör-/Sehverstehen)
	• in Reaktion auf den Film einfache Erklärungen zu den eigenen Eindrücken abgeben (monologisches Sprechen)
Ergänzendes Material:	Kopiervorlage 27
Zeit:	ca. 1 Stunde

Einstieg

– Zieltransparenz: L informiert die S über das Kompetenzziel.

○ *Talk about pictures of Ireland, the UK and Australia*

○ *Watch a film about Laura, Marley and a guitar lesson*

● *Talk about the film*

– L: *Walk around the classroom and ask your classmates: "Do you play an instrument?"*
If the answer is yes, follow up with "What instrument do you play?"
If the answer is no, wander on and ask the next person.
The idea is for you to form instrument groups, so all the people who play the guitar end up in one group, all the people who play the flute end up in one group, and so on. And of course, there will be one group for all of you who don't play an instrument.
Die S fragen sich so lange durch, bis sie in der richtigen Gruppe sind. Dann sagt jede Gruppe, welches Instrument sie spielen, und L kann nachfragen: *When did you start learning the (guitar/piano/…)? Do you still take lessons? …*

1 Talk about the pictures. (SB S. 47)

Methodisches Vorgehen

Im Plenum sprechen die S über die Bilder. Man kann ansprechen, dass Irland Strände hat, die anders aussehen als die in Australien. Australien und Irland werden auf einer Weltkarte geortet.

Lösung

Beispiel: *I think you can find the shamrock in Ireland because it's the country's national flower.*
I think you can find kangaroos only in Australia or in a zoo.
I think you can find sheep in all three countries.
I think Australia has got the best beaches because the weather is really hot. But there are beaches in the UK and Ireland too.
I think you can find the euro only in Ireland because the UK uses the pound and Australia uses the Australian dollar.

2 (VIEWING) **Watch the film.** (SB S. 47)

4

Transkript

(bus station)

Staff: *Hi!*

Ciara: *Excuse me. How do I get to Greenwich from here?*

Staff: *The next bus to Victoria coach station is in ten minutes. Once you arrive there, you can get the tube and then the DLR to Greenwich.*

Ciara: *Thank you!*

Hayley: *Are you a guitar player?*

Ciara: *Not professionally yet, but I've come here to study.*

Hayley: *Cool. Where are you from?*

Ciara: *Ireland. And you sound Australian.*

Hayley: *That's right. But I've been travelling all over the place. I've just been to Namibia.*

Ciara: *Wow! I've never been to Africa. Is that where you got your drum?*

Hayley: *Yeah. It was a gift from some people I met there. Let me show you some pictures. My name's Hayley, by the way.*

Ciara: *I'm Ciara. Nice to meet you.*

Hayley: *You wouldn't believe how cool the people are there. So friendly, and they didn't make me feel like just another tourist. They made it a fantastic experience for me.*

Ciara: *Amazing! It must be expensive to travel so much.*

Hayley: *I get by. I do whatever jobs I can find: I've worked in a café, on a pineapple farm, … Sometimes people let me stay with them for free.*

Ciara: *That's great. I give guitar lessons to beginners to earn some extra cash. Where are you going to go next?*

Hayley: *Who knows? I go wherever the wind takes me.*

Ciara: *'Wherever the wind takes me' … How cool does that sound? Oh, I think that's my bus to London. Really nice meeting you.*

Hayley: *Nice to meet you too!*

(street in Greenwich)

Laura: *Alicia's starting guitar lessons soon.*

Marley: *Really? Cool! My dad's got a guitar!*

Laura: *You like her, don't you?*

Marley: *What? No. I don't know what you're talking about.*

Laura: *You always ask me about her.*

Marley: *No, I don't! Anyway, I've got to do the shopping for my mum. … See you later.*

Laura: *I'll say hi to Alicia for you.*

(music room)

Ciara: *So, you put your fingers here, like this and that's the A chord.*

Marley: *So sorry I'm late! Alicia.*

Alicia: *What are you doing here?*

Ciara: *You must be Marley. Please take a seat.*

Alicia: *I didn't know you were interested in playing the guitar!*

Marley: *Me too. I mean me neither. I mean … I didn't know you'd be here.*

Alicia: *Anyway … Cool.*

Ciara: *Here's a guitar plectrum, a present from me for your first lesson. You have the lucky one, with the shamrock on it – the three-leaved clover.*

Marley: *Wow, thank you!*

Ciara: *The shamrock is a symbol of Ireland. Like the rose in England.*

Marley: *You're Irish, aren't you? I can tell by your accent.*

Ciara: *Yes, I am indeed, young man. Now, shall we bring Marley up to speed? Let's show him the A chord.*

(street in Greenwich)

Alicia: *Ciara's really nice.*

Marley: *Yeah, she's a great teacher. We should practise together. You know, and impress her for the*
next lesson.

Alicia: *Sounds like a good idea. What about this weekend?*

Marley: *Definitely! I mean, yes. Great.*

Wortschatz

Die folgenden neuen Wörter, die im Film vorkommen, gehören nicht zum Lernwortschatz:
kangaroo, wind farm, wherever

Methodisches Vorgehen

a) Hörsehen bis 1:45: Multiple Choice. Die S lesen die Fragen und Antwortmöglichkeiten im Vorfeld
durch. Dann wird der Film gezeigt. Die S notieren sich die richtigen Antworten.
(Zeitsparende Alternative: Damit die S nicht ganze Wörter oder Sätze schreiben müssen, können
die Antwortmöglichkeiten jeweils mit 1–3 oder a)–c) nummeriert werden und die S notieren
jeweils nur eine Zahl oder einen Buchstaben.)

b) Hörsehen 1:45 bis zum Ende: Die S schauen den Film zu Ende und beantworten die drei Fragen.
Multiple-Choice-Alternative für leistungsschwächere S: L gibt Wahlmöglichkeiten wie in a) vor
(an der Tafel oder auf Textstreifen, falls nur einzelne S die Unterstützung brauchen):
1. *at the bus station – at school – from a flyer on a tree*
2. *she thinks it's a strange idea – she thinks it's a good idea – she thinks it's a stupid idea*
3. *because his dad has got a guitar – because Ciara is a great teacher – because he likes Alicia*

c) Diese letzte Frage können die S bestimmt aus dem Gedächtnis beantworten.

Lösung

a) 1. *Greenwich*
   2. *In a café and on a farm.*
   3. *She doesn't know where she'll go next.*

b) 1. *He finds out from a flyer on a tree.*
   2. *She likes the idea.*
   3. *He likes Alicia.*

c) *café, supermarket*

Erweiterung

© KV 27   Kopiervorlage 27 kann zur weiteren Sicherung des Hör-/Sehverstehens eingesetzt werden.
Matching exercise in Aufgabe 1: Die S ordnen Sprechblasen und sechs Standbilder aus dem Film
einander zu.
In Aufgabe 2 bringen die S einen *jumbled dialogue* (zwischen Marley und Laura) aus dem Film
in die richtige Reihenfolge. Im Anschluss spielen sie den Dialog in Partnerarbeit nach.

3 (SPEAKING) Talk about the film. (SB S. 47)

Methodisches Vorgehen

Begründete persönliche Stellungnahme: Die S notieren sich mindestens drei Gesichtspunkte,
und tauschen sich dann mit einem Partner/einer Partnerin aus.
Anschließend ruft L nonverbal die Rückmeldungen ab, mit Daumen-Feedback: *thumbs up, thumbs*
down, thumbs sideways. Wer den Film gut fand, macht *thumbs up,* wer ihn nicht gut fand, macht
thumbs down, und wer unentschieden ist, macht *thumbs sideways* (→ Abbildung SB S. 155).

Lösung

Beispiel:

I liked the guitar teacher. She's cool.

I liked the part where Marley met Alicia in the guitar lesson.

That was funny! But I didn't like the beginning when they talked about travelling. That was boring.

(UNIT TASK) **An Irish breakfast** (SB S. 48–49)

> **Auf einen Blick**
>
> Die S sammeln zunächst mithilfe von Fotos, was ein irisches Frühstück ausmacht, dann
> bereiten sie ein solches Frühstück gemeinsam zu, essen es und sprechen darüber.
>
> **Wortfeld:** *food and drink*
> **Grammatik:** *imperative and modal auxiliaries*
> **Ergänzendes Material:** Kopiervorlage 28
> **Zeit:** ca. 2 Stunden

Einstieg

Die S tauschen sich über ihre Frühstücksgewohnheiten aus.

L kann Satzanfänge (Fragen) an der Tafel vorgeben:

Do you like …?

Is … your favourite …?

Have you ever …?

Möglich als *Find someone who …*

Walk around the classroom and ask each other questions. Find someone …

- *who likes cereal for breakfast.*
- *whose favourite toast topping is jam and cheese.*
- *who usually doesn't have breakfast at all.*
- *who likes to drink tea for breakfast.*
- *who has already tried an English or Irish breakfast.*
- *who sometimes has pancakes for breakfast.*

◎ KV 28   Alternativ Einsatz von Kopiervorlage 28: eine Vorlage für *Find someone who …*

Methodisches Vorgehen

Step 1 What do Irish people have for breakfast? Look at the photos and find out.
(SB S. 48)

Die S betrachten das Foto im SB und äußern sich zu den Nahrungsmitteln und Speisen.

Sie sagen, was sie mögen/nicht mögen und was sie gerne probieren würden.

- *I like … / I love … / …*
- *I don't like … / I hate … / I can't stand … / …*
- *I'd like to try …*

 Step 2 Make lists for your breakfast. (SB S. 49)

Die S arbeiten zunächst in kleinen Gruppen und tragen ihre Ergebnisse anschließend im Plenum
zusammen.

Step 3 Cook and enjoy your breakfast. (SB S. 49)

Für diese Phase ist es schön, wenn es eine Schulküche gibt, die man nutzen kann. Ist dies nicht
möglich, kann im Klassenzimmer zumindest Toast mit Orangenmarmelade und Schwarztee
zubereitet werden. L könnte *baked beans* erwärmen und mitbringen. Beim Essen sollten die
S Englisch sprechen und die erlernten Redemittel *(at the dinner table)* anwenden.

Step 4 Did you like the breakfast? Talk about it in class. (SB S. 49)

Die S tauschen sich im Plenum über das Frühstück aus.

Speaking skills: In an Irish town (SB S. 50–51)

> ### Auf einen Blick
>
> Die S festigen die Bildbeschreibung. Es wird verdeutlicht, dass es wichtig ist, nicht nur Menschen und Gegenstände zu beschreiben, sondern auch Situationen zu interpretieren.
>
> | | |
> |---|---|
> | **Wortfeld:** | *describing pictures* |
> | **Grammatik:** | *present progressive* |
> | **Zeit:** | ca. 1 Stunde |

Wortschatz

upper, corner, at the top, in the background, in the middle, on the left, on the right, lower, at the bottom, in the foreground

Einstieg

L zeigt ein Bild und die S lesen eine (fehlerhafte und zu knappe) Beschreibung. Sie merken, dass es schlecht klingt. Die Fehler werden besprochen, der Text wird stilistisch verbessert.

1 What, who, where? (SB S. 51)

Methodisches Vorgehen

Zu Beginn wird der erste **SKILLS**-Kasten gelesen, in dem steht, dass man ein Bild zunächst genau anschauen soll. Die S erhalten etwa eine Minute Zeit, um sich die Details der Illustration von SB S. 50 einzuprägen. Danach kann ein kurzes Quiz gespielt werden: Die S schließen das SB, L macht Aussagen zum Bild. Ist die Aussage wahr, stehen die S auf. Ist die Aussage falsch, bleiben sie sitzen. L: *Right or wrong? Stand up if you think the sentence is right. Stay seated if you think the sentence is wrong.* Mögliche Aussagen:

– *There are two planes in the sky. (Wrong. There is only one plane.)*
– *The ice-cream truck is yellow. (Right.)*
– *A dog is eating some ice-cream. (Right.)*
– *A woman is pushing a wheelchair. (Wrong. A man is pushing a wheelchair.)*
– *The bakery is called 'Bean's Bakery'. (Wrong. It's called 'Leo's Bakery'.)*
– *There are three musicians. (Right.)*
– *On the left there is a book shop. (Right.)*
– *…*

Anschließend Partnerarbeit: Die S beantworten die drei Fragen aus Aufgabe 1.

Lösung

Beispiel:

1. *I can see a city centre with a café, shops and a museum.*
2. *There are many people in the city centre. There are adults, children, old people, musicians, and there's a waiter. They are walking, sitting, meeting people, playing music, talking, taking photos, waiting for somebody or buying ice cream.*
3. *It's in an Irish town.*

2 Describe the picture. (SB S. 51)

Wortschatz   *van*

Methodisches Vorgehen

a) Die S schreiben jede/r für sich Sätze. Binnendifferenzierung: ein Satz pro Satzanfang für leistungsschwächere S, für leistungsstärkere S entsprechend mehr.
b) Die S schreiben weitere Sätze.

Lösung

Beispiel:

a) *In the middle of the picture there is a café. It's called "Café Bean". People are sitting at tables where they are drinking orange juice and talking to each other.*
On the left side there is a book shop.
In the upper left corner you can see a plane in the sky.
In the background of the picture there is a museum.
On the right side there is a bakery, and there are three people who are talking to each other.
In the lower right corner there is an ice cream van. Some people are standing next to the van and there is a boy with a dog.
There are two women in the lower right corner.
In the foreground there is a group of musicians. A man in a wheelchair and some other people are watching them.

b) *There is a man in a wheelchair next to the group of musicians.*
There is some money in the box of one of the musicians.
Behind the group of musicians, there is a woman with a bike.
People are sitting in front of the café.
Between the group of musicians and the ice cream van there is a woman with a girl.
In front of the ice cream van there is another woman with a child and a dog.
Behind the ice cream van there are three people.
In the ice cream van there is a man with a blue hat.

3 What are the people doing? (SB S. 51)

Methodisches Vorgehen

Hier wird das *present progressive* wiederholt (→ **G17**, SB S. 146). Es bietet sich ein gemeinsamer Hefteintrag an, in dem die Menschen auf dem Bild beschrieben werden. Der Hefteintrag dient den S als Mustertext, wenn sie in Aufgabe 4 ihr eigenes Bild beschreiben.

Lösung

Beispiel:

The musicians are playing a song. The man in the wheelchair is clapping. He is having fun.
The woman with the bike is watching the musicians.
The man who is watching the musicians is bored.
The people in the café are drinking orange juice. They are also talking.
I think the man and the woman in the café are happy.
The woman in front of the ice cream van is angry because the boy's ice cream is on the ground and a dog is eating the ice cream. I think the boy is angry.
The girl between the ice cream van and the group of musicians is looking at the dog. I think she wants to know what has happened/is happening.
The two women in the foreground are looking at each other. They are happy.

34/1
35/2–3

4 Describe your own picture. (SB S. 51)

Methodisches Vorgehen

Die S suchen in Zeitschriften, im Internet oder im SB ein Bild, das sich zum Beschreiben eignet. Auf dem Bild sollten Personen zu sehen sein. Außerdem sollte auch der Hintergrund des Bildes zu beschreiben sein (also z. B. keine Porträtaufnahmen).

Die S erarbeiten ihre Bildbeschreibung als Hausaufgabe und üben den Text nach der Methode *Read and look up* (→ **M** SB S. 154, LB S. 181) ein.

In der Folgestunde präsentieren die S einander ihre Bilder in Dreier- oder Vierergruppen.

Lösung   individuelle Lösungen

Revision: The past (SB S. 52–53)

Auf einen Blick

Die S wiederholen Vergangenheitsformen. Zunächst das *simple past* und das *past progressive*, in einem zweiten Schritt das *present perfect*, u.a. in Abgrenzung vom *simple past*.

Ergänzendes Material:	Kopiervorlage 29
Zeit:	ca. 1 Stunde

Einstieg

L schreibt folgende Sätze an die Tafel:

– *Ethan visited Dublin last week.* (simple past)
– *He was watching a hurling match when Sarah called him.* (past progressive, simple past)
– *Has Ethan ever tried Irish food before?* (present perfect)
– *He ate Colcannon last night.* (simple past)

Die S benennen die verwendeten Zeiten. Es ist davon auszugehen, dass sie unsicher sind.
L verweist darauf, dass nun in Form eines Übungszirkels die Zeiten der Vergangenheit wiederholt werden.

Methodisches Vorgehen

Die Grammatikkapitel G1, G6, G8 und G9 werden mehrmals kopiert und an vier Stationen im Klassenzimmer ausgelegt. Die *Test-yourself*-Aufgaben (der Grammatikkapitel) gibt es dazu, von L jeweils als Arbeitsblatt in ausreichender Anzahl vorbereitet. Die S können an jeder beliebigen Station beginnen.
Die S gehen an eine Station, lesen das Grammatikkapitel, bearbeiten die *Test-yourself*-Aufgaben und anschließend die entsprechende Aufgabe 1–4 hier auf der *Revision*-Seite.
Die vier Stationen umfassen also folgende Materialien:

– *simple past:* G1 + *Test-yourself*-Aufgaben auf SB S. 130 + Aufgabe 1 auf SB S. 52
– *past progressive:* G9 + *Test-yourself*-Aufgaben auf SB S. 138 + Aufgabe 2 auf SB S. 52
– *present perfect:* G6 + *Test-yourself*-Aufgaben auf SB S. 135 + Aufgabe 3 auf SB S. 53
– *simple past vs. present perfect:* G8 + *Test-yourself*-Aufgaben auf SB S. 137 + Aufgabe 4 auf SB S. 53

Die Lösungen liegen aus – die Lösungen zu den *Test-yourself*-Aufgaben befinden sich zudem auf SB S. 149 – und die S korrigieren sich selbst.

● Schnelle S bearbeiten zusätzlich die WB-Aufgaben.

Erweiterung

● Schnelle S finden sich, während die MitS noch arbeiten, in Paaren oder kleinen Gruppen zusam-
KV 29 men und spielen das *irregular verbs game* auf Kopiervorlage 29.

1 Complete Sean's e-mail to his friends Sarah and Ryan at home in Boston. (SB S. 52)

Lösung

1. *went* 2. *was* 3. *enjoyed* 4. *didn't start* 5. *fell* 6. *had to* 7. *didn't play* 8. *got*
9. *lost* 10. *didn't talk* 11. *took*

2 Choose the right form of the verb. (SB S. 52)

Lösung

1. *did you go; was dancing*
2. *was shining; started*
3. *was talking; came*
4. *were you doing; were watching*

3 Complete the dialogues with the present perfect. Some sentences are positive (+) and some are negative (−). (SB S. 53)

Methodisches Vorgehen

Es ist jeweils der Infinitiv vorgegeben. Die S müssen selbst entscheiden, wann es die verneinte Form braucht.

Lösung

1. *haven't heard*
2. *haven't seen*
3. *have eaten*
4. *haven't tried*
5. *haven't spoken*
6. *have worn*
7. *have never heard*

36/1–2 🗐
37/3–4 🗐

4 Answer Mrs O'Brian's questions in complete sentences. (SB S. 53)

Methodisches Vorgehen

Die anspruchsvollste Übung der Doppelseite, da die S vollständige Antwortsätze bilden müssen.

Lösung

1. *We moved to Boston six months ago.*
2. *No, Ethan wasn't happy about it.*
3. *Yes, he missed his old friends.*
4. *Yes, he has visited his friends three times since then.*
5. *Yes, he enjoyed these trips a lot.*
6. *Yes, he has made friends with Sarah and Ryan.*

Find your place

Intro (SB S. 54–55)

Auf einen Blick

Die S lernen Jugendliche und ihre Freizeitbeschäftigungen kennen. Es geht dabei nicht nur um Hobbys, sondern um Möglichkeiten, die eigene Persönlichkeit darzustellen und Talente, Interessen und Ansichten zu bekunden.

Kompetenzen:	• Fotos von Freizeitbeschäftigungen beschreiben und in einfachen Worten Eindrücke und Reaktionen zum Ausdruck bringen (monologisches Sprechen)
	• einen kurzen Film über Freizeitbeschäftigungen und Jugend-kultur verstehen und Informationen entnehmen (Hör- und Hör-/Sehverstehen)
	• kurze Texte über Freizeitbeschäftigungen und Jugendkultur verstehen (Leseverstehen/Hörverstehen)
	• einem Hörtext Informationen über die Freizeitgewohnheiten einer Jugendlichen entnehmen (Hörverstehen)
Wortfeld:	*free time*
Ergänzendes Material:	Kopiervorlage 30
Zeit:	ca. 1 Stunde

Einstieg

– Zieltransparenz: L informiert die S über das Kompetenzziel.

○ *Find out about teenagers and how they spend their free time*

○ *Say if you like or do the same things*

● *Listen to a girl talking about her free time*

– Die S machen sich Gedanken über ihr Freizeitverhalten und ihre Interessen. Dazu präsentiert L eine Liste von Freizeitaktivitäten (z. B. mithilfe der Dokumentenkamera). Die S erstellen eine Top-3-Rangliste ihrer Freizeitbeschäftigungen. L: *Choose your favourite three things you like doing in your free time.*
Mögliche Liste: (Natürlich dürfen die S die Liste durch eigene Ideen erweitern.)
  – *play sports at a sports club*
  – *play an instrument/sing in a band*
  – *chat on the internet (social networking)*
  – *watch online videos about fashion/style/make-up*
  – *hang out with my friends*
  – *take selfies and post them on the internet*
  – *go shopping/do online shopping*
  – *play/spend time with my pet*
  – *do something creative (arts and crafts, gardening, painting, …)*
  – *have fun outside (ride my bike, skate, ride my skateboard, go for walks, …)*
  – *watch TV*
  – *read books or magazines or comics*
● *Fast finishers*, d. h. S, die vor den anderen fertig sind, notieren drei Freizeitaktivitäten, die sie nie oder fast nie ausführen. L: *Note down three activities you never do or don't do very often.*

Wortschatz

hip-hop, to be called, origami, Japanese, to fold, channel, unique, to plan, photographer, skate park, move, to dress, goth, I don't mind, to stand out, crowd, to make fun of

5 📽 **Transkript**

Hi! I'm Lucy and this is my street dance group.
We love hip-hop music and right now we're practising for a competition.
I also like riding my skateboard.
My friends and I often hang around at our local skate park and practise new moves.
Even Bobo, our dog, likes to ride my skateboard!
My older brother Rob plays the drums. He and his band practise in our garage every Wednesday.
It's quite loud sometimes, but I don't mind.
My best friend Tania has started dressing like a goth. She likes standing out from the crowd.
And now she wants me to dress like her. But I don't think so … It's just not me.
I've always enjoyed making things – like origami, for example. That's Japanese paper folding.
Do you like my bird?
When I babysit my neighbours' son, I sometimes teach him how to do origami. Now he loves it too!
But my favourite thing in the world is photography. And I don't just mean taking selfies. I prefer using a real camera!
When I'm older, I want to be a wildlife photographer and travel the world.
Maybe one day I'll even take some really cool underwater photos.

Methodisches Vorgehen

Der Einstieg in die Unit ist – wie auf jeder *Intro*-Doppelseite – mit einem Videoclip und/oder Audiotrack möglich.

◎ KV 30   Zur Auswertung des Videoclips/Films kann Kopiervorlage 30 *(multiple choice, correcting wrong sentences, completing a sentence)* eingesetzt werden. Die SBs bleiben geschlossen. L spielt den Film zweimal komplett vor.

2,1 ⟳   Alternativ erfolgt der Einstieg mithilfe des Audiotracks (= Texte 1–6 der SB-Doppelseite), ggf. bei geöffnetem SB, sodass die S die Bilder anschauen und mitlesen können.

38/1 ⟳ **1 Talk about the teenagers.** (SB S. 54)

Methodisches Vorgehen

Um Aufgabe 1 gut bearbeiten zu können, empfiehlt es sich, zunächst mit dem SB zu arbeiten. Die Aufmerksamkeit der S wird auf die Fotos 1–6 gelenkt. Im Unterrichtsgespräch wird gesammelt, welche Interessen die Jugendlichen vermutlich haben. Anschließend lesen die S die Texte

2,1 ⟳ jede/r still für sich. Alternativ kann der Audiotrack erneut eingesetzt werden.

a) Partnerarbeit. Jede/r S wählt drei Fotos, beschreibt diese mithilfe der Satzstrukturhilfen und äußert die eigene Reaktion auf die abgebildeten Aktivitäten.

b) Schriftliche Erarbeitung, z. B. als Hausaufgabe, indem die S zu jedem Bild Stellung nehmen (z. B. *I don't like dancing. I enjoy making music too.*). Anschließend tauschen sie sich in Partnerarbeit aus.

Lösung

a) Beispiel:

The girls in picture 1 are dancing and smiling. They are all wearing sports clothes and trainers.
In picture 2 there are four boys. Two of them are wearing hats. They are playing music.
The girl in picture 3 has a paper animal in her hands. She is wearing a pink and white T-shirt.
In picture 4 there is a boy. He is taking pictures. He is wearing a red T-shirt.
The boy in picture 5 is wearing a helmet, shorts and a blue T-shirt. He is riding a skateboard.
The girl in picture 6 has red hair. She looks cool.

b) Beispiel:

I like riding my skateboard too. I go to the skate park every weekend.
I love taking pictures. I take pictures of places where I go on holiday.

I play the guitar/piano.
I like dancing too, but I don't dance hip hop.
I often post videos on the internet.
I never do origami.

Erweiterung

Vor Teilaufgabe b) kann L den S weitere Redemittel und Satzstrukturhilfen an die Hand geben, mit denen sie über Vorlieben und Abneigungen sprechen können. Diese sind später auch für den *Speaking*-Test relevant.

Zunächst können die Texte 1–6 nach passenden *phrases* durchforstet und in eine Liste übernommen werden. Diese kann im Unterrichtsgespräch erweitert werden.

Möglicher Hefteintrag/Tafelanschrieb:

Talking about likes and dislikes

+ likes +	− dislikes −
I enjoy (doing sth).	I don't enjoy/like (doing sth).
I've always loved (doing sth).	I never …
I like/love (doing sth).	… isn't really my thing.
I often/always/sometimes …	I'm not fond of (doing sth).
I'm really into (doing sth).	I hate (doing sth).
… is (really) my thing!	I can't stand (doing sth).
I'm fond of (doing sth).	

2 Who says it? (SB S. 54)

Wortschatz *make-up, bird*

Methodisches Vorgehen

a) Schriftlich in Einzelarbeit. Versprachlichen der Zuordnung: *Sentence (A) goes with picture (6).*

● b) Leistungsstärkere S schreiben eine Aussage für *Picture 2.*

Lösung

a) A–6   B–3   C–5   D–4   E–1

b) Beispiel: *Picture 2: Let's try this song again!*

3 (LISTENING) Listen to Zoe and answer the questions. (SB S. 55)

Wortschatz *to want sb to do sth, jewellery, follower, handicraft, mostly*

2,2 ☺

Transkript

I started when I was really young. I've always been creative. I used to draw a lot – especially pictures of my favourite stars – and make birthday cards for my family and friends.
I'm also into origami. It's awesome what you can do with a piece of paper! The first thing I made was a bat. I still have it on my desk – it's so cute!
Then I started making my own jewellery too. Some of my friends asked me to make some for them too, but I didn't have enough time to make things for everyone. Then I thought I can do better than that – I can show people how to do it on the internet!
That was nine months ago. Now I have 426 followers – and some of them have become good friends too. I have followers in places like Ireland, France and Germany, but most of them are from America! That's because doing handicrafts is really popular there.
Sometimes when you're making something at home, it can be a bit lonely. So it's nice to know that there are other people watching my videos at home and trying to make things too.

Methodisches Vorgehen

a) Erstes Hören (Globalverständnis): Die S konzentrieren sich auf die Frage, was Zoe in ihrer Freizeit macht.

b) Zweites Hören (Multiple-Choice-Detailverstehen): Die S lesen die Fragen und Antwortmöglichkeiten vor dem zweiten Hören durch. Vielleicht wissen sie zum Teil bereits die Antworten.

Lösung

a) Beispiel: *make things, do origami, make jewellery, post videos on the internet and show people how to make things*

b) 1. *jewellery*   2. *more than 400*   3. *USA*

Erweiterung

Im Internet gibt es zahlreiche *online personality tests* für Jugendliche. Je nach Medienausstattung der Schule können die S zum Abschluss oder als (freiwillige) Hausaufgabe einen solchen Test durchführen. Am besten führt L den Test im Vorfeld selbst durch. Beispiel: https://www.allthetests.com/quiz13/quiz/1114365326/Teen-Personality-Quiz (Stand: April 2019)

Topic 1: Really, Dad? (SB S. 56–60)

Auf einen Blick

Es geht um Mode und Trends. Die S lesen einen Blogeintrag von Julie, die überrascht ist, dass ihr Vater früher Punk war.

Im weiteren Verlauf aktivieren und erarbeiten die S das Wortfeld *fashion and trends* und äußern sich zu dem Thema.

In der Sprachmittlungsaufgabe E–D geht es um die Entwicklung von Mode in den letzten Jahrzehnten.

Die S wiederholen das *will-future* und lernen die Bedingungssätze Typ I und 0 kennen.

In der abschließenden **TASK** tauschen sich die S in Partnerarbeit über Mode, Trends und Kleidung aus.

Kompetenzen:	• einfache Gebrauchstexte verstehen und ihnen Informationen entnehmen, hier: Blogeintrag (Leseverstehen/Hörverstehen)
	• eigene Meinung zum Thema Jugendkultur und Mode äußern und weitgehend frei über Erfahrungen berichten, jedoch mit einfachen Satzstrukturen und ggf. mithilfe eigener Notizen (monologisches und dialogisches Sprechen)
	• das Wortfeld *fashion/clothes* anwenden, festigen und erweitern (Wortschatz)
	• einen klar strukturierten Text über Mode und deren Erscheinungsformen und Hintergründe der Entstehung mit weitgehend bekanntem Sprachmaterial erfassen, und Detailinformationen auf Deutsch wiedergeben (Sprachmittlung)
	• Texte lautrichtig vorlesen oder vortragen (Aussprache und Intonation)
	• Bedingungen sowie hypothetische Sachverhalte ausdrücken (Grammatik)
Wortfeld:	*fashion*
Grammatik:	*will-future, if-clauses types I and 0*
Ergänzendes Material:	Kopiervorlagen 31–35
Zeit:	ca. 5 Stunden

Einstieg

– Zieltransparenz: L informiert die S über das Kompetenzziel.

○ *Read a blog about a fashionable dad and his surprised daughter*
○ *Talk about fashion and find out about the history of fashion*
○ *Talk about what will happen if …*
● *With a partner act out a dialogue about styles and trends*

– *T-shirt/sweatshirt contest*
Variante 1: L wählt S aus, die nach vorne kommen. Die MitS entscheiden durch Handzeichen, welches T-Shirt/Sweatshirt ihnen am besten gefällt. L befragt einige S, die abgestimmt haben, warum sie sich für ein bestimmtes T-Shirt/Sweatshirt entschieden haben.
Variante 2: Es werden Gruppen von ca. sechs S gebildet. Jede Gruppe entscheidet sich für das schönste/coolste T-Shirt/Sweatshirt der Gruppe. Die Gruppengewinner kommen nach vorne; es wird erneut abgestimmt.

1 (SPEAKING) Talk about the clothes your family wears. (SB S. 56)
→ **M** Think – pair – share, SB S. 155

Methodisches Vorgehen

a) Nachdem die S im Einstieg bereits ein wenig über ihre Kleidung gesprochen haben, geht es nun darum, was ihre Eltern tragen und – in b) – was ihnen bei der eigenen Kleiderwahl wichtig ist (Marke, Preis, Geschäft, Trends, …).
Beide Teilaufgaben werden als *Think – pair – share* (→ **M** SB S. 155, LB S. 182) bearbeitet. Das heißt, die S lesen Arbeitsanweisung a) und machen sich Notizen. Anschließend Austausch in Partnerarbeit, abschließend in Gruppen und/oder im Plenum. (Als Hilfestellung kann die *Word bank: Clothes* auf SB S. 162 dienen.)
Language support: embarrassing, cool, colourful, fashionable, boring, stylish, different, quirky

b) Bevor der zweite Durchgang *Think – pair – share* beginnt, kann L die neue Vokabel *label* durch das Nennen einiger Beispiele vorentlasten. (Vielleicht kennen manche S *label* aber ohnehin.)
● Alternative: In leistungsstärkeren Klassen können beide Teilaufgaben zusammengefasst werden. Leistungsstarke Gruppensprecher/innen fassen die Diskussionsergebnisse abschließend im Plenum zusammen.

Lösung

a) Beispiel: *I think my parents' clothes are cool. / I think my dad's shoes aren't very fashionable. / I think my mum's pullovers are very pretty. / My parents' clothes aren't modern.*

b) Beispiel:
I never buy expensive clothes.
I sometimes buy expensive clothes that I like.
I always have to ask my parents for money when I want to buy clothes.
I think clothes should be pretty and comfortable.
I always go to the same shop because I like all the clothes there.
I always want to buy the clothes that I see in magazines or on TV.
I want to look like …

2,3 ⌖ ## 2 (READING) Read the blog. (SB S. 56)

Wortschatz

fashion, to shock, writing, confused, punk, rock, completely, spiky, to dye, bright, leather, to rip, earring, suit, style, to blend in, back then, opportunity, out of work, to protest, influence, except

Methodisches Vorgehen

Da es sich um einen Blog handelt, bietet sich der Textsorte entsprechend stilles Lesen an.

3 What is the blog about? Which sentence fits best? (SB S. 57)

Methodisches Vorgehen

Sichern des Globalverständnisses: Die S entscheiden, welcher Satz den Blog am besten zusammenfasst.

Lösung   3. *Julie learns about punks and their influence on fashion.*

4 Right, wrong or not in the text? Correct the wrong sentences. (SB S. 57)

Methodisches Vorgehen

Einzel- oder Partnerarbeit. Die S suchen die entsprechenden Textstellen und korrigieren die Falschaussagen.

Ggf. Hilfestellung: *Two of the sentences are wrong.*

Lösung

1. *That's wrong. Julie wore a black T-shirt (with some writing in white on it).*
2. *That's right.*
3. *That's wrong. The photos he showed her were old.*
4. *That's not in the text.*
5. *That's right.*
6. *That's not in the text.*

5 Talk about fashion. (SB S. 57)

39/1–2

Wortschatz   *colourful, matching, casual, stylish, trendy, formal, ugly, sunglasses*

Methodisches Vorgehen

a) Die Teilaufgabe eignet sich für die Arbeit mit einem (Online-)Wörterbuch. Die S legen eine zweispaltige Tabelle an. In die linke Spalte schreiben sie die Wörter des Wortfelds *fashion*, in die rechte Spalte die restlichen Wörter. Die S werden ermutigt, unbekannte Wörter nachzuschlagen.
b) In Partnerarbeit ergänzen die S ihre Listen aus a). Ggf. alphabetisch sortieren lassen.
c) Leistungsstärkere S finden sich zu Paaren zusammen und sprechen über die abgebildeten Outfits. Sie orientieren sich an dem Muster im SB.

Lösung

a) *to talk about fashion: unfashionable, colourful, matching, tight, casual, stylish, trendy, formal, ugly, pretty*
   to talk about how people feel or how they behave: upset, embarrassed, disappointed, nasty
b) Beispiel: *big, boring, cheap, comfortable, cool, expensive, fashionable, long, loose, modern, new, nice, old, short, small, terrible, traditional, uncomfortable*
c) Beispiel:
   A: *I think the jeans in picture 3 look really stylish.*
   B: *Yes, but his pullover looks boring.*
   A: *I disagree. I think it's just casual.*

6 (SOUNDS) Listen, read and say. (SB S. 57)

2,4

Methodisches Vorgehen

Die Aufgabe eignet sich als Stundeneinstieg oder -abschluss. Zunächst werden beide Laute im Plenum geübt. In regelmäßigem Rhythmus werden abwechselnd beide Laute gesprochen, die Geschwindigkeit wird dabei immer weiter gesteigert (es darf auch gelacht werden). Anschließend lesen die S den Zungenbrecher einige Male halblaut vor sich hin. Dann gehen sie umher, bis sie auf eine/n MitS treffen. Beide S sagen den Zungenbrecher abwechselnd laut auf und gehen dann weiter zum/r nächsten MitS.

Erweiterung

Die S schreiben einen eigenen Zungenbrecher. Dafür schlagen sie den Buchstaben S hinten im *Englisch-German dictionary* auf, SB S. 227–231, und notieren sich etwa zehn Wörter mit *s* oder *sh*. Sie versuchen, diese Wörter in einen (lustigen) Satz zu bringen. Der beste Zungenbrecher kann anschließend gekürt werden.

40/3–4 **7** Complete the sentences about clothes with will ('ll) or won't. (SB S. 58)

Einstieg

L zeigt Fotos von Menschen beim Kleiderkauf. L: *Let's have a look at some people who are shopping for new clothes.* Die S arbeiten in Partnerarbeit. Beide S erhalten ein Foto, das sie etwa eine Minute lang betrachten. Anschließend beschreiben sie einander ihr Foto.
Als *scaffolding* stehen *words and phrases* bereit.

– *In my picture I can see/there is/there are …*
– *The woman/man/girl/boy is …*
– *shirts, jackets, dresses*
– *stylish, cheap, comfortable, colourful, second-hand, fashionable, plain*

Methodisches Vorgehen

Die S bearbeiten die Aufgabe in Einzelarbeit. Falls sie sich bei der Verwendung des *will-future* unsicher sind, lesen sie die Erklärung im Grammatikanhang, **G10,** SB S. 139, bevor sie die Aufgabe bearbeiten. L: *Let's look at some phrases people use when shopping for clothes. You will have to fill in 'will' or 'won't'. If you're not sure about the rules, feel free to check* **G10** *on page 139.*
(Das *will-future* wird in Vorbereitung auf die Bedingungssätze Typ I im Folgenden wiederholt.)

Lösung

1. *Try on this dress. It will/It'll look good on you.*
2. *Will you get me a bigger size, please? This one is too small.*
3. *That T-shirt is cool. I will/I'll buy it.*
4. *I won't buy that. It's really unfashionable!*
5. *I need to hurry. The shop will close in 15 minutes.*
6. *He won't wear a suit. That's too formal for the party.*

Erweiterung

KV 31 Zur weiteren Festigung des *will-future* kann Kopiervorlage 31 zum Einsatz kommen (Lückensätze).

8 (MEDIATION) Lies den Text und beantworte die Fragen auf Deutsch. (SB S. 58)

Methodisches Vorgehen

Sprachmittlung Englisch-Deutsch
Die S lesen den Text jede/r still für sich und beantworten die Fragen.
Vergleich der Ergebnisse in Partnerarbeit.
Alternative: mündlich in Partnerarbeit. S1 übernimmt Fragen 1 und 3, S2 die Fragen 2 und 4.

Lösung

1. Die Teddy boys gab es in den 1950er-Jahren.
2. Sie trugen kurze, bunte Kleider.
3. Der „Grime Style" ist ein lässiger Stil mit Trainingsanzug, Kapuzenpulli und Turnschuhen.
4. Sie zeigen Veränderungen in der Gesellschaft.

Language detectives (SB S. 59) → **G11**, SB S. 140

Methodisches Vorgehen

Bewusstmachung der Bedingungssätze Typ I
Die S lesen die Beispielsätze. Im Plenum werden die Struktur und die Zeiten besprochen.

Möglicher Hefteintrag/Tafelanschrieb:

> **If-clauses type I: If you like fashion, you will …**
>
> | | |
> |---|---|
> | If you <u>like</u> fashion, | <u>you'll love</u> my blog. |
> | If you <u>wear</u> clothes like that, | your parents <u>won't be</u> happy. |
> | If you <u>don't know</u> the band, | you <u>won't know</u> their music. |
> | | |
> | If + <u>simple present</u> | main clause: <u>will-future</u> (= will/won't + infinitive) |
>
> If-clauses can start with 'if' or with the main clause.
> If they start with the main clause, there's no comma before 'if'.
>
> | | |
> |---|---|
> | You <u>won't know</u> their music | <u>if</u> you <u>don't know</u> the band. |
>
> Be careful:
> <u>If</u> I go shopping, I'll buy a book. = <u>Wenn/Falls</u> ich einkaufen gehe, kaufe ich ein Buch.
> <u>When</u> I go shopping, I'll buy a book. = <u>Wenn</u> ich einkaufen gehe, kaufe ich ein Buch.

⊚ KV 32   Alternativ oder zur Vertiefung kann Kopiervorlage 32 zum Einsatz kommen.

Lösung
Beispiel:
What do you express with this kind of sentence? conditions and consequences/results: if a) happens, then b) will happen
What are the two parts of these sentences? if-clause and main clause
Which tenses are in each part? if-clause: simple present, main clause: will-future

9 Complete the sentences. (SB S. 59)

Methodisches Vorgehen
Einzelarbeit. Dann weiter am *Bus stop*, siehe Unterrichtsempfehlungen zu Aufgabe 10.

Lösung
1. *has got/will listen*   2. *tells/won't believe*   3. *won't be/wants*   4. *calls/will explain*
5. *dyes/will look*   6. *owns/will try*

41/5–6 ⚐ ## 10 What will happen if Julie does this? (SB S. 59)

Wortschatz   *to save*

Methodisches Vorgehen
a) Einzelarbeit. Dann weiter am *Bus stop* (→ **M** SB S. 150, LB S. 177): Wer Aufgabe 9 und 10a) bearbeitet hat, begibt sich an einen ausgewiesenen *Bus stop* und wartet dort auf den/die nächste/n
MitS, der/die beide Aufgaben bearbeitet hat. Die beiden S suchen sich einen Platz, wo sie ihre
Lösungen vergleichen. Sind sie sich bei einer Aufgabe unsicher, holen sie sich ein von L vorberei-
tetes und ausgelegtes Lösungsblatt. Anschließend bearbeiten sie zusammen Aufgabe 10b).
● b) Einzelarbeit. Im Vorfeld stellt L sicher, dass die S die Bedeutung der Pfeile verstanden haben.

Lösung
a) 1. *If Julie goes to a big shopping centre, she will find thousands of clothes to choose from.*
2. *If she buys new clothes every week, she won't save any money.*
3. *If she doesn't spend all her money on clothes, she will have enough money to go to a punk rock concert.*
4. *If she owns too many clothes, it will/it'll take a long time to decide what she wants to wear.*
5. *If she wants to buy cheap clothes, she will find them in a charity shop.*
6. *If she gives clothes she doesn't wear any more to charity, it will/it'll help other people.*

b) 1. *If she dyes her hair pink, her grandparents won't like it.*
2. *If she finds an old band T-shirt online, she will buy it for her dad.*
3. *She will be disappointed if her dad doesn't wear the shirt.*
4. *She will listen to other songs if she likes punk rock music.*
5. *If she posts interesting articles in her blog, many people will read them.*
6. *If she doesn't post an article every week, her readers won't be interested in her blog any more.*

 11 (SPEAKING) **Play a game with wishes.** (SB S. 60) → **M** Round robin, SB S. 155

Methodisches Vorgehen

– Die S finden sich in Gruppen mit sechs S zusammen und schreiben jede/r für sich einen Wunsch mit *If I …* auf ein Kärtchen, z. B. *If I get a smartphone for my birthday,* Die Kärtchen legen sie in einen Beutel oder einen kleinen Kasten.
– Anschließend zieht ein/e S der Gruppe eine Karte, liest den *if*-Satzanfang vor und vervollständigt ihn mit einem Hauptsatz *(If I get a smartphone for my birthday, I'll take selfies every day.).*
– Dann zieht der/die Nächste eine Karte und so weiter.
© KV 33 – Zeitsparende Alternative: Um das Finden von Satzanfängen abzukürzen, kann Kopiervorlage 33 zum Einsatz kommen, die zwölf Satzanfänge vorgibt.

Lösung

Beispiel:
A: *If I get a smartphone for my birthday, I'll take selfies every day.*
B: *If I meet my favourite singer, I'll sing a song with them.*
A: *If I find some chocolate in my bag, I'll share it with my friends.*
B: *If we win the football match, we'll invite our friends to a party and celebrate.*

Erweiterung

Zur Vertiefung kann in Gruppen das Gummibärchenspiel *(jelly bear game)* gespielt werden. L gibt jeder Gruppe eine kleine Tüte Gummibärchen. Der Reihe nach ziehen die S blind ein Gummibärchen und vervollständigen einen zur Gummibärchenfarbe passenden Satzanfang. Die Farblegende steht an der Tafel.

> red: If you buy me an ice-cream, …
> green: If you call me tonight, …
> yellow: If my mum tells me to clean my room, …
> orange: If my dad has got time next weekend, …
> white: If the weather is good tomorrow, …

Anweisungen:
– *Don't look into the bag. Close your eyes and take a jelly bear.*
– *Check the sentence beginnings on the board. Pick the one for your jelly bear colour and complete the sentence with your own ideas.*
– *Enjoy your jelly bear.*

42/7 **12** **What happens if you do this? Complete the sentences.** (SB S. 60)

Methodisches Vorgehen

© KV 34 Um Bedingungssätze Typ 0 einzuführen, kann Kopiervorlage 34 eingesetzt werden *(underlining tenses, finding differences, matching sentence parts)*. Danach bearbeiten die S die SB-Aufgabe.

Lösung

1. *If you're late, your teacher isn't happy.*
2. *If you don't eat, you get hungry.*
3. *You feel tired if you don't sleep enough.*
4. *If you want to be good at dancing, you have to practise.*

42/8

13 (**TASK**) **Talking about styles and trends** (SB S. 60) → **V** Clothes, SB S. 162

Methodisches Vorgehen

Die S erarbeiten in Partnerarbeit einen Dialog über *styles and trends*.
In schwächeren Lerngruppen kann es sinnvoll sein, den Dialog zunächst aufschreiben und dann mit der Methode *Read and look up* (→ **M** SB S. 154, LB S. 181) einüben zu lassen.

○ KV 35 Differenzierung: Kopiervorlage 35, wo Fragen vorgegeben sind. Die S schreiben zunächst ihre eigenen Antworten auf. Anschließend spielen sie den Dialog mithilfe des Rasters.

Lösung

Beispiel:

A: *Do you like fashion?*

B: *Yes, I love fashion. I like to look at pictures in magazines and find out what's trendy.*

A: *Do you always buy the clothes that you see in magazines?*

B: *No, but I try to find similar clothes in cheap shops. I like the shop in … Street.*

A: *What kind of clothes do you like?*

B: *I think ripped jeans are not fashionable any more. But tight jeans are very trendy. I like colourful T-shirts and black shoes.*

A: *Why do you like to go shopping for new clothes?*

B: *I don't want to look like everybody else, so I want to choose my own clothes. Sometimes I have to wear what my mum buys for me, but I like different kinds of clothes.*

Text 1: A picture tells a thousand words (SB S. 61–62)

Auf einen Blick

Die S lesen einen Sachtext über die Entwicklung der Kunstform Graffiti. Sie beschäftigen sich mit der Frage, ob es sich bei Graffiti um Vandalismus oder um Kunst handelt. Außerdem lernen sie bekannte Street-Art-Künstler kennen, Keith Haring und Banksy. In der abschließenden **TASK** wählen die S aus drei Produktvorschlägen aus, jeweils zum Thema *street art: poster, short article* oder *1-minute-presentation*.

Kompetenzen:	• Vorwissen (über Kunst, Malerei, Museen) und eigene Erfahrungen zur Ausbildung einer Erwartungshaltung und als Verstehenshilfe nutzen (monologisches Sprechen) • die Inhalte auch längerer berichtender Texte (hier: über Street-Art) verstehen und erschließen und den Texten Informationen entnehmen (Leseverstehen) • die eigene Meinung in einfachen Worten zum Ausdruck bringen (dialogisches Sprechen) • längere zusammenhängende Texte zu vertrauten Themen zunehmend selbstständig verfassen (Schreiben) • Arbeitsergebnisse mündlich vorstellen und dabei ggf. Notizen als Hilfestellung verwenden (monologisches Sprechen) • verschiedene Quellen zur Informationsbeschaffung verwenden und wesentliche Inhalte erfassen (Text- und Medienkompetenzen)
Wortfeld:	*art*
Ergänzendes Material:	Kopiervorlage 36
Zeit:	ca. 2 Stunden

Einstieg

– Zieltransparenz: L informiert die S über das Kompetenzziel.

○ *Talk about what kind of art you like*

○ *Read a text about street art*

○ *Say what you think about street art*

● *Choose and work on one of three possible tasks about street art*

– Vorbereitend druckt L aus dem Internet gemalte/gezeichnete Bilder aus (alte, moderne, Graffiti, …). Diese werden zu Stundenbeginn im Klassenzimmer verteilt (Bilder nach Belieben mit Klebezetteln versehen und damit zunächst verdecken). Die S gehen umher und schauen sich die Bilder an. Wenn sie alle angeschaut haben, gehen sie zu ihrem Lieblingsbild und merken sich möglichst viele Details. Im Plenum berichten anschließend einige S von ihrem Lieblingsbild. (Variante: Alle S, die dasselbe Bild gewählt haben, stehen auf.) Im weiteren Unterrichtsgespräch kann L auf die Frage eingehen, welches Bild den S nicht gefallen hat.

1 What kind of art do you like (modern paintings, old paintings, …)? (SB S. 61)

Methodisches Vorgehen

Die S besprechen die Fragen in Partnerarbeit.

Lösung

Beispiel:

I have been to the "Pinakothek der Moderne" in Munich with my parents. I liked the modern paintings. And you?

I've been to a museum in our village. I liked the old pictures that showed life in our village a long time ago.

2,5 ☞ ## 2 (READING) Read the text. (SB S. 61)

Wortschatz

Die folgenden neuen Wörter, die im Text vorkommen, gehören nicht zum Lernwortschatz: *crime, public, law, graffiti, tag*

Methodisches Vorgehen

Die S lesen den Text jede/r für sich still. Ggf. wird parallel die Hördatei eingesetzt.

Erweiterung

Die S verfassen *100 words about graffiti*. Dazu schreiben sie zunächst aus jedem der drei Abschnitte des Lesetextes die zwei oder drei ihrer Meinung nach wichtigsten Sätze ab. Anschließend bearbeiten sie ihren Text so, dass er am Ende exakt 100 Wörter umfasst. Dazu müssen sie unbedeutende Wörter ggf. streichen und/oder andere Wörter ergänzen. Ist der Text zu kurz, darf ein weiterer Satz aus dem Lesetext abgeschrieben werden. Durch diese redaktionelle Arbeit beschäftigen sich die S intensiv mit dem Textinhalt. Die fertigen Texte werden ins Reine geschrieben und ggf. illustriert (Bilder selbst gezeichnet oder aus dem Internet ausgedruckt).

3 Answer the questions. (SB S. 62)

Methodisches Vorgehen

Die Fragen zum Textverständnis können mündlich im Plenum beantwortet werden.

Lösung

1. *Street art is art in public places.*
2. *It started in New York City in the 1980s.*
3. *He makes art about different problems in the world.*

4. *People don't know a lot about Banksy.*
5. *He doesn't want people to know more about him because he thinks that art is more important than the artist.*

4 What is good and what isn't so good about street art? (SB S. 62)

Methodisches Vorgehen

a) Die S sammeln zunächst jede/r für sich Pro- und Kontra-Argumente für die beiden Spalten aus dem Text. Anschließend tauschen sie sich in Partnerarbeit aus und ergänzen ihre Tabelle ggf. Alternative, hier oder erst für b): Lernschwächeren S fällt es u. U. schwer, geeignete Argumente zu finden. In diesem Fall leistet Kopiervorlage 36 Hilfestellung: dort eine Mischung aus Argumenten aus dem Text und zusätzlichen.

⊙ KV 36 ○

● b) Schnelle oder leistungsstärkere S überlegen sich weitere Argumente für die Tabelle. Auch hier kann Kopiervorlage 36 helfen.

Lösung
Beispiel:

a)
good	not so good
– it's more and more popular	– it's against the law to make art in most public places
– artists show their work or message	– a lot of artists work at night
– it can make you think about problems	– not everybody likes street art

b)
good	not so good
– you don't have to pay for it	– people don't like to see it on their own houses
– it makes cities more interesting	– it's expensive to clean
– it can be very funny	– in some places, it doesn't look beautiful

5 (SPEAKING) What do you think about street art? (SB S. 62)

Methodisches Vorgehen

Mithilfe der in Aufgabe 4 erarbeiteten Tabelle und den Redemitteln in Aufgabe 5 sprechen die S in Partnerarbeit über *street art*.
Alternative: wechselnde Partnerarbeit, im *Double circle* (→ M SB S. 151, LB S. 178) oder im *Zipper* (→ M LB S. 182).

Lösung
Beispiel:
A: *What do you think about street art?*
B: *I don't like it. I think it's not beautiful.*
A: *I disagree. It can be beautiful and funny. And you don't have to go to a museum to see street art.*
B: *Yes, but it's also expensive to clean. I think it's not OK if people paint pictures or names on people's houses.*
A: *Sometimes it makes cities more interesting. And it can make you think about problems in the world.*

6 (TASK) Choose one of these tasks. (SB S. 62)

42/9
→ M Gallery walk, SB S. 152 → M 1-minute-presentation, SB S. 150

Methodisches Vorgehen

a) Poster: der am stärksten kreativ/künstlerisch ausgerichtete Produktvorschlag; erfordert sprachlich keinen zusammenhängenden Text, sondern nur eine Sprechblase oder Bildunterschrift.
b) Zusammenhängender Text, damit vermutlich die anspruchsvollste der drei *Tasks*.
c) Internetrecherche. Tabletklassen bearbeiten die *Task* im Unterricht.
Sollte im Klassenzimmer für die S kein Internet zur Verfügung stehen, kann L die Aufgabe als Hausaufgabe bearbeiten und später im Klassenverband einige Ergebnisse präsentieren lassen.

Lösung

Beispiel:

b) *In my town many bridges have street art. The pictures are very colourful.*

I also see a lot of graffiti on trains. People paint many different things: people, animals, names or messages.

Many people in my town think that you always have to clean graffiti. But I think in some places it's interesting or funny.

In our city centre, there is a place where there are no trees and only grey buildings. I think this would be a good place for street art to make the place more interesting. But people don't want that.

c) *Yarn bombing is when people put wool around trees, bridges or other things in the street.*

Miniature street art is when people make very small figures and put them on small things in the street that people don't need any more. Miniature street art is often surprising or makes you laugh.

Topic 2: Help! I've got a problem ... (SB S. 63–66)

Auf einen Blick

Zunächst geht es um Peter, einen Jugendlichen, der die Online-Kummerkastentante Rhonda um Hilfe bittet und zunächst *below the line* Ratschläge von Lesern erhält, später dann von den S. In Vorbereitung auf die Textproduktion sammeln und festigen die S Redemittel für *giving advice*.

Nachdem es in Topic 1 die Bedingungssätze Typ I und 0 waren, lernen die S nun die Bedingungssätze Typ II kennen, wie es sich bei der Sprechabsicht *giving advice* anbietet *(If I were you, I would ...)*.

Auch im Hörverstehen geht es um Probleme und Ratschläge: Die S hören drei Dialoge. In der abschließenden **TASK** schreiben die S eine Antwort an Linda, die sich ebenfalls mit einem Problem an *Rhonda, the agony aunt* gewandt hat.

Kompetenzen:	
	• einfache Gebrauchstexte, hier: *letter to an agony aunt*, verstehen und erschließen und Detailinformationen entnehmen (Leseverstehen)
	• die eigene Meinung zu einem Problem in einfachen Worten zum Ausdruck bringen (monologisches Sprechen)
	• Ratschläge zu Themen des persönlichen Lebensbereichs erteilen (dialogisches Sprechen)
	• in zunehmend natürlichem Tempo artikulierte Gespräche, hier: über Probleme und mögliche Lösungen, verstehen, wenn deutlich und in Standardsprache gesprochen und weitgehend bekanntes Sprachmaterial verwendet wird (Hörverstehen)
	• auch längere zusammenhängende Texte, hier: Brief, zu vertrauten Themen zunehmend selbstständig verfassen und dabei vermehrt auch auf angemessene formale Gestaltung (z.B. Situations- und Adressatenbezug) achten (Schreiben)
	• Bedingungen sowie hypothetische Sachverhalte zum Ausdruck bringen (Grammatik)

Wortfeld:	*giving advice*
Grammatik:	*if-clauses type II*
Ergänzendes Material:	Kopiervorlagen 37–41
Zeit:	ca. 3 Stunden

Einstieg

– Zieltransparenz: L informiert die S über das Kompetenzziel.

○ *Read Peter's letter to an agony aunt*

○ *Collect and practise words and phrases to give advice*

○ *Talk about what would happen if …*

● *Write a comment to somebody's problem and give advice*

– L: *This week we're going to talk about problems. Everybody has got problems every now and then. Who do you talk to when you have a problem? Write down three people on a sheet of paper (for example your mum, your aunt, your sister, your favourite teacher, your best friend, …).*
Die S notieren drei Personen, an die sie sich wenden, wenn sie ein Problem haben. Anschließend nennt L verschiedene Problemsituationen. Die S hören zu und zeigen auf ihrem Blatt auf die Person, an die sie sich in dem Fall wenden würden.
Who would you talk to if you …
– *got a bad mark at school?*
– *were lovesick?*
– *had a problem with your best friend?*
– *had an argument with your parents?*
– *had the feeling a teacher doesn't like you?*
– *had money problems?*
– *…*

1 Who do you talk to about your problems? (SB S. 63)

Methodisches Vorgehen

Die Frage in Aufgabe 1 wurde im oben vorgeschlagenen Einstieg bereits beantwortet, jedoch nonverbal. Da sich die S aber bereits Gedanken zum Thema gemacht haben, können sie ihre Gedanken und Ideen nun in Partnerarbeit besprechen.

Lösung

Beispiel: *I talk to my parents about problems at school. But I talk to my friends when I have problems with my parents. Sometimes my parents don't understand my problems. Then I talk to my friends. I can also talk to my teacher about problems.*

2,6 **2 (READING) Read the letter to an agony aunt and the comments of some readers.** (SB S. 63)

Wortschatz

to study, mark, to lie (to sb), to click, kind, feeling, to remove, to follow, ever, to suggest, How about …?

Methodisches Vorgehen

Vor dem Lesen des Briefes sollte der Begriff *agony aunt* erläutert werden. L: *An agony aunt is a person, usually a woman, who gives advice to people who write in with problems, usually in a magazine or newspaper or on the internet.*
L: *Let's read Peter's letter to Rhonda the agony aunt and find out what his problem is. He doesn't have anybody to talk to at the moment so he writes to an agony aunt on a website for teenagers. An agony aunt is somebody you can write to when you have a problem, she will write back and give you some advice. Do you know any agony aunts in Germany? Have you ever written to an agony aunt?*
Die S lesen den Brief und die Kommentare *below the line* der Textsorte entsprechend jede/r still für sich (ggf. hören sie parallel die Audiodatei).
Möglicher Leseauftrag: Während des Lesens konzentrieren sich die S auf die Fragen aus 3 a),
What is Peter's problem? What advice does he get?

3 **Work with the text.** (SB S. 64)

Wortschatz *to allow*

Methodisches Vorgehen

a) Mündlich im Plenum.

b) Die S lesen den Text erneut jede/r still für sich und bearbeiten die Aufgabe schriftlich.

Lösung

a) Beispiel:

Peter watched a film at the cinema that his mum didn't want him to watch. He met his mum's friend there and he now thinks that she will talk to his mum.

People on the internet think that Peter should tell his mum that he went to the cinema or talk to his mum's friend about it. One person says he should watch the film together with his mum.

b) 1. *That's right.*

   2. *That's wrong. His mum hates the film and thinks that it's too scary for him.*

   3. *That's right.*

   4. *That's wrong. He went to the cinema with Seb.*

   5. *That's wrong. One of his mum's friends saw him there.*

   6. *That's right.*

Erweiterung

⊙ KV 37   Zur Umwälzung des neuen Wortschatzes kann Kopiervorlage 37 herangezogen werden: *matching words from the text with their definitions.*

43/1 ⊼ **4** **Give advice.** (SB S. 64)

Methodisches Vorgehen

a) Systematisieren/Festigen von Redemitteln *giving advice:* Die S übernehmen die Tabelle ins Heft und tragen die blau unterlegten SB-Sätze in die entsprechende Spalte ein.

   Weitere Redemittel finden sich in der *Word bank: Giving advice* auf SB S. 163.

● b) Schnelle S finden sich in Murmelgruppen zusammen und diskutieren die Frage, was man Peter zu seinem Problem raten könnte. Sie wenden damit die in a) systematisierten Redemittel an.

   Im Plenum werden einige Vorschläge aufgegriffen.

Lösung

a)

+ verb: infinitive	*+ verb: -ing form*
Why don't you …?	*I'd suggest …*
Maybe you should/shouldn't …	*How about …?*
	Have you thought of …?
	Have you tried …?

b) Beispiel:

How about telling your mum what happened?

I'd suggest not saying anything about it.

Maybe you should listen to your mum next time.

Why don't you talk to your mum's friend?

Have you tried explaining to your mum why you wanted to see the film?

Erweiterung

⊙ KVs 38.1, 38.2   16 *speaking cards* auf Kopiervorlagen 38.1 und 38.2 zur Festigung der Redemittel *giving advice:*

– Jede/r S erhält eine Karte und geht damit im Klassenzimmer umher.

– Treffen sich zwei S, tragen sie einander ihre Probleme mithilfe ihrer Karten vor.

– Der Partner/Die Partnerin erteilt einen Ratschlag.

– Am Ende des Paargesprächs werden die Karten getauscht und die S gehen weiter zum/r nächste/n Gesprächspartner/in.

5 (WRITING) **Write Rhonda's answer to Peter's letter.** (SB S. 64)

Methodisches Vorgehen

Schriftliche Festigung der Redemittel *giving advice:* Die S schreiben Rhondas Antwortbrief an Peter.

⊙ KV 39 ○ Alternative: Leistungsschwächere S erhalten Kopiervorlage 39 zur Unterstützung. Die Vorlage bietet einen *skeleton text*/Satzstrukturhilfen für den Antwortbrief.

Lösung

Beispiel:

Dear Peter,

I'm sorry to hear about this. But it wasn't right to lie to your mum. Why don't you tell your mum what happened and show her that you're sorry? Then it's not important what your mum's friend tells her or doesn't tell her. You won't have to worry about it any more.

Maybe you should listen to your mum next time and really study for the Maths test.

I hope this helps.

Rhonda

44/2 🗐 **6** (LISTENING) **Listen to three people who each have got a problem.** (SB S. 64)

2,7 ⌾ **Transkript**

1. Boy: *Is everything OK?*

Girl: *Not really. I went to the cinema last night. I wore my big sister's best scarf, but I didn't tell her. And then I lost it on the way home. She's going to be so mad at me.*

Boy: *Oh no, that's not good. Have you thought of buying her a new one that looks the same? That way she'll never know what happened.*

Girl: *I can't. The shop doesn't sell them any more.*

2. Girl: *What's wrong? You don't look very happy.*

Boy: *It's my best friend's birthday today and he's having a birthday party tonight. And my parents say I have to go home at nine. But I'm the only one who has to leave so early.*

Girl: *Oh no. That's terrible. I'd suggest telling your parents that everybody else can stay longer.*

Boy: *My parents never care about what my friends can do. They always say that in our family we have our own rules.*

3. Woman 1: *Excuse me. Can you help me, please? I'm looking for a clothes shop – it's on North Road.*

Woman 2: *I'm sorry but I don't live here. Unfortunately I don't know where that is.*

Woman 1: *Oh dear. It's late already and I wanted to get there before they close. They have a lot of bargains today.*

Woman 2: *But that shouldn't really be a problem. Why don't you look on your phone?*

Woman 1: *No, that won't work. The shop only opened this morning and you can't find it on the internet yet.*

Methodisches Vorgehen

Die S übernehmen die SB-Tabelle ins Heft. Der Hörtext wird zweimal vorgespielt. Die S hören zu und füllen die Tabelle aus.

Lösung

	What is the problem?	What is the advice?	Why won't the advice work?
1	she lost her sister's scarf	to buy her the same scarf again	the shop doesn't sell them any more
2	he has to leave earlier than his friends	to tell his parents that everyone else can stay longer	his parents don't care what his friends can do

| 3 | she can't find a shop where there are a lot of bargains (that day) | to find the shop on the internet | the shop has just opened (that morning) and you can't find it on the internet yet |

Language detectives (SB S. 65) → **G12**, SB S. 141

Methodisches Vorgehen

Bewusstmachung der Bedingungssätze Typ II

L: *Let's have a closer look at some of the comments under Peter's letter to Rhonda the agony aunt.*

Die Beispielsätze werden im Plenum gelesen. Da die S Typ I der Bedingungssätze bereits kennen (waren neu in Topic 1), werden sie schnell die Vermutung äußern, dass es sich bei den Sätzen um Bedingungssätze Typ II handelt. Die S finden durch die Betrachtung der Sätze heraus, dass es sich um Bedingungen handelt, welche eher unwahrscheindlich bzw. schwer zu erfüllen ist.

Möglicher Hefteintrag/Tafelanschrieb:

> If-clauses type II – impossible or not very likely
>
> If I were you,   I would talk to my mum.
> If she saw the film,   she would understand you.
> If you didn't tell her,   she would hear it from her friend.
>
> If + simple past   main clause: would + infinitive
>
> Of course, you can turn the parts of the sentence around.
> She would understand you   if she saw the film.
> If you start with the main clause, there's no comma before 'if'.
>
> Be careful: If I were you, I would … = Wenn ich du wäre, würde ich …

L kann *If I were …* (= Konjunktiv) thematisieren: Ursprünglich war *If I were …* die einzig korrekte Form, inzwischen ist, zumindest in gesprochener Sprache, auch *If I was …* akzeptiert.

© KV 40   Alternativ oder zur Vertiefung kann Kopiervorlage 40 zum Einsatz kommen *(underlining if-parts and main clauses of sentences, completing the rules, writing down what people would do)*.

Lösung

Beispiel: *Which tenses are used? if-clause: simple past, main clause: would + infinitive*
What do these sentences express? impossible conditions; possible but not very likely conditions

44/3–4 🗗 **7 What would happen if …?** (SB S. 65)

Methodisches Vorgehen

a) Um die neue Struktur einzuschleifen, bearbeiten die S die Aufgabe schriftlich in Einzelarbeit.

● b) Leistungsstärkere oder schnelle S vervollständigen möglichst viele der Satzanfänge.

Lösung

a) 2. *weren't/would let*
   3. *chose/would go*
   4. *was/would watch*
   5. *wouldn't feel/saw*
   6. *would be/laughed*

b) Beispiel:
   1. *If his mum's friend enjoyed the film, maybe she wouldn't tell his mum about the evening at the cinema.*
   2. *If Peter and Seb really had to study for a test together now, they would feel very bad.*
   3. *If the Ghost Child films were only for adults, Peter and Seb would like to see it even more.*
   4. *If Peter was older, he could decide which films he wants to watch.*

8 (WRITING) What would happen next? (SB S. 65)

Methodisches Vorgehen

Gut in Kleingruppen, denn im Team fallen den S vermutlich mehr Sätze ein als alleine.

Lösung

Beispiel:

If she asked Peter, he would tell her that he and Seb had studied for the Maths test.
If Peter told her that they had studied for the Maths test, his mum would want to see the test.
If his mum wanted to see the test, Peter would tell her that he couldn't find it any more.

45/5 ### 9 (SPEAKING) What would you do? (SB S. 66) → M Double circle, SB S. 151

Wortschatz *time travel, prize*

Methodisches Vorgehen

Produktionsphase: Die S wenden die neue Struktur, Bedingungssätze Typ II, nun relativ frei an.

a) Zunächst in Partnerarbeit, später im *Double circle* (→ M SB S. 151, LB S. 178) oder im *Zipper* (→ M LB S. 182). S1 wählt eine hypothetische Frage und stellt sie dem Partner/der Partnerin: *What would you do if …?* S2 sagt, was er/sie tun würde. Dann werden die Rollen getauscht: S2 stellt eine Frage und S1 antwortet.

● b) Leistungsstärkere Lerngruppen schreiben Sätze zu den Situationen.

Lösung

a) Beispiel:

A: *What would you do if you found somebody's wallet in a shop?*
B: *I would give the wallet to a shop assistant. If the person who lost it came back later and asked for it, they would give it back.*

b) Beispiel:

If I met an 18th century ghost in the garden, I would invite him to my house.
If an engineer invented a time travel machine, I would travel to the 1980s and go to a punk rock concert.
If I won a big prize in a dance competition, I would be famous and give shows in many countries.

Erweiterung

◎ KV 41 Zur weiteren Festigung der Bedingungssätze Typ II gibt es auf Kopiervorlage 41 ein Brettspiel, das die S in Kleingruppen spielen können. Eine Kopie pro Gruppe, am besten laminiert.

 ### 10 (TASK) A piece of advice (SB S. 66) → V Giving advice, SB S. 163

45/6

Wortschatz *to have no idea*

Methodisches Vorgehen

a) Die S lesen Lindas Brief jede/r still für sich. Im Plenum wird Lindas Problem identifiziert.
b) Die S schreiben ihre Antwort an Linda. Im Unterricht oder als Hausaufgabe.

Lösung

a) Beispiel: *Linda likes a boy and she told her best friend. Her best friend told the boy. Now Linda feels embarrassed and angry.*
b) Beispiel:

Dear Linda,
That sounds terrible. I think that your friend Victoria wanted to help and she didn't really understand how you felt. Why don't you talk to her and explain that she shouldn't write messages for you? Maybe you should try to talk to Gary about something that you're both interested in, like your hobbies. Show him that you're funny. If he likes you, he won't care what Victoria wrote to him.
Rhonda

Ziel: I can understand a text about a project for young people.

Text 2 — **3**

Text 2: Ballet changed my life (SB S. 67–68)

Auf einen Blick

Der berichtende Text erzählt von einem Tanzprojekt an der Birmingham Royal Ballet School, in dem benachteiligte Jugendliche die Möglichkeit haben, tanzen zu lernen und vor einem großen Publikum aufzutreten. Die S lesen den Text, entnehmen relevante Informationen und erschließen unbekannte Wörter.

In der **TASK** am Ende haben die S die Wahl: Sie schreiben entweder kurz vor Projektauftritt eine Nachricht an den/die beste/n Freund/in oder sie recherchieren die Aufgaben, die es bei einer Aufführung hinter den Kulissen zu erledigen gilt; in letzterem Fall erfolgt die Ergebnispräsentation mündlich im Plenum.

Kompetenzen:	• längere berichtende Texte verstehen und erschließen, auch wenn die Themen über persönliche Interessensgebiete hinausgehen, hier: *a ballet project in Birmingham* (Leseverstehen) • ein Repertoire an Methoden zur Wortschatzfestigung und -strukturierung einsetzen, z. B. Vokabeln im Kontext erläuternder Beispielsätze erfassen und Wörter durch die Einbindung in einen passenden Kontext erschließen (Wortschatz) • Texte, hier: *a message to your best friend*, zu vertrauten Themen zunehmend selbstständig verfassen und dabei auch auf angemessene formale Gestaltung (z. B. Situations- und Adressatenbezug) achten (Schreiben) • Arbeitsergebnisse vorstellen und sich zu alltäglichen und bekannten Themen äußern, die ggf. über den eigenen Erfahrungsbereich hinausgehen (hier: Theaterwelt), und dabei ein erweitertes Wortschatzrepertoire einsetzen (monologisches Sprechen)
Ergänzendes Material:	Kopiervorlage 42
Zeit:	ca. 1 Stunde

Einstieg

– Zieltransparenz: L informiert die S über das Kompetenzziel.

○ *Talk about what kind of dancing you like best*

○ *Read a text about a special ballet project*

○ *Look at the text in more detail and work with words*

● *Choose a task and present your results*

– L kann Videoclips zum Thema Tanzen zeigen. Besonders geeignet sind kurze Tanzclips aus der Show *Britain's Got Talent*. Im Internet findet man mit dem Suchbegriff *britain's got talent dance* viele Clips, in denen bereits die Kleinsten Tanztalent zeigen.

Wortschatz   *ballet*

1 Have you ever seen or done ballet dancing? What kind of dancing do you like best? (SB S. 67)

Methodisches Vorgehen

Partnergespräch: Die S unterhalten sich über die Fragen.

Lösung

Beispiel:

I have never done ballet dancing before.
I did ballet dancing when I was seven.
I like dancing to hip hop music best.
I like all kinds of dancing.
I have seen ballet dancing before. I saw 'The Nutcracker' with my family.
I've never seen ballet dancing before.

2,8 ☞ **2 (READING) Read the text about a special ballet project.** (SB S. 67)

Wortschatz

professional, to train, health, trouble, change, to smoke, purpose, to achieve, final, performance,
stage, behind the scenes

Methodisches Vorgehen

Die S hören die Audiodatei und lesen still mit. Dann wird die Audiodatei ein zweites Mal abgespielt und die S lesen leise murmelnd mit.

Erweiterung

Die S stellen sich vor, sie seien Nachrichtenreporter, die vom Tanzprojekt der Ballettschule berichten. Sie üben den Text nach der Methode *Read and look up* (→ **M** SB S. 154, LB S. 181) und tragen
ihn anschließend vor.

3 Put the information in the same order as in the text. (SB S. 68)

Methodisches Vorgehen

Die S lesen die Sätze und notieren sich die korrekte Buchstabenfolge.
Alternative: Als Schreibübung kann L die S die Sätze in der richtigen Reihenfolge abschreiben
lassen. So ergibt sich eine *summary* des Textes.

Lösung

A *They trained with professional dancers.*
E *They performed the ballet together with the professional dancers.*
B *Before the project started, some of the young people had never seen a ballet.*
D *They tried to make some changes in their own lives.*
C *Some of the young people didn't stay until the end.*

4 Choose the correct answer. (SB S. 68)

Methodisches Vorgehen

Einzelarbeit. Die S schreiben die Lösungssätze ins Heft ab.

Lösung

1. *In 2006 a ballet project started.*
2. *Some people had got health problems.*
3. *Some of them stopped smoking.*
4. *The young people trained with the ballet dancers for one and a half years.*
5. *After the project some of the young people began to study.*

5 Which words from the text are explained here? (SB S. 68)

Methodisches Vorgehen

Die S suchen die richtigen Wörter aus dem Lesetext und notieren sie.

Lösung

act or dance on a stage: perform
the people watching a show or play: audience
be in a difficult situation: be in trouble
become successful: achieve something
the arts of music, dance and drama: Performing Arts

Erweiterung

⊙ KV 42   Kopiervorlage 42 zur Festigung des neuen Wortschatzes. Die S ergänzen einen Lückentext.

6 (TASK) Choose one of these tasks. (SB S. 68)

46/1–2
47/3–5

Wortschatz   *to take care of, lighting*

Methodisches Vorgehen

Die S wählen eine der Aufgaben, je nachdem ob sie lieber schriftlich oder mündlich arbeiten.
a) Schriftliche Sprachproduktion: Die S schreiben eine Nachricht von ein paar Sätzen.
   Ergebnispräsentation möglich als *Pass the text:* Die S geben ihre Nachrichten durch die Klasse.
   Sie überfliegen jeweils die Nachricht, die ihnen gereicht wird, und geben sie dann an den/die
   Nächste/n weiter. So haben am Ende alle S alle Nachrichten gelesen. (Kann auch in Vierergruppen durchgeführt werden.)
b) Schwerpunkt auf Recherche und mündlicher Sprachproduktion. Anschließend präsentieren einige S ihre Ergebnisse im Plenum.

Lösung
a) Beispiel:
   Hi! I'm behind the stage. I can see many people in the audience. I'm happy so many people want to
   see our show. But the room is crowded! All my friends are already wearing their costumes. It took
   a long time to dress tonight. I have to go on stage and dance in five minutes. I'm so nervous! I feel
   sick. But I'm also proud. We're the best!
b) Beispiel:
   There are people in every theatre who take care of lighting and sound. It's a lot of work and they
   have to know what the people on stage are doing all the time. For example, they use light to show
   a special moment in the show. They also take care of the equipment for sound and lighting.
   Another job is selling tickets for a show. You can work at the theatre where people buy tickets.
   But you can also make posters and flyers for a show so that more people want to come.
   Some people write articles about shows for newspapers so that people read about them.

Film: The cousin from Northern Ireland (SB S. 69)

Auf einen Blick

In dem Film haben Laura und ihr Bruder Nathan Besuch von ihrem Cousin Sean aus Nordirland. Nathan ist verärgert, weil Sean kein guter Basketballspieler ist, und äußert sich entsprechend. Als Nathan kurz darauf Schwierigkeiten hat, weil jemand ein wenig schmeichelhaftes Foto von ihm gepostet hat, stellt sich heraus, wo Seans Talente liegen: Er löscht das Foto, verändert die Voreinstellungen auf Nathans Tablet und bewahrt Nathan so vor Bloßstellung oder gar Cyberbullying.

Kompetenzen:	• längere Hörsehtexte zu alltäglichen und bekannten Themen (hier: Sport, soziale Medien) verstehen, wenn deutlich und in Standardsprache gesprochen und weitgehend bekanntes oder leicht erschließbares Sprachmaterial verwendet wird, Global- und Detailinformationen entnehmen und die Meinung der Sprecher erkennen (Hör-/Sehverstehen)
• Gefühle und Meinungen in einfachen Worten zum Ausdruck bringen (dialogisches Sprechen)
Wortfeld:	*sports, social media*
Ergänzendes Material:	Kopiervorlage 43
Zeit:	ca. 1 Stunde

Einstieg

– Zieltransparenz: L informiert die S über das Kompetenzziel.

- ○ *Look at two photos from the film to collect ideas what the film might be about*
  - ○ *Meet Laura's cousin Sean from Northern Ireland*
  - ○ *Find out what Sean is really good at*
  - ● *Talk about how the teenagers in the film feel*

– L präsentiert eine Karte der Britischen Inseln, z.B. vordere SB-Innenumschlagseite. Im Plenum wird Nordirland-Vorwissen aktiviert und die Aufmerksamkeit der S auf Nordirland gelenkt.

1 Talk about the photos. (SB S. 69)

Methodisches Vorgehen

Before you watch: Die S stimmen sich auf den Film ein, indem sie die beiden Standbilder betrachten und Vermutungen anstellen, was gerade geschieht.

(Hier zeigt sich, wie wichtig es ist, Arbeitsanweisungen gewissenhaft zu lesen. Die Arbeitsanweisung enthält die Information, wer die Personen sind: Laura (ohnehin bekannt), ihr Bruder Nathan und der gemeinsame Cousin Sean aus Nordirland. Dieses Vorwissen hilft bei der Beantwortung der Frage. – Darüber hinaus ist im linken Foto Marley zu sehen, auch er ist den S bekannt.)

Lösung

Beispiel:

In picture A, Laura and Marley are playing basketball with Nathan. I think Laura and Nathan are winning.

In picture B, Laura, Nathan and Sean are talking. I think Sean is showing Nathan something on his tablet.

2 (VIEWING) Watch the film. (SB S. 69)

6

Transkript

(basketball court)

Nathan: *Yes! We're a dream team, little sister! You losers will never catch up!*

Marley: *Yeah, we'll show you. Come on, Sean! No! Not again, Sean! I can't believe it!*

Nathan: *Ha ha, told you! Losers!*

Marley: *What's wrong with your cousin? He's missed the basket every time!*
Do they even play basketball in Northern Ireland?

Sean: *Yes, we do play basketball. There are a lot of good teams in Belfast.*

Nathan: *Sean's just really bad at it!*

Laura: *You know what, guys? I'm hungry, let's take a break.*

Marley: *Yeah, I'm hungry too.*

Nathan: *Let's go (and) sit down.*

(picnic table)

Nathan: *Good game!*

Marley: *How are you so good?*

Nathan: *Well, I play for a team.*

Marley: *How long have you been in that team?*

Nathan: *Three years. I play matches almost every weekend.*

Marley: *Cool!*

Laura: *Sorry, we didn't mean to make you feel bad.*

Sean: *You didn't do anything. But Nathan really gets on my nerves. He can be really awful!*

Laura: *I know. He's awful to me sometimes too.*

Sean: *I just wish I was good at basketball. I've always been bad at sports – rugby and football too. They just don't interest me.*

Laura: *I'm sure you're good at other things. People say the Irish are very optimistic and like making jokes. Isn't that right?*

Sean: *If you say so. That's just a cliché, though. But thanks for trying to cheer me up.*

Nathan: *Oh no, I can't believe this!*

Laura: *What?*

Nathan: *Rob posted this terrible party picture of me! It's so embarrassing!*

Marley: *Let me see! ... That's really embarrassing!*

Nathan: *Come on, give it back! I have to delete it! Does anyone know how to delete it? Quick! Loads of comments are coming up!*

Laura: *Let me see.*

Sean: *You don't know how to delete a photo off your wall? A 5-year-old could do that!*

Laura: *Here. Gone.*

Nathan: *Thanks.*

Sean: *You should be more careful with your account settings.*

Nathan: *Oh no, not again!*

Laura: *What's wrong?*

Nathan: *The picture is back again! It's not even funny.*

Laura: *Why don't you ask Sean to change the settings then? ... Oh, come on, he can help you!*

Sean: *Are you guys talking about me?*

Laura: *Nathan would like to apologise.*

Nathan: *It was only just a bit of fun.*

Sean: *It wasn't so funny for me.*

Nathan: *OK, I apologise. Friends?*

Sean: *Friends. Now give me that tablet, silly. Done. Now people have to ask before they post on your wall. It's easy, really.*

Nathan: *Not for me. I've never been good with computers.*

Laura:	*But Sean is! See? That's what you're good at!*
Sean:	*I guess so. I didn't think it was anything special.*
Nathan:	*Thanks for your help!*
Sean:	*So – what are we doing tomorrow?*
Nathan:	*How about we make a meal? I'm a great chef, you know!*
Sean:	*I bet I'm better! My Irish stew is famous.*
Nathan:	*Wait until you've tried my pasties! My mum loves them!*

Methodisches Vorgehen

a) Erstes Hörsehen: Im Vorfeld lesen die S die fünf Sätze. Dann sehen sie den Film und notieren, ob die Sätze *right* (r) oder *wrong* (w) sind. Darüber hinaus stellen sie die Falschaussagen richtig.

b) Zweites Hörsehen: Die S sehen den Film erneut und konzentrieren sich darauf, was den Jugendlichen durch den Kopf geht. Anschließend skizzieren sie Sprechblasen und beschriften diese.

Lösung

a) 1. *That's wrong. Sean isn't good at sports.*
    2. *That's right.*
    3. *That's right.*
    4. *That's wrong. Sean can help Nathan with his computer problems.*
    5. *That's right.*

b) A. *I'm the best. / Sean can't play basketball. / Sean is really bad at sports.*
    B. *Everyone knows how to do this. / Why doesn't Nathan know anything about computers? / I can show him how to do it.*
    C. *I don't like what Nathan says. / Why are they making fun of Sean? / Nathan is very rude.*

Erweiterung

⊙ KVs 43.1, 43.2   Alternativ zu den *while-viewing*-Aufgaben im SB: Kopiervorlagen 43.1 und 43.2.

 3 (SPEAKING) **Talk about the film.** (SB S. 69)

Methodisches Vorgehen

Die S sehen die erste Minute des Films ein weiteres Mal und ordnen den Hauptpersonen die vier *adjectives of feeling* (sowie ggf. weitere) zu. Vergleich der Ergebnisse in Partnerarbeit.

Lösung

I think Sean feels unhappy because Nathan and Marley are making fun of him.
I think Nathan is proud because he's good at basketball and he's winning.
I think Laura feels sorry for Sean.
I think Marley feels angry because his team is losing.

(UNIT TASK) **An advert** (SB S. 70–71)

> ### Auf einen Blick
>
> Die S erstellen in kleinen Gruppen ein Werbeplakat für ein reales oder imaginäres Produkt ihrer Wahl. Sie beschäftigen sich mit der Frage, was ein gutes Werbeplakat ausmacht, und präsentieren ihr Werbeplakat anschließend im Rahmen eines *Gallery walk*.
>
> | | |
> |---|---|
> | **Grammatik:** | *questions and imperatives* |
> | **Zeit:** | ca. 2 Stunden |

Einstieg

L präsentiert ein Werbeposter. Es kann ein beliebiges Poster oder ein Beispiel von SB S. 70 sein.

Methodisches Vorgehen

Step 1 Look at the ads. (SB S. 70)

Der erste Schritt kann mündlich im Plenum erfolgen. Die S betrachten die beiden Anzeigen und nehmen begründet Stellung, welche ihnen besser gefällt. Sie nutzen das Wortmaterial im SB als *scaffolding*.

Lösung
Beispiel:
I think the first ad looks interesting. The question attracts the reader's attention. But I don't think the photo looks nice. There is a lot of information in the first ad.
The second ad looks exciting. It makes the reader curious because the picture looks cool. They say you can learn from street artists. But there isn't a lot of information in the ad. You have to find it on your smartphone.

Step 2 What makes a good ad? (SB S. 71) → M Think–pair–share, SB S. 155

Die S machen sich jede/r für sich Gedanken, welche Aspekte für ein Werbeposter wichtig sind, und machen sich ggf. Notizen. Anschließend finden sie sich zunächst in Paaren, dann in Vierergruppen zusammen und vergleichen ihre Ergebnisse.
Language support:
– *I think a good ad should have/make/look …*
– *It's important for an ad to have/make/look …*

Lösung
Beispiel:
I think a good ad should have lots of pictures.
But it's important that the ad is funny too. Then you remember it.
I think a good ad should have lots of information. But it shouldn't have too much text.
I think it should make the reader curious. It doesn't need to have a lot of information.

Step 3 Make and design your ad. (SB S. 71)

– In der Gruppe wählen die S ein Produkt, für das sie ein Werbeposter gestalten möchten. Es kann sich um ein reales oder ein imaginäres Produkt handeln. Sie überlegen, was an dem Produkt gut und hervorzuheben ist. Anschließend skizzieren sie die erste Version ihres Werbeposters.
– Die Schlussversion kann in der Folgestunde im Computerraum oder als Hausaufgabe erstellt werden. Hierfür suchen die Gruppenmitglieder im Internet nach geeigneten Bildern – dabei kann mit den S das Thema lizenzfreie Bilder besprochen werden – und tippen ihr Poster am Computer.

Lösung
Beispiel:
Tiptop-shop has cool clothes for young people!
We have trendy clothes! Come to Tiptop-shop today and find your new favourite T-shirt or pair of jeans. You don't want to spend much money? Buy one and get one free – only today!
Open: 10:00 a.m. – 6:00 p.m.

Step 4 Make your ad and show it to the other groups. (SB S. 71)
→ M Gallery walk, SB S. 152

Im Rahmen eines *Gallery walk* präsentieren die Gruppen ihre Arbeitsergebnisse.

Step 5 Get feedback from the other groups. (SB S. 71) → M Tip top, SB S. 155

Die Poster werden gut sichtbar aufgehängt. Mithilfe der Redemittel im SB geben die S Rückmeldung. Im Anschluss können sie über das beste Poster abstimmen. (L verteilt Klebepunkte. Mit ihrem Klebepunkt zeigen die S an, welches Poster ihnen am besten gefällt.)

Lösung

Beispiel:

I think your ad has got nice pictures. But I think it has got too much text. How about putting this picture here?

If I were you, I'd write the address of the shop somewhere.

Why don't you change this word? I'd suggest …

Reading skills: Mikey M – the long road to success (SB S. 72–73)

Auf einen Blick

Die Doppelseite trainiert Lesestrategien, wie man *the gist* bestimmt und Details herausfiltert. Der Text erzählt die Geschichte des fiktiven Sängers Mikey M, wie seine erfolgreiche Karriere als Sänger begann, wie es mit seinem Privatleben aussieht, welchen Stil er bevorzugt und welchen Ratschlag er jungen Leuten gibt.

Wortfeld:	*music*
Zeit:	ca. 1 Stunde

Einstieg

L zeigt zunächst nur die Überschrift *Mikey M – the long road to success* (Tafel oder Dokumentenkamera). Die S spekulieren, worum es in dem Text geht.

Wortschatz

success, overnight, choir, newcomer, award, billion, stream, talented, catchy, point, to realise, right away, hall, support act, to upload, to build up, to work, private, although, failure, to please sb

1 Understand the gist of the text. (SB S. 73)

Methodisches Vorgehen

Die S lesen im Plenum oder jede/r still für sich den **SKILLS**-Kasten neben der Aufgabe.
Dann betrachten sie das Foto SB S. 72, die Überschriften im Text und beantworten Frage 1.
Als Nächstes überfliegen (= *skimming*) sie den Text und beantworten die Fragen 2–4 im Plenum.

Lösung

Beispiel:

1. *The text is about a famous singer and how he became successful.*
2. *It's a magazine article.*
3. *No, he was born in Bath.*
4. *No, he moved to London, played as a street performer and played more than 300 shows in pubs and small concert halls in just one year.*

2 Scan the text for detail. (SB S. 73)

Methodisches Vorgehen

Nun wird im Plenum der zweite **SKILLS**-Kasten besprochen. Anschließend durchforsten (= *scanning*, querlesen) die S den Text nach den Detailinformationen. Sie schreiben die Antworten auf.

Lösung

1. *300, 2012: Mikey M played more than 300 shows in 2012.*
   4: Mikey M has got four guitars.
   50 million: Mikey M has got more than 50 million followers on social media.
   1 billion: One of his songs has got more than one billion streams on the internet.

2. *He won 'Album of the Year' in 2016.*
3. *The 'Mikettes' are the fans of Mikey M.*
4. a) *choir*   b) *a catchy song*   c) *to upload*

52/1
53/2–3

3 Answer the questions. (SB S. 73)

Methodisches Vorgehen

Gemeinsam wird der dritte **SKILLS**-Kasten besprochen. Anschließend Aufgabe 3 in Partnerarbeit.

Lösung

Beispiel:

1. *Maybe he's going to meet someone and start a family. Then they can make music together.*
2. *I think success means to have a lot of money. / I think success means that you have achieved something in your life. / I think success means that you can do something that you like. / I think success means that you can help other people.*
3. *You shouldn't do everything that people tell you. / You should know what you want.*

Revision: The future (SB S. 74–75)

> **Auf einen Blick**
>
> Die S wiederholen *will-future* und *going to-future*, beide bekannt aus Band 2.
>
> **Zeit:**   ca. 2 Stunden

Einstieg

– Da eine kontrastive Verwendung der beiden Zeiten im Lehrplan nicht vorgesehen ist, sollten die beiden Grammatikthemen möglichst getrennt voneinander behandelt werden. In der ersten Stunde kann das *will-future*, in der zweiten das *going to-future* wiederholt werden.
– L kann das Lied *Que sera, sera (Whatever will be, will be)* von Doris Day vorspielen. Die S finden heraus, worum es in dem Lied geht. (Im Internet findet sich leicht die Szene aus dem Alfred-Hitchcock-Film „Der Mann, der zuviel wußte", in der Doris Day das Lied singt.)

1 Complete the sentences with will ('ll) and the correct verb. (SB S. 74)

Methodisches Vorgehen

Zunächst lesen die S **G10**, SB S. 139 jede/r still für sich. Anschließend wird im Plenum ein Lernposter erstellt, das im Klassenzimmer ausgehängt wird. (Dies ist zugleich Vorarbeit für die nächste Stunde, in der die S ein eigenes Lernposter für das *going to-future* erstellen sollen.) Vorschlag:

> The will-future
>
> Maybe we   <u>will</u>   meet   the boys at the club.
> No, I   <u>won't</u>   take   a jacket.
>   <u>Will</u>   it   rain   tomorrow?
>
>   <u>will/won't</u> + infinitive
>
> Wir verwenden das will-future für Zukünftiges, für Wünsche, Hoffnungen und Vorhersagen (nach I hope, I think, maybe usw.) und für spontane Entscheidungen.

(Die Regeln können auf Deutsch formuliert werden, damit sie für alle S nachvollziehbar sind.) Aufgabe 1 dann schriftlich in Einzelarbeit. Ergebnissicherung im Anschluss an Aufgabe 2.

Lösung

1. *I will meet you at the skatepark after school.*
2. *Fashion will change a lot in the next 100 years.*
3. *Of course I will show you how to make an origami elephant.*
4. *My dad will wear something unfashionable – he always does!*
5. *Do you think we will win the street dance competition?*
6. *Will you come to the concert at the weekend?*

2 **Julie has gone shopping with her friend Sally. Complete their sentences. Choose will or won't.** (SB S. 74)

Methodisches Vorgehen

Abgrenzung von *will* und *won't:* Die S müssen aus dem Zusammenhang erschließen, welche Form gebraucht wird.

Schriftlich in Einzelarbeit. L entscheidet, ob es genügt, wenn die S lediglich jeweils *will* oder *won't* ins Heft notieren, oder ob sie die vollständigen Sätze ins Heft abschreiben sollen.

Ergebnissicherung am *Bus stop*, siehe Erweiterungsvorschlag im Folgenden.

Lösung   1. *won't*   2. *will*   3. *will*   4. *won't*   5. *won't*   6. *will*

Erweiterung

Die S, die Aufgabe 1 und 2 bearbeitet haben, begeben sich zu einer ausgewiesenen „Bushalte-stelle" (*Bus stop:* → **M** SB S. 150, LB S. 177) und warten auf eine/n MitS. Im Paar vergleichen sie ihre Lösungen und korrigieren sie ggf. (L stellt die Lösungen bereit.)

Anschließend bearbeiten die S die *Test-yourself*-Aufgaben auf SB S. 139 und kontrollieren sich selbst. (Die Lösungen zu den *Test-yourself*-Aufgaben befinden sich auf SB S. 149.)

3 **What will be their fortune?** (SB S. 74) → **M** Milling around, SB S. 153

Methodisches Vorgehen

a) Die S schreiben acht Vorhersagen auf ein Blatt Papier und verwenden dabei das *will-future*.

b) Die S falten ein Himmel-und-Hölle-Spiel, beschriften es mit den Zahlen 1–8 und beschriften die Innenseiten mit ihren zuvor aufgeschriebenen Vorhersagen. Anschließend kann mit einem/r oder mehreren MitS gespielt werden.

Zumindest einige S werden wissen, wie sie ein Himmel-und-Hölle-Spiel zu basteln/falten haben. Sie unterstützen einander und leisten den MitS Hilfestellung, die es nicht können.

Alternative: Bastelanleitung aus dem Internet.

Falls L auf Englisch anleiten möchte:

Take an A4 sheet of paper.

Fold one corner. Then fold the opposite corner.

Cut along the top line, so you are left with a square of paper.

Fold all the corners to the centre.

Then turn the whole thing over.

And again fold all the corners to the centre. Turn over again.

Insert your fingers and enjoy your game.

Lösung

a) Beispiel:

2. *You won't be rich, but you'll be happy.*
3. *You will travel to many countries.*
4. *You will have lots of friends.*
5. *You will have a very long and healthy life.*
6. *You will work with animals.*
7. *You will find something really unusual.*
8. *You will have your own company.*

4 What are their plans? Make sentences with going to and the correct verb. (SB S. 75)

Methodisches Vorgehen

In einer weiteren Unterrichtsstunde wird das *going to-future* wiederholt. Dazu lesen die S G13, SB S. 142, und erstellen in kleinen Gruppen ein Lernposter. Vorschlag:

> The going to-future
>
> I'm   going to   visit   my grandma tomorrow.
> We aren't   going to   visit   my uncle tomorrow.
>
> form of be + going to + infinitive
>
> Wir verwenden das going to-future, um Pläne oder Absichten auszudrücken.

Dann Aufgabe 4 schriftlich in Einzelarbeit. Die Aufgabe wird im Plenum gesichert und besprochen. Anschließend kann L einzelne S nach ihren Plänen fürs Wochenende befragen. Alternative: L wirft S1 einen Ball zu und fragt *What are your plans for the weekend?* S1 antwortet mit dem *going to-future.* Dann wirft S1 den Ball S2 zu und stellt dieselbe Frage, *What are your plans for the weekend?* Usw.

Lösung

1. *They are going to go skating tomorrow.*
2. *She is going to dye her hair tonight.*
3. *She is going to ride her bike after school.*
4. *He is going to buy clothes next Saturday.*
5. *They are going to dress up for a party next week.*
6. *He is going to be a photographer when he has left school.*

5 Complete the sentences. Use the going to-future. (SB S. 75)

Methodisches Vorgehen

In Einzelarbeit schriftlich. Vergleich der Lösungen in Partnerarbeit.

Lösung

1. *Are you going to watch the band perform tonight?*
2. *Hurry up! You're going to be late for your dance class. It's already 6 o'clock.*
3. *Mum, you aren't going to wear those shoes, are you? They aren't fashionable any more.*
4. *Julie isn't going to dye her hair. Her mum would be angry if she did.*
5. *Is she going to write more about punk music on her blog?*
6. *Aren't you going to tell me what's wrong? I can see that you're unhappy.*

6 Sally wants to meet Julie, but Julie has got a busy week.
Make a dialogue with the going to-future. (SB S. 75)

54/1–2
55/3–4

Methodisches Vorgehen

Die S setzen den Dialog in Partnerarbeit um.
In schwächeren Lerngruppen kann es sinnvoll sein, einen kurzen Dialog zunächst aufschreiben und dann nach der Methode *Read and look up* (→ **M** SB S. 154, LB S. 181) einüben zu lassen.

Lösung

Beispiel:
Sally: How about Tuesday?
Julie: I'd love to, but I'm going to go to the cinema on Tuesday afternoon.
Sally: Do you want to meet on Wednesday?
Julie: I'm sorry, but I'm going to have drama group on Wednesday afternoon.

Exploring literature (SB S. 76–77)

Auf einen Blick

Units 1–3 waren thematisch auf den Britischen Inseln angesiedelt. Bevor mit Units 4–5 der Wechsel in die USA erfolgt, erhalten die S auf den acht Seiten *Look at literature* einen Einblick in englischsprachige Jugendliteratur.

Auf der ersten Doppelseite, *Exploring literature*, lernen die S vier britische Autoren in Bild und Text kennen: J.K. Rowling, Roald Dahl, Malorie Blackman, Sir Arthur Conan Doyle.

Kompetenzen:	• Vorwissen (über Lesen und Literatur) und eigene Erfahrungen zur Ausbildung einer Erwartungshaltung und als Verstehenshilfe nutzen (dialogisches Sprechen)
	• über Kenntnisse ausgewählter britischer Autoren verfügen, hier: J.K. Rowling, Roald Dahl, Malorie Blackman, Sir Arthur Conan Doyle (interkulturelle Kompetenzen)
	• Methoden zur Wortschatzfestigung einsetzen, hier: Umschreibungen (Wortschatz, methodische Kompetenzen)
	• auch längere, klar strukturierte Hörtexte zu alltäglichen und bekannten Themen verstehen (Hörverstehen)
Ergänzendes Material:	Kopiervorlagen 44 und 45
Zeit:	ca. 1 Stunde

Einstieg

Zieltransparenz: L informiert die S über das Kompetenzziel der acht *Look-at-literature*-Seiten, also *Exploring literature* und *The Speckled Band* als Einheit.

○ *Find out about four British authors*

  ○ *Listen to a podcast about the four authors*

  ○ *Read the Sherlock Holmes story "The Speckled Band"*

● *Make the story into a play or present a British author or organise a "reading hour"*

Wortschatz *literature*

1 (SPEAKING) **Talk about your favourite story,** (SB S. 76) → **M** Think – pair – share, SB S. 155

56/1

Methodisches Vorgehen

Bevor die SB-Fragen bearbeitet werden, beantworten die S den Fragebogen auf S. 56 im Workbook. Anschließend unterhalten sie sich über ihre Lieblingsgeschichte mithilfe der Leitfragen und Redemittel. Mögliche L-Fragen im Plenum: *How many books have you read in your life so far? Do you read more books at school or at home? Did you like books when you were very young?/ Have you always liked books and reading? Do you have a favourite place to sit and read?*

2,9

56/2

57/3–4

2 (READING) **Read the blog.** (SB S. 76)

Wortschatz

author, podcast, bookworm, herself, main, character, copy, adaptation, novel, short story, musical, based (on), fictional, to deal (with), dark, skin, light, to mix, plot, crime, to solve

Methodisches Vorgehen

Stilles Lesen jede/r für sich, ggf. unterstützt durch den Audiotrack.

Alternative: *A reading race*

◎ KV 44 – Die vier Abschnitte werden im Klassenzimmer ausgehängt, ggf. mehrfach. Kopiervorlage 44 bietet eine entsprechende Vorlage.

– Die S gehen zu den Texten und lesen sie.

– Dann gehen sie an ihren Platz zurück und bearbeiten die Aufgaben zum Textverständnis auf

◎ KV 45 Kopiervorlage 45. Das Arbeitsblatt bleibt auf dem Tisch liegen. Die S dürfen immer wieder zu den Texten gehen, um Details nachzulesen, dürfen aber nur im Sitzen an ihrem Platz schreiben.

– Reihenfolge der Abschnitte ist unerheblich, die S können mit einem beliebigen Text beginnen.

3 Make a mind map of words for talking about literature. (SB S. 77)

Wortschatz *type, version*

Methodisches Vorgehen

a) Die S scannen die Texte und erstellen eine Mindmap.

b) *Matching exercise:* Die S ordnen Umschreibungen und Begriffe einander zu.

Lösung

a) Beispiel: *protagonist, character, reader, plot, to make into a film, narrator, bookworm*

types of texts: novel, short story, comic, (fictional) novel, adaptation, musical

b) 1. *author*　　　4. *protagonist/main character*

2. *novel*　　　5. *plot*

3. *character*　　　6. *adaptation*

4 Read the blog again. Copy the table and fill it in. (SB S. 77)

Methodisches Vorgehen

– Die S nehmen ihr Heft quer, übernehmen die Tabelle ins Heft und ergänzen sie mit Informationen aus dem Blogeintrag.

Es lässt sich nicht immer eindeutig zuordnen, in welche Spalte etwas einzutragen ist.

● – Alternative: Ein/e oder zwei leistungsstärkere S legen die Tabelle auf Folie an. Diese wird als *answer sheet* aufgelegt und dient als Grundlage für die Ergebnissicherung.

– Der Blogeintrag enthält keine Informationen zu möglichen Adaptionen von Sherlock Holmes. Allerdings wissen die S vielleicht, dass Sherlock Holmes schon oft verfilmt wurde, u. a. die BBC-Serie *Sherlock* mit Benedict Cumberbatch als Sherlock.

Lösung

Beispiel:

	Author (name, life)	*Books*	*Adaptations*	*Extra information*
1.	*J.K. Rowling, born in England in 1965, bookworm*	Harry Potter *books*	*yes: films*	*Harry Potter is the main character in the books, which have sold over 500 million copies*
2.	*Roald Dahl, born in Wales in 1916, died in 1990, wrote novels and short stories*	Charlie and the Chocolate Factory	*made into a film in 2005*	*musicals, plays and computer games based on the novel*
3.	*Malorie Blackman, born in 1962, British, writes books for children and teenagers*	Noughts and Crosses, Robot Girl	*no info*	Noughts and Crosses *is a fictional novel about Sephy (= a 'Cross' with dark skin) and Callum (= a 'Nought' with light skin); Noughts and Crosses shouldn't mix in this world*

4.	Sir Arthur Conan Doyle, born in Scotland in 1859, died in 1930, wrote over fifty short stories about Sherlock Holmes	Sherlock Holmes	no info	plots are always about Sherlock Holmes (main character), who solves crimes with his friend Dr Watson

5 (LISTENING) Listen to Rob's podcast. (SB S. 77)

2,10

Transkript

Hi guys and welcome to our English podcast! My name is Rob! Today it's all about reading and books! Yes, you heard right! Even if, say, you don't really like reading, we all read all the time: chat messages on our smartphones, texts on the internet and texts we have to read at school – and so on. And believe me, once you've found the right book for you, you'll really enjoy reading. But finding a good book isn't easy. That's why today I would like to present some information about the lives and works of four famous British authors.

So let's begin with number one: J.K. Rowling. Who on this planet doesn't know J.K. Rowling's Harry Potter books? If people haven't read her books, then they've usually seen the films! The novels are fictional books that are about a young wizard called Harry Potter. He is the main character in the books. My favourite book is the first novel: Harry Potter and the Philosopher's Stone. I just love how the plot begins! I also really like the Harry Potter adaptations. For example, the computer games are quite cool. Guess why the author calls herself J.K. Rowling! She was asked to change her name so that people wouldn't know that she was a woman. The company that sells her books believed that this way men would also be interested in reading her books! Her real name is just Joanne Rowling. She still writes books today – sometimes using a different name! She has won many awards for her books.

The second author I'd like to tell you about is Roald Dahl. He has sold over 250 million books worldwide. He is the author of many novels and short stories. He also wrote more than 20 children's books, for example Charlie and the Chocolate Factory. My favourite character in Charlie and the Chocolate Factory is Willy Wonka. He is funny and kind. He helps little people called "Oompa Lumpas" and Charlie and his family. The book was made into a famous film in 2005. And I like Willy Wonka in the film too. His style is quite cool – look at his hat and jacket! This novel by Roald Dahl is so famous and popular that it has been adapted for other media, for example plays, computer games, and musicals.

The third writer I would like to tell you about is Malorie Blackman. She writes literature and television drama for kids and teenagers. My favourite book is the novel Noughts and Crosses. The people in the book believe that dark skin is better than white skin. The book is about the two characters Sephy, who is a 'Cross' with dark skin and Callum, a 'Nought' with white skin. The novel is about their love. I don't want to tell you more about it in case you want to read it. It's a great book! And the cool thing is that the book is a series. In the next book called Callum, the ending of Noughts and Crosses is changed … That's quite interesting, I think!

Now let's get to the last author I would like to tell you more about today. First of all, tell me: Who is the most famous detective that you know? You've probably heard the name Sherlock Holmes, right? Well, the Scottish author Sir Arthur Conan Doyle invented this character. He wrote four novels and over fifty short stories about him, but he also wrote plays, poems and historical novels. His Sherlock Holmes stories have been adapted into stage plays, radio plays, TV series, video games and many other media.

I love the Sherlock Holmes stories. Most of them take place in London. Sherlock Holmes lives at 221B Baker Street with his friend Dr Watson, who joins him when they try to solve a crime. The stories are usually told by Dr Watson. Sherlock Holmes is an intelligent detective who is very good at finding details and solving crimes. One of my favourite stories is 'The Speckled Band'. It's about a young woman called Helen Stoner. Her sister died very suddenly and Helen wants to find out who killed her. The other day, my grandma and I watched the film that was made of the story. It's really old, but quite cool in a way!

Now you know some famous British authors – and some of them are still writing books. Others are dead, but their stories are still alive – often in different adaptations like films or computer games! I hope you had fun listening to the podcast. Maybe you would like to read one of the books or stories I told you about? 'The Speckled Band' is quite short and fun to read! Take care and talk to you soon!

Methodisches Vorgehen

Die S hören den Podcast und ergänzen die in Aufgabe 4 begonnene Tabelle im Heft.

Alternative, wie schon für Aufgabe 4: Ein/e oder zwei leistungsstärkere S legen die Tabelle auf Folie an. Diese wird im Anschluss als *answer sheet* aufgelegt und dient als Grundlage für die Ergebnissicherung. Die Sicherung kann durch eine/n *5-minute teacher* (→ M LB S. 179) erfolgen.

Lösung

Beispiel:

	Author (name, life)	*Books*	*Adaptations*	*Extra information*
1.	*her real name is just Joanne; she changed her name to J.K. so that people wouldn't know that she was a woman and men would be interested in reading her books too; has won many awards; sometimes writes books using a different name*	*the first Harry Pot-ter book is called* Harry Potter and the Philosopher's Stone	*yes: computer games*	*Harry Potter is a young wizard*
2.	*wrote more than 20 children's books*	*no info*	*no info*	*has sold over 250 million books; Willy Wonka is a funny and kind charac-ter in* Charlie and the Chocolate Factory
3.	*writes literature and television drama for kids and teenagers*	*the next book in the series is called* Callum	*no info*	Noughts and Crosses *is about Sephy and Cal-lum's love; people in the book believe that dark skin is better than white skin; there's another book in the series,* Callum, *where the ending of* Noughts and Crosses *is changed*
4.	*wrote not just fifty short stories about Sherlock Holmes, but also four novels; also wrote plays, poems and historical novels*	*one story is called 'The Speckled Band': about a young woman who wants to find out who killed her sister*	*yes: stage plays, radio plays, TV series, video games and many other media; the story 'The Speckled Band' was made into a film*	*most Sherlock Holmes stories take place in Lon-don; Sherlock Holmes and Dr Watson live at 221B Baker Street; the stories are usually told by Dr Watson*

The Speckled Band (SB S. 78–83)

Auf einen Blick

Die S lesen die Sherlock-Holmes-Geschichte *The Speckled Band*. Der Titel bezieht sich auf die „Tatwaffe", eine Giftschlange.

In der **TASK** haben die S die Wahl, *The Speckled Band* szenisch umzusetzen, sich mit einem/r weiteren britischen Autor/in ihrer Wahl vertraut zu machen und ihn/sie der Klasse vorzustellen oder eine *reading hour* zu organisieren, in der sie einander ihre Lieblingsgeschichten vorlesen.

Kompetenzen:	• die wesentlichen Inhalte didaktisierter englischsprachiger Jugendliteratur erfassen, dabei verschiedene Verfahren des extensiven Lesens anwenden, u.a. Erschließen unbekannter Wörter und Übergehen von Wörtern, die für das Verständnis nicht relevant sind (Leseverstehen) • mündlich auf Texte reagieren, diese ggf. mithilfe von vorgegebenen Redemitteln beschreiben, in Szenen nachspielen oder in Standbilder umsetzen und dabei charakteristische Gestaltungsmerkmale wie Intonation und Körpersprache bewusst einsetzen (Text- und Medienkompetenzen) • verschiedene Quellen zur Informationsbeschaffung nutzen und Rechercheergebnisse anschaulich darstellen, dabei Informationen inhaltlich untergliedern, bei Bedarf hervorheben oder mithilfe von Bildmaterial die Aufmerksamkeit und das Verständnis der Zuhörer steigern (methodische Kompetenzen)
Ergänzendes Material:	Kopiervorlagen 46 und 47
Zeit:	2–3 Stunden

Einstieg

Mit einem Bild eines *speckled band* führt L zum Thema hin und erläutert, dass die S eine berühmte Kurzgeschichte lesen werden, bei der das Ende fehlt. (Das Ende folgt als Hörverstehen.)

Wortschatz

lamp, hook, locked, closed, shutter, bell-rope, ventilator, smoke, to guess, perhaps, murderer

Methodisches Vorgehen

2, 11–13  – Die S machen es sich bequem und lesen die Geschichte jede/r still für sich. Es stehen Wörterbücher zur Verfügung, falls S zusätzlich Wörter nachschauen wollen. Allerdings sollte L die S ermutigen, unbekannte Wörter, die für das Verständnis nicht relevant sind, zu übergehen.

● – Schnelle S können aufgefordert werden, die Zimmerverteilung im Haus zu zeichnen.
L: *Draw a sketch of the house. Where are the three rooms? (Helen's room, her sister's room, Dr Roylott's room) What does the house look like? What does the text tell you about the furniture and the layout of the rooms?*

1 (SPEAKING) Talk about the story. Did you like it? Say why (not). (SB S. 82)

Methodisches Vorgehen

In Partnerarbeit sprechen die S über die Geschichte und äußern, was ihnen gefallen hat und was nicht. *Language support: I liked the story. It's exciting/interesting. The best part was the scene where … / I didn't really like the story. I thought it was (boring). / I don't like detective stories. I find them (boring). / I didn't like the story because I didn't understand all of it.*

2 **Match the words with the things in the picture.** (SB S. 82)

Methodisches Vorgehen

Matching exercise: Die S ordnen die Dinge A–H der Illustration den Wörtern 1–8 zu.
Versprachlichen der Zuordnung (zugleich Wiederholung der Buchstaben A–H):
A is a locked door. B is a chair. …

Lösung

A. *locked door*
B. *chair*
C. *closed shutters*
D. *lamp*
E. *hook*
F. *ventilator*
G. *bell-rope*
H. *bed nailed to the floor*

3 **What is the story about?** (SB S. 82)

Methodisches Vorgehen

Die S arbeiten in Dreiergruppen und strukturieren die Geschichte in einem *Fishbone*-Diagramm
(= Visualisierung, die die vielfältigen Ursachen für ein dramatisches Ereignis verdeutlicht).

Lösung

characters: Sherlock Holmes, Dr Watson, Helen Stoner, Dr Roylott, Helen's sister Julia
plot: Helen Stoner comes to see Sherlock Holmes and tell him about her sister, who died two years ago
place: Sherlock Holmes' house, house in Stoke Moran where Dr Roylott and Helen live
time: a day in April 1883
how? Helen is very scared, unhappy, afraid
why? to find out how Julia died, to see the room where Julia died, to find out about the whistling

4 **Which character would say this?** (SB S. 82)

Methodisches Vorgehen

Textverständnis: Die S beraten sich in Partnerarbeit und erschließen, wer was gesagt hat.

Lösung 1. *Helen Stoner* 2. *Dr Roylott* 3. *Julia Stoner* 4. *Sherlock Holmes/Dr Watson*

 **5** **(SPEAKING)** **How do you think Helen's sister got killed?** (SB S. 83)

Methodisches Vorgehen

L: *Who do you think is the murderer? Write the murderer's name and your own name on a piece of paper.* L sammelt ein und nachdem die Geschichte aufgelöst wurde, wird der/die *top detective* der Klasse ermittelt.

58/5–6 **6** **(LISTENING)** **Listen to Rob talking about the ending of the story.** (SB S. 83)

2,14 **Transkript**

OK guys. So, I'm sure you all know a lot of detective stories. I think that the great thing about them is that we usually find out in the end what actually happened, who murdered who, why, how and so on … Today I would like to talk to you about the ending of 'The Speckled Band'.
Now, remember that Holmes and Dr Watson were in Helen Stoner's house to find out how her sister got killed? Remember that there was a sound, a hiss? When Holmes lighted a match and beat the bell-rope with his cane, they heard a terrible cry. Then Holmes said "it is all over" and went to Dr Roylott's room with Dr Watson. So what does this all mean?
Well, think about which animal could have made this hissing sound! Any ideas? Or think about the title of the story: 'The Speckled Band'. Which animal looks like a band that is speckled? A baboon or a giraffe? No! … So the hissing sound came from a … snake! When Holmes and Dr Watson went

to Dr Roylott's room and knocked on his door, there was no answer. So they went in. And guess what they saw on Dr Roylott's head? A speckled band – the snake! It had killed Dr Roylott. The two men took Dr Roylott's whip and put the snake in the safe – the place where Roylott had always kept it. They called the police and went to get Helen. They told her what had happened.

Dr Roylott was a clever man. He had used the rope as a bridge through the ventilator for the snake. He trained it to come back by giving it milk. The sound of heavy metal that Ms Stoner heard was the sound of the door of the safe when Dr Roylott put the snake back.

In the end, Dr Roylott got himself killed. Sherlock Holmes wasn't sorry about that, he said … I would agree. I don't feel sorry for Dr Roylott either.

What I like about this detective story is that there is no real murderer because the murderer is the snake. The man, killing for money, which is something that happens a lot in crime stories, actually used an animal to kill his stepdaughters. That is quite an original idea, I think!

Anyway, I hope you liked my podcast about the ending of 'The Speckled Band'! Bye-bye!

Methodisches Vorgehen

◎ KV 46   Die S hören das Ende der Geschichte zweimal und bearbeiten Kopiervorlage 46. Anschließend wird festgestellt, wer mit seinen/ihren Vermutungen in Aufgabe 5 recht hatte. Der-/Diejenige begründet seine/ihre Vermutungen. Im Plenum werden die falschen Aussagen richtiggestellt.

Lösung

1. *The speckled band looks like a snake.*
2. *He was dead.*
3. *The snake killed the murderer.*
4. *The murderer wanted to kill Helen Stoner because of money.*

7 (TASK) Choose one of these tasks. (SB S. 83)

59/7

Methodisches Vorgehen

a) Die S wählen eine Szene, die sie nachspielen. Es bieten sich folgende Abschnitte an:
   – Zeile 1–123, mit Sherlock Holmes, Dr Watson, Helen Stoner
   – Zeile 124–137, mit Sherlock Holmes, Dr Watson, Helen Stoner und Dr Roylott (Ausschnitt muss zunächst zu Dialog umgeschrieben werden)
   – Zeile 138–226, mit Sherlock Holmes, Dr Watson, Helen Stoner
   – Zeile 227–286, mit Sherlock Holmes und Dr Watson
   – Ausschnitt WB S. 58, mit Sherlock Holmes, Dr Watson, Helen Stoner und Dr Roylott
   Die Szenen können auf fünf Gruppen verteilt werden. Dann wird das ganze Stück nachgespielt.
b) Die S informieren sich über die Autoren und präsentieren sie. (Alternative zu Poster: e-book)
c) Die S wählen eine *story*. Es muss keine vollständige Geschichte sein, ein Auszug genügt. Geeignet sind Anne Fine: *The Diary of a Killer Cat*, Neil Gaiman: *Fortunately, the milk*, R.L. Stevenson: *Strange Case of Dr. Jekyll and Mr. Hyde*, C.S. Lewis: *The Chronicles of Narnia*, Tim Bowler: *Mr Crump*, Michael Morpurgo: *Animal stories* und Robert Swindells: *Brother on the Land*.

Lösung

b) Beispiel: *C.S. Lewis is a British author who is famous for his fantasy novels* The Chronicles of Narnia. *He was born in Belfast in 1898 and died in 1963. He served in the English army and fought in the First World War. He studied at Oxford University and later taught students as a professor at Cambridge University. There are film adaptations of* The Chronicles of Narnia. *The first one was made in 2005.*

Erweiterung

◎ KV 47   Kopiervorlage 47 lässt die S zu Sherlock Holmes werden. Sie lesen *clues* und entscheiden selbst, wie es weitergeht. Am Ende lösen sie das Rätsel: *Mary faked the burglary. Holmes knew that she had faked the burglary because of the broken glass on the balcony, not in the room. Some of Mary's jewellery was in her cupboard, but she had earlier said that all her jewellery was gone.*

● Leistungsstärkere S können „ihre" Geschichte, also ihren Lösungsweg, im Anschluss schriftlich nacherzählen. L: *Write down 'your' story. Use the past tense.*

Back to the USA

Intro (SB S. 84–85)

Auf einen Blick

Die USA stehen im Mittelpunkt von Unit 4. Vorwissen, u.a. aus Band 2, wird aktiviert, landestypische Feiertage sowie die Filmwelt Hollywoods und das Alltagsleben werden näher beleuchtet. Schwerpunkt liegt auf der Mündlichkeit, vor allem auf den Sprechakten „Umgang mit Konflikten" (Topic 1) und „Absetzen eines Notrufs" (Topic 2).

Auf der *Intro*-Doppelseite lernen die S in Bild und Text Landeskundliches über die USA – vor allem im Hinblick auf *family life*, Bräuche und Feste, Esskultur, Hollywood und Sport. Eine Hörverstehensaufgabe informiert über *the history of bowling*.

Kompetenzen:	• über grundlegende Kenntnisse der USA verfügen, u.a. häusliche und familiäre Situation, Bräuche und Feste, Esskultur, Unterhaltungsindustrie und Sportarten (interkulturelle Kompetenzen)
	• mithilfe von Bildmaterial kurze Texte (über die USA) verstehen und Informationen entnehmen (Leseverstehen)
	• einen kurzen Film über die USA verstehen und Informationen entnehmen (Hör- und Hör-/Sehverstehen, interkulturelle Kompetenzen)
	• in zunehmend natürlichem Tempo artikulierte Sprachäußerungen verstehen, hier über *history of bowling*, wenn deutlich und in amerikanischer Standardsprache gesprochen und weitgehend bekanntes oder leicht erschließbares Sprachmaterial verwendet wird (Hörverstehen)
Wortfeld:	*USA*
Ergänzendes Material:	Kopiervorlage 48
Zeit:	1–2 Stunden

Einstieg

– Zieltransparenz: L informiert die S über das Kompetenzziel.

○ *Read, listen to and/or watch information about the USA*

○ *Look at photos and say what they tell you about the USA*

● *Listen to the history of bowling*

– L schreibt *USA* an die Tafel. Die S haben eine Minute, um jede/r für sich alles zu notieren, was ihnen dazu einfällt. (Zur Erinnerung: In Band 2 waren die letzten beiden Units in den USA angesiedelt.) Im Anschluss: Wer hat die meisten Begriffe gefunden?
In Partnerarbeit ordnen die S ihre Stichpunkte in eine Mindmap (ggf. Unterthemen vorgeben, z.B. *places, sports, (famous) people, food*) und stellen diese der Klasse vor (Tageslichtprojektor, Dokumentenkamera, Apps, …). Im Anschluss leitet L zum Film/Audiotrack über.

– Aktivierung von Vorwissen mithilfe der USA-Karte hintere Innenumschlagseite des SB.

Wortschatz

flight, member, apart, to get together, occasion, Thanksgiving, turkey, movie, studio, bowling, bowling alley, tourism

7   **Transkript**

The USA is a huge country – a flight from Boston to Los Angeles, for example, takes six and a half hours. Family members often live thousands of miles apart.

But they like to get together for important celebrations like Thanksgiving.

Around that time of year, travelling can be crazy. Airports get very crowded, as well as the streets. It can seem like the whole country is on the move!

Thanksgiving takes place on the fourth Thursday in November and people celebrate with their family or with friends. Most people eat turkey on that day.

A fairly new Thanksgiving tradition is that the president pardons a turkey at the White House. After the ceremony, the bird goes to live on a farm in Virginia.

"Are you ready, Drumstick? OK? Drumstick, you are hereby pardoned."

Most cities celebrate the day with a big parade. The one in Manhattan is one of the largest, with over three million people coming out to watch it.

A lot of people also like to watch big football games on Thanksgiving or they play football themselves, outside their houses.

Hollywood is the capital of the world's movie industry.

You can visit the movie studios there, … and see the Walk of Fame … as well as the movie theater where the Oscars take place every year.

Bowling is popular with lots of teenagers. They like to meet their friends at bowling alleys, play a game and have a good time.

Every summer lots of people spend their vacation on the East Coast.

For some places, like Cape Cod, tourism is very important.

A lot of tourists enjoy eating fresh lobster in a restaurant right by the sea.

Methodisches Vorgehen

Der Einstieg in die Unit ist – wie immer auf der *Intro*-Doppelseite – mit einem Videoclip und/oder Audiotrack möglich.

KV 48   Zur Auswertung des Films kann Kopiervorlage 48 *(multiple choice, ticking the things you see or hear about, aspects about life in Germany that you would put into a film)* eingesetzt werden. Die SBs bleiben geschlossen. L spielt den Film einmal komplett vor. Im Anschluss ergänzen die S ihre Mindmap der Einstiegsphase.

3,1   Alternativ erfolgt der Einstieg mithilfe des Audiotracks (= Texte 1–5 der SB-Doppelseite), ggf. bei geöffnetem SB, sodass die S die Bilder anschauen und mitlesen können.
Anschließend Übergang zu Aufgabe 1.

60/1   **1 What do you know about the USA?** (SB S. 84)

Methodisches Vorgehen

a) Die S öffnen das SB, betrachten die Fotos in Partnerarbeit und ergänzen ihre Mindmaps der Einstiegsphase mit den neuen Informationen. Ggf. werden in der Mindmap die Unterpunkte *American families* und *culture and traditions* ergänzt.

b) Die S lesen die Texte jede/r still für sich und notieren sich aus jedem Text eine für sie interessante Information. Diese stellen sie einander in Partnerarbeit vor, plus Begründung für ihre Wahl.

Lösung

a) Beispiel: *People in the USA travel by plane a lot.*
They celebrate holidays with their families.
They spend time with their friends.
That's Hollywood. There are many famous actors in Hollywood. It's in Los Angeles.
People in the USA spend their vacation on the coast.

b) Beispiel:
People like to visit their families because they often live far away from each other.
Holidays are important dates for families. One of them is Thanksgiving. People eat turkey on Thanksgiving and watch big football games.

Teenagers like to go bowling with their friends. It's fun.
That's the Walk of Fame in Hollywood. Hollywood has a big movie industry and you can visit the movie studios there.
Cape Cod is a place where many Americans like to go on vacation. Tourism is important there.

Erweiterung

Die S schreiben einen kurzen Text über einen weiteren Punkt aus ihrer Mindmap, stellen zwei Fragen zu ihrem Text und reaktivieren/vertiefen somit ihr Wissen über die USA.
Die Texte werden im Klassenzimmer ausgestellt (als *Gallery walk:* → M SB S. 152, LB S. 179). Die S lesen alle Texte und notieren die Antworten. Zur Auswertung werden einige Fragen im Klassenverband besprochen. Außerdem kann der beste Text „gekürt" werden.

2 Right or wrong? Correct the wrong sentences. (SB S. 84)

Methodisches Vorgehen

Einzelarbeit. Ggf. Hilfestellung: *Three of the sentences are wrong.*
Die Kontrolle erfolgt durch *Peer correction* (→ M SB S. 153, LB S. 180).

Lösung

1. *That's wrong. It takes six and a half hours.*
2. *That's right.*
3. *That's right.*
4. *That's wrong. Hollywood is famous for its movie studios.*
5. *That's wrong. Cape Cod is on the East Coast.*

60/2 ## 3 (LISTENING) Listen to the history of bowling. (SB S. 85)

Wortschatz   *to knock down, pin, to ban, law, similar*

3,2 ### Transkript

Nobody knows for sure where bowling first started, but we know that Germany has a similar game with a long history. But how did it come to the USA? Well, in the 19th century, many German people went to the USA to start a new life. They brought their own traditions and sports with them, including a game called Kegelspiel, *a game in which players try to knock down nine pins with a ball.*
The game became very popular in the USA. In 1841 a law banned nine-pin bowling because people started to bet money on the game. One way in which people could avoid breaking the law and still play was simply to add another pin. That way the modern game of ten-pin bowling was born.
Today there are lots of bowling alleys in the USA. People go there to have a good time with family or friends. You wear special shoes which stop you from slipping. You have to knock down as many pins as you can. If you knock them all down with the first ball, that's called a strike.

Methodisches Vorgehen

a) Erstes Hören. Beantworten der Fragen in Einzelarbeit. Sicherung im Klassengespräch.
● b) Leistungsstärkere S hören den Text ein zweites Mal und machen sich Notizen. In Partnerarbeit versuchen sie, den Text zu rekonstruieren (vgl. *Dictogloss:* → M LB S. 178). Es ist normal und Ausdruck der verschiedenen Leistungsniveaus und Lerntypen in einer Klasse, dass die S Unterschiedliches (quantitativ und qualitativ) verstanden und notiert haben werden.

Lösung

a) 1. *Germany*
   2. *You have to knock down as many pins as possible.*
   3. *There was a law that banned the game.*
   4. *They added a tenth pin to the game and still played it.*
b) Beispiel: *the name of the game in Germany is* Kegelspiel; *many German people went to the USA in the nineteenth century; there are lots of bowling alleys in the USA today; you wear special bowling shoes; a "strike" is when you knock down all pins with your first ball*

Erweiterungen

– Die S verfassen, ggf. in Partnerarbeit, Texte über eine (typisch amerikanische) Sportart und nehmen sie z. B. mit dem Smartphone als Podcast auf.
– Die S recherchieren die Bowling-Regeln und gestalten ein (virtuelles) Plakat mit den Regeln.

Topic 1: An argument at Thanksgiving (SB S. 86–89)

Auf einen Blick

Die S lesen einen Dialog zum wichtigsten Feiertag in den USA: Das *Thanksgiving*-Essen der Familie Murphy läuft nicht konfliktlos ab. Die S arbeiten sprachliche Wendungen für *having an argument* und Satzbetonungen heraus.

Die Mediationsaufgabe beleuchtet die Tatsache, dass Familien in den USA für *Thanksgiving* aus dem ganzen Land zusammenkommen, und legt den Schwerpunkt auf Verkehrsmittel, Reisezeiten und Zeitzonen.

Das *present perfect progressive* wird eingeführt und mit den Signalwörtern *for* und *since* verknüpft.

In der abschließenden **TASK** versetzen sich die S in Mitglieder der Familie Murphy und erstellen einen konfliktgeladenen Dialog.

Kompetenzen:	• über grundlegende Kenntnisse über das Leben in den USA verfügen, u. a. häusliche und familiäre Situation, Bräuche und Feste, Esskultur und Sportarten (interkulturelle Kompetenzen)
	• Texte verstehen und dabei deutlich hervortretende Meinungen der Sprecher erkennen (Leseverstehen/Hörverstehen)
	• Texte lautrichtig, verständlich und mit richtiger Intonation gestaltend vortragen bzw. die Intention eines Sprechers verstehen (monologisches Sprechen, Aussprache und Intonation)
	• klar strukturierte Gebrauchstexte erfassen (hier: Fahrpläne), die weitgehend bekanntes oder erschließbares Sprachmaterial enthalten und alltägliche und bekannte Themen aufgreifen, indem sie Global- und Detailinformationen sinngemäß auf Deutsch wiedergeben (Leseverstehen, Sprachmittlung)
	• sich in Personen versetzen, ein Konfliktgespräch führen und Lösungen finden (dialogisches Sprechen)
Wortfeld:	*celebrations, conflicts*
Grammatik:	*present perfect progressive* mit *since* und *for*
Ergänzendes Material:	Kopiervorlagen 49 und 50
Zeit:	3–4 Stunden

Einstieg

– Zieltransparenz: L informiert die S über das Kompetenzziel.

○ *Read a dialogue about the Murphy family's Thanksgiving dinner*

○ *Get to know a new tense, the present perfect progressive*

○ *Find out about distances and travel times in the USA*

● *In groups, write, practise and act a dialogue about a conflict*

– *Non-stop talking* in Partnerarbeit über *celebrations*: Die S sprechen nacheinander über *celebrations*, ohne Pause, jeweils eine Minute. Ziel ist, dass so viel wie möglich erzählt wird. Füllwörter *(well, as I was saying, do you know what I mean, anyway, …)* dürfen verwendet werden.
– Ggf. Vorgriff auf den Sachtext über *Thanksgiving* auf SB S. 91.

Wortschatz *argument*

1 What is the most important special day in your family? (SB S. 86)
→ **M** Round robin, SB S. 155

Methodisches Vorgehen
– Die S sammeln im Plenum Feiertage und berichten, welcher Feiertag in ihrer Familie/Kultur/ Religion der wichtigste ist. Sie sollten auch beschreiben, wie die Feiertage gefeiert werden und welche Traditionen damit verbunden sind.
– Dann Übergang zum *Round robin* (→ **M** SB S. 155, LB S. 181): Jede/r S nimmt knapp in einem Satz zu der Frage *What is the most important special day in your family?* Stellung. (Mit *special day* kann auch *my birthday* gemeint sein, es müssen keine gesetzlichen Feiertage genannt werden.)
– Alternativ als *Think – pair – share* (→ **M** SB S. 155, LB S. 182).

Lösung
Beispiel:
The most important holiday in our family is Christmas. We celebrate it on the 24th/25th December.
We always celebrate Eid. It's on a different date every year.
In our family, we celebrate Chanukkah. It's in November or December.

Erweiterung
Spontanreferate über Feiertage: Nachdem L mit den S Feiertage an der Tafel gesammelt hat, entscheiden sich die S allein oder zu zweit für einen Feiertag, den sie begehen, und machen sich Notizen zu den Fragewörtern *When?*, *Where?*, *Why?*, *Who?* und *How?* Es geht dabei in erster Linie um die Frage, wie die S diesen Tag feiern. (Im Gegensatz zur **TASK** SB S. 91/4; dort geht es um den religiösen/historischen Hintergrund des gewählten Feiertags.)
Dann präsentieren die S ihren Feiertag im Plenum. Die MitS geben Rückmeldung.

3,3 🖉 ## 2 (READING) Read the dialogue. (SB S. 86)

Wortschatz
to get ready for, to cut, slice, recently, vegetarian, to avoid, distracted, surprising, to decorate, annoyed, vegetable, absolutely, lovely, mashed potatoes, Brussels sprout, casserole, I can see where you're coming from, thankful, to be lucky, to starve

Methodisches Vorgehen
– Die S treffen hier wieder auf die Murphys aus Boston, Ethan und seine Mutter Amy, die in Unit 2 ihre Verwandtschaft in Irland besucht haben. Darüber hinaus nehmen drei weitere Familienmitglieder an dem *Thanksgiving dinner* teil: Mark (= Ethans Vater und Ehemann von Amy), Marks Mutter Grandma Brenda und Amys Schwester Sherrie.
Einstieg über die SB-Illustration. L ruft Vorwissen ab. L: *Do you recognize any of the people in the picture?* S: *Ethan and his mother Amy.* (*Ethan is sitting in the chair at the window. His mum Amy is the one with the turkey.*) L stellt Mark, Grandma Brenda und *Amy's older sister* Sherrie vor.
– Im Anschluss beschreiben die S die Illustration *(What can you see?, What are the people doing?)* und hören dann den Dialog bei geöffneten SBs, sodass sie still mitlesen können.
– Möglicher Hörauftrag: Den S wird je eine Figur zugewiesen (Grandma Brenda, Sherrie oder Amy), zu der sie während des Hörens Informationen sammeln und notieren.

Erweiterung
Dramatic reading (→ **M** SB S. 151, LB S. 178): Die S lesen den Dialog mit verteilten Rollen oder üben ihn als Rollenspiel ein. Fünfergruppen: Amy, Mark, Ethan, Grandma Brenda, Sherrie.

61/1 **3 Find out about the Murphy family's Thanksgiving.** (SB S. 87)

Methodisches Vorgehen

a) Einzelarbeit. Die Kontrolle erfolgt als *Peer correction* (→ M SB S. 153, LB S. 180), jeweils mit Belegstellen aus dem Text.

● b) Für leistungsstärkere bzw. schnellere S. Sie bearbeiten die Aufgabe und notieren in Stichpunkten ihre Meinung, um diese dann der Klasse vorzustellen. Bestenfalls ergibt sich eine Diskussion zwischen Befürwortern und Gegners von Amys Reaktion.

Lösung

a) 1. *That's Grandma.*
   2. *That's Sherrie.*
   3. *That's Sherrie.*
   4. *That's Amy.*
   5. *That's Mark.*
   6. *That's Ethan.*

b) Beispiel:

Amy is annoyed because she didn't know that Sherrie doesn't eat meat any more and she cooked a turkey. Now she thinks that she has to cook extra food for Sherrie.
I don't think Amy is right. She doesn't need to make anything extra. There are lots of vegetable dishes on the table. Sherrie doesn't mind and is happy with the dishes on the table. Another reason is that Sherrie told Amy on the phone that she doesn't eat meat.
I think Amy is right because it's a lot of work to cook a turkey. She thinks that Sherrie doesn't care about the holiday.

4 Complete the sentences. (SB S. 87)

Wortschatz   *I can see your point, to be up to, to compromise*

Methodisches Vorgehen

– *Matching exercise:* Die S ordnen die sechs Wörter den Lücken zu. Einzelarbeit.

– Bevor die S die Aufgabe bearbeiten, überlegen sie, worüber sich Familien an Feiertagen streiten. L präsentiert eine Liste von Möglichkeiten (z.B. *food, presents, TV programme, clothes, decoration, activities*), die im Klassengespräch erweitert werden kann. (Alternativ wird die Liste gänzlich gemeinsam mit den S erstellt.)
Dann haben die S in Partnerarbeit zwei Minuten Zeit, um zu entscheiden, welche der Situationen sie in einem Ranking an Platz 1 (= am häufigsten) bis Platz 5 (= kaum) setzen würden.
Im Anschluss stellen sie ihr Ranking begründet im Plenum vor.
L stellt Redemittel bereit (→ *Word bank: Giving opinions*, SB Seite 164).

Lösung

1. *You're absolutely right.*
2. *I can see your point.*
3. *I know where you are coming from.*
4. *I really don't mind.*
5. *It's up to you.*
6. *Let's compromise.*

3,4 / 61/2 **5 (SOUNDS) Listen and find out.** (SB S. 87)

Methodisches Vorgehen

a) Die S hören die Sätze und unterstreichen/merken sich das betonte Wort. Im Anschluss sprechen sie die Sätze entsprechend nach.

● b) Leistungsstarke S notieren sich zu jedem Satz die Gefühlslage des Sprechers/der Sprecherin.

Lösung

a) 1. *no*
   2. *that's*
   3. *And*
   4. *different, you*

b) *I think the speaker is annoyed/angry/upset.*

Erweiterungen

© KV 49   – Spiel *How do you feel?* auf Kopiervorlage 49: In Vierergruppen lesen die S nacheinander einen Satz ihrer Wahl von SB Seite 84f. in einer Gefühlslage vor, die sie zuvor gezogen haben. Die MitS der Gruppe erraten, um welche Gefühlslage es sich handelt. Wer richtig geraten hat, erhält einen Punkt. Wer hat nach drei Durchgängen die meisten Punkte?

– Rollenspiel in Partnerarbeit: Die S denken sich einen kurzen Dialog zu einem Konflikt ihrer Wahl aus und präsentieren ihr Rollenspiel vor der Klasse.

Language detectives (SB S. 87) → G14, SB S. 143

Methodisches Vorgehen

Möglich als *Think – pair – share* (→ M SB S. 155, LB S. 182): Die S finden aufgrund der Beispielsätze und Farbkodierung die Regeln zur Bildung des *present perfect progressive* und zur Verwendung von *for* und *since*.

Zusätzlich kann L die S auf die Satzstellung aufmerksam machen (= Zeitangaben *for* und *since* meist am Satzende).

Möglicher Hefteintrag/Tafelanschrieb:

> *Present perfect progressive*
>
> We use the present perfect progressive to show that an action started in the past, has been going on until now and is still going on.
>
> She has been watching TV all morning.
> We've been living in the same house for ten years.
> What have you been doing?
>
> How you form it: has been / have been + ing-form of the verb
>
> To say how long something has been going on, we use 'for' and 'since'.
>
> I've been living in Chicago for 20 years.   for = a period of time
>
> Brenda has been living in Chicago since 1999.   since = a point in time
>
> | | a long time. |
> | for | 20 years. |
> | | two years. |
>
> My family has been living in Schallfeld
>
> | | last year/October. |
> | since | my grandmother died. |
> | | 2016. |

Lösung

Beispiel:

How do you form this tense? has been / have been + ing-form of the verb
Is it more about the past or the present? more about the present
When do you use 'for' and when 'since'? for = a period of time, since = a point in time

62/3 **6 Put the words in the right order.** (SB S. 88)

Wortschatz *to look forward to (+ -ing)*

Methodisches Vorgehen
Einzelarbeit. Sicherung im Plenum.

Lösung
1. *Amy has been planning this meal for weeks.*
2. *Ethan has been looking forward to dinner all day.*
3. *Sherrie has been avoiding meat since the summer.*
4. *Sherrie has been living on Cape Cod since 2013.*
5. *Brenda has been spending Thanksgiving with her family for years.*

Erweiterung
KV 50   Spiel *For the longest time* auf Kopiervorlage 50 zur weiteren Festigung des *present perfect progressive:* In Einzelarbeit ergänzen die S Satzanfänge und finden anschließend im Partnerinterview heraus, wer welche Aktivitäten bereits länger ausführt.

62/4 **7 Since or for?** (SB S. 88)

Methodisches Vorgehen
In leistungsschwächeren Klassen lässt L die S im Plenum nochmals den Unterschied zwischen *for* und *since* erklären. Dafür wird ein Satz mit *present perfect progressive* an die Tafel geschrieben (*I've been planning my birthday party … months./ … May.*), den die S ergänzen, inkl. Begründung. Im Anschluss bearbeiten sie die Aufgabe in Einzelarbeit. Sicherung im Plenum.

Lösung
1. *since*   2. *for*   3. *since*   4. *since*

Erweiterung
Die S erarbeiten ein eigenes *since-or-for*-Spiel in Dreier- oder Vierergruppen.
– Jede Gruppe bereitet 20 Sätze vor, in die *since* oder *for* eingesetzt werden müssen. Jeder Satz wird einzeln auf eine Karte geschrieben, z. B.:

> I have been sitting here since/for two hours.

– Durchführung: Die S einer Gruppe sitzen um einen Tisch.
– In der Mitte liegen zwei Blätter/Kärtchen, auf einem steht *for*, auf dem anderen *since*.
– Ein/e S beginnt und liest 30 Sekunden lang die zuvor gesammelten Sätze der Reihe nach vor. Die MitS entscheiden sich schnell für das richtige Wort und legen die Hand auf die entsprechende Karte. Wer am schnellsten ist, bekommt die Satz-Karte.
– Nach 30 Sekunden wechselt der/die vorlesende S.
– Wer am Ende die meisten Karten erspielt hat, hat gewonnen.

8 What have they been doing? Use the present perfect progressive. (SB S. 88)

Methodisches Vorgehen
a) Einzelarbeit. (Die Aufgabe eignet sich alternativ gut als Hausaufgabe.) Die Sicherung kann durch eine/n *5-minute teacher* (→ M LB S. 179) erfolgen.
b) Leistungsstärkere S notieren mindestens drei Tätigkeiten, die sie seit dem Morgen tun. Danach tauschen sie sich in Partnerarbeit *(pair)*, später in Vierergruppen *(share)* aus, bevor die Aktivitäten im Plenum besprochen werden.
Mögliche Auswertung: Welche Vierergruppe hat die meisten unterschiedlichen Aktivitäten vorzuweisen?

Lösung

a) Beispiel:

2. *I think Brenda has been sleeping for an hour or two.*

3. *I think Amy has been making coffee in the kitchen.*

4. *Mark has been washing dishes for half an hour now.*

5. *Sherrie has been reading a book since 9 o'clock.*

6. *Ethan has been playing on his phone for 20 minutes now.*

b) Beispiel:

I've been thinking about food.

I've been chatting with my friends.

I've been sitting in the classroom.

I've been listening to my teachers.

I've been talking to my friends.

I've been asking my teacher questions.

I've been doing exercises.

9 (LISTENING) Listen and take notes. Then make sentences. (SB S. 88)

3,5

Transkript

Ethan: *I've been playing American football since I was 7. So, a long time now. I'm on the school team, but I'm not as good at it as some of my friends. I want to go to a sports camp in the summer.*

Brenda: *I've been going to dance classes for about the last six months. It keeps me fit and is a great way to make new friends.*

Sherrie: *I started learning Spanish in school. And I'm still learning now so I guess I can say I've been learning it for more than twenty years. Gosh, that's a long time! I don't take classes now but I watch movies in Spanish.*

Methodisches Vorgehen

Einzelarbeit. Sicherung im Klassengespräch.

○ Alternative für leistungsschwächere S: folgender *graphic organizer*.

	Hobby?	How long?	other information
Ethan			
Grandma Brenda			
Aunt Sherrie			

Lösung

Ethan has been playing American football since he was seven years old. (He wants to get better and go to a sports camp in the summer.)

Grandma Brenda has been going to dance classes for about six months now. (She wants to make new friends there.)

Aunt Sherrie has been learning Spanish since high school/for more than twenty years. (Today she watches movies/films in Spanish but she doesn't take classes.)

10 (MEDIATION) Beantworte die Fragen auf Deutsch. (SB S. 89)

Einstieg

– L befragt die S zu ihren Feriengewohnheiten: *How do you usually spend your holidays? Where do you go? How do you get there? (by car? by plane? by train?) How long does it take you to get there?*

– Danach werden mithilfe der USA-Karte hinten im SB die Dimensionen in den USA verdeutlicht. Im Anschluss orten die S Chicago und Boston auf der USA-Karte. L: *How far is it from Chicago to Boston?* (Die S nutzen den Maßstab, um die Entfernung auszurechnen/zu schätzen. Die korrekte

Antwort finden sie anschließend in Aufgabe 10: *982 miles,* etwa 1500 Kilometer.) *How long does it take to get from Chicago to Boston by car? Have a guess.* (Auch hier gibt Aufgabe 10 die Antwort: *14 hours and 46 minutes.*) Ggf. wird die Strecke im Internet verdeutlicht/nachvollzogen.

Zusätzlich kann der **CULTURE**-Kasten oben rechts auf der SB-Seite besprochen werden.

L: *Let's find out more about travelling between Chicago and Boston and how long it takes.*

Methodisches Vorgehen

Möglich als *Think – pair – share* (→ **M** SB S. 155, LB S. 182):

- Die S lesen die drei Reiseoptionen durch, vergleichen sie und legen sich auf ein Ranking fest.
- Ihre Rankings besprechen sie in Partnerarbeit und diskutieren ggf. Unterschiede.
  (Redemittel: → *Word bank: Giving opinions,* SB S. 164.)
- Im Plenum werden die Rankings verglichen.
- L fragt zusätzlich nach Vor- und Nachteilen der verschiedenen Verkehrsmittel und geht in leistungsstärkeren Klassen auf Aspekte wie Umweltschutz, Gefahren, Bequemlichkeit usw. ein.

Lösung

- Der Bus braucht am längsten, ist aber sechs Dollar billiger als Fliegen.
  Fliegen ist am teuersten, aber man braucht nur zweieinhalb bis fünf Stunden.
  Mit dem Auto ist es am billigsten, aber man braucht fast 15 Stunden.
- Ranking:

	am kürzesten	am billigsten
1	Flug	Auto
2	Auto	Bus
3	Bus	Flug

Erweiterungen (Hausaufgabe)

- Die S berichten von eigenen Reiseerlebnissen *(What was difficult? What was funny? What was expensive? What was the best experience? …).*
- Alternativ recherchieren die S *travel jokes* und erzählen diese in der Folgestunde.

11 (TASK) **A Thanksgiving dialogue** (SB S. 89) → **V** Giving opinions, SB S. 164

Wortschatz   *to go for a walk*

Methodisches Vorgehen

- Im Klassengespräch erzählen die S, was sie an einem Feiertag ihrer Wahl nach den „offiziellen Feierlichkeiten" machen. Als Hilfestellung kann L eine Bildcollage zum Thema Weihnachten zeigen (Gesellschaftsspiele spielen, zusammensitzen und reden, aber auch Disko, Sport, …).
- L stellt die SB-Situation vor: *After the meal at the Murphy family's home there is a problem. Ethan wants to watch the football game on TV, but Grandma Brenda wants to go for a walk with everybody.* Die S erarbeiten in Gruppen von drei oder vier S Pro- und Kontra-Argumente für beide Seiten und versuchen, sich auf eine Lösung zu einigen (→ *Word bank: Giving opinions,* SB S. 164).
- Nach der Verteilung der Rollen (Dreiergruppen: Ethan, Grandma Brenda, *mother* Amy; Vierergruppen: plus Mark oder Sherrie) bereiten die S ihre Rollen vor (Redemittel ggf. stichpunktartig notieren), bevor der Dialog in der Gruppe eingeübt wird. Dabei verwenden sie Redemittel und empathische Betonungen. Rollenverteilung: *Who do you want to be? / Who would you like to be? / I'd like to be (Ethan/Grandma Brenda/Amy/…) – is that OK with you? / Yes, fine. Let's start. / Yes, I'm OK with that. / OK, why not? We can swap roles later. /* Losverfahren: *Let's toss/flip a coin. / I'll toss a coin. You choose heads or tails.*
- Bei der Präsentation der Dialoge achten die MitS auf die Verwendung der Redemittel und geben am Ende Einzelfeedback (z. B. in Form von Wertungspunkten).
  1 Punkt: *You should work on your discussion skills.*
  3 Punkte: *You did well but there are some points you could do better.*
  5 Punkte: *Great job – you are a professional conflict manager.*

Lösung

Beispiel:

Ethan: OK, everybody. The football game starts in ten minutes!

Brenda: Oh no! We've been sitting around all day. Why don't we go for a walk?

Amy: I think Grandma is right. Let's go for a walk.

Ethan: But my favourite team is playing. I would like to see the game.

Grandma: It's not a good idea to stay in the house all day. Let's compromise. We can get back for the rest of the game later.

Ethan: I can see your point. Let's go to the park.

Grandma: It's up to you. Let's go for a walk in the park.

Amy: Great, let's go!

Text 1: Let's celebrate! (SB S. 90–91)

Auf einen Blick

Die Sachtexte stellen fünf amerikanische Feiertage vor: Martin Luther King Day, Presidents' Day, Memorial Day, Independence Day und Thanksgiving.

Kompetenzen:	• über grundlegende Kenntnisse über das Leben in den USA verfügen, u. a. häusliche und familiäre Situation, Bräuche und Feste, Esskultur und Sportarten (interkulturelle Kompetenzen)
	• Texte (hier: kurze Sachtexte über Feiertage in den USA) verstehen, die alltägliche und bekannte, auch über persönliche Interessensgebiete hinausgehende Themen aufgreifen und vorwiegend bekanntes sowie erschließbares Sprachmaterial enthalten (Leseverstehen)
	• in Reaktion auf Gelesenes die eigene Meinung zum Ausdruck bringen, dabei angemessen auf den Gesprächspartner eingehen und in einfacher Form nachfragen (dialogisches Sprechen)
	• verschiedene Quellen zur Informationsbeschaffung nutzen (z. B. das Internet) und Rechercheergebnisse anschaulich darstellen (Text- und Medienkompetenzen)
	• Arbeitsergebnisse vorstellen und dabei ggf. Notizen als Hilfestellung verwenden (monologisches Sprechen, methodische Kompetenzen)
Wortfeld:	*holidays*
Ergänzendes Material:	Kopiervorlagen 51–53
Zeit:	ca. 2 Stunden

Einstieg

– Zieltransparenz: L informiert die S über das Kompetenzziel.

○ *Read about five holidays in the USA*

○ *Tell a partner what you think of the holidays*

○ *Use the internet to find out more about the five holidays*

● *Write about a holiday in your country or create a new holiday and present it in class*

– Die S sammeln in Partnerarbeit Feiertage in Deutschland und den USA (je nach Zusammensetzung der Klasse auch von anderen Ländern) und notieren, nach Möglichkeit, die Hintergründe. Beispiel für *Germany:*

Holiday	When?	Why?
Christmas	*24th/25th December*	*celebrate the birth of Jesus Christ*
New Year's Eve	*31st December*	*say bye-bye to the old year*
New Year	*1st January*	*welcome the new year*
Carnival	*46 days before Easter*	*say bye-bye to winter*

3,6
63/1

1 (READING) Read about five holidays in the USA. (SB S. 90)

Wortschatz

Die folgenden neuen Wörter, die in den Texten vorkommen, gehören nicht zum Lernwortschatz:
to mark, African American, right, peaceful, way, speech, to defeat, founding father, Civil War, slavery, to fly at half-mast, cemetery, to sign, document, democracy, Native American, to pardon

Methodisches Vorgehen

Die S lesen die fünf Texte und erstellen – in Vorbereitung auf Aufgabe 2 – ein Ranking, wie ihnen die fünf Feiertage gefallen: von 1 *(= the best/coolest/most interesting holiday)* bis 5 *(= the least interesting/most boring holiday).*

Erweiterung

KV 51

Kopiervorlage 51 bietet sich als weiterführende Textverständnis-Aufgabe an: *right or wrong?* und *correcting the wrong sentences.*

> ### Info: Mount Rushmore (Foto SB S. 90)
> Die zwischen 1927 und 1941 in die Bergwand gehauenen Skulpturenköpfe zeigen vier US-Präsidenten (von links nach rechts): George Washington (1789–1797), Thomas Jefferson (1801–1809), Theodore Roosevelt (1901–1909) und Abraham Lincoln (1861–1865).

2 Which of these holidays would you like to celebrate? Explain why. (SB S. 90)

Methodisches Vorgehen

Partnerarbeit: Die S tauschen sich über ihre in Aufgabe 1 vorbereiteten Rankings aus.
Gut als *Double circle* (→ **M** SB S. 151, LB S. 178) oder *Zipper* (→ **M** LB S. 182).

Lösung   individuelle Lösungen

3 Use the internet to find out the exact dates of these holidays. (SB S. 90)

Methodisches Vorgehen

Um die in der Einstiegsphase – siehe oben – erstellte Tabelle zu ergänzen, werden zunächst die noch fehlenden US-Feiertage und ihre Wurzeln eingetragen. Im Anschluss recherchieren die S im Internet nach den exakten Daten der Feiertage für das aktuelle Kalenderjahr.

Lösung

1. Beispiel (für 2019):
Martin Luther King Day: 21th January (third Monday in January)
Presidents' Day: 18th February (third Monday in February)
Memorial Day: 27th May (last Monday in May)
Independence Day: 4th July (same date every year)
Thanksgiving: 28th November (fourth Thursday in November)

2. *Martin Luther King Day: always third Monday in January*
Presidents' Day: always third Monday in February
Memorial Day: always last Monday in May
Independence Day: always 4th July
Thanksgiving: always fourth Thursday in November

63/2

4 (TASK) Choose one of these tasks. (SB S. 91)

Methodisches Vorgehen

Die S entscheiden sich für a) oder b).

Präsentation der Ergebnisse: als *Gallery walk* (→ **M** SB S. 152, LB S. 179) oder *1-minute-presentations* (→ **M** SB S. 150). Im Plenum wird der gelungenste Beitrag gekürt.

a) In Einzel-, Partner- oder Gruppenarbeit erstellen die S ein Plakat, einen kurzen Sachtext oder einen Erklärfilm zu einem Feiertag ihrer Wahl, in Deutschland oder einem anderen Land. Sie nutzen dafür Tablets oder Smartphones. Folgende Leitfragen sollten beantwortet werden: *When is this holiday celebrated? What is the story behind this holiday? What are some of the traditions? What do people do on this holiday? Is there any special food?*

b) Die S erfinden in Einzel-, Partner- oder Gruppenarbeit anhand der Leitfragen im SB ihren eigenen Feiertag. Im Anschluss gestalten sie – analog zu a) – ein Plakat, einen kurzen Sachtext oder einen Erklärfilm.

Lösung

Beispiel:

a) *Easter is an important holiday in Germany. People celebrate it on a Sunday in March or April.*
At Easter, people celebrate new life. It's an important holiday at church.
Easter starts on the Friday, which is Good Friday in English.
Many people go to church on Easter Sunday and on the next day, Easter Monday. Easter Monday is a holiday in Germany too.
People paint eggs for Easter. On Easter Sunday morning, parents hide chocolate eggs, and their children look for the eggs. Parents tell their children that a rabbit brings the Easter eggs.

b) *Movie Holiday is a holiday to celebrate good films. It's on the last Saturday in February. Friends meet at home or at the cinema. They make popcorn and watch their favourite films together.*
Everyone can dress up as their favourite movie character.

Erweiterungen

– Im Rahmen eines eTwinning-Projektes können die in a) entstandenen Erklärfilme mit S in anderen Ländern ausgetauscht werden.

◎ KV 52 – Kopiervorlage 52 zur Vertiefung des *Thanksgiving*-Feiertags: Übersetzt bedeutet *Thanksgiving* „Danksagung" und in vielen Familien ist es üblich, dass man vor dem Essen sagt, wofür man dankbar ist. Diese Tradition greift die Kopiervorlage auf, d.h. die S überlegen, wem und/oder wofür sie dankbar sind.

◎ KV 53 – Kopiervorlage 53 zu Martin Luther Kings Rede *I have a dream* von 1963. Die S lesen/erschließen einige Zitate aus der Rede und vervollständigen dann Sprechblasen mit ihren eigenen Träumen.

– Die S recherchieren US-Präsidenten und erstellen Steckbriefe. Mögliche Kategorien:
Name:
Nickname:
Date of birth:
Place of birth:
Family:
He was president from … to …
President number:
Achievements:
Something special or funny about him:
Date of death:

Topic 2: Come quickly! It's an emergency! (SB S. 92–95)

Auf einen Blick

Im Mittelpunkt steht das Thema Notrufe (in den USA).

Die S lesen zunächst eine Geschichte. Ethan aus Boston, bekannt aus den früheren Units, ist mit Freunden in der Bowlingbahn. Sein Freund Ryan verletzt sich am Kopf und Ethan entscheidet, einen Notruf abzusetzen und den Krankenwagen zu rufen.

Im Anschluss hören die S einen Notruf und erkennen daran die Merkmale der Textsorte. Sie erarbeiten das Wortfeld *health problems* und geben einander im Rollenspiel Ratschläge bei Krankheiten und Verletzungen.

Bevor die S in der abschließenden **TASK** im Rollenspiel einen Notruf erarbeiten, erarbeiten sie das Grammatikthema Adjektiv/Adverb.

Kompetenzen:	• über grundlegende Kenntnisse über das Leben in den USA verfügen, u.a. häusliche und familiäre Situation sowie Sportarten (interkulturelle Kompetenzen)
	• einen Dialog (Telefonat, Notruf) zwischen Lehrwerksfiguren verstehen, der weitgehend bekanntes bzw. leicht erschließbares Sprachmaterial enthält (Leseverstehen/Hörverstehen)
	• klar strukturierte und deutlich gesprochene Texte zu alltäglichen und bekannten Themen verstehen, hier: Notruf (Hörverstehen, interkulturelle Kompetenzen)
	• Sachverhalte genauer beschreiben, indem u.a. ausgewählte komplexe Sätze verwendet werden (Schreiben)
	• sich in Alltagssituationen verständigen, hier: *health problems* und *emergency call*, dabei Kommunikations- und Interaktionsregeln (u.a. Höflichkeitsformeln) anwenden (dialogisches Sprechen, interkulturelle Kompetenzen)
Wortfeld:	*emergency, health problems*
Grammatik:	*adjectives and adverbs*
Ergänzendes Material:	Kopiervorlagen 54 und 55
Zeit:	ca. 3 Stunden

Einstieg
– Zieltransparenz: L informiert über das Kompetenzziel.

> ◯ *Talk about situations in which you need help*
>> ◯ *Find out how to make an emergency call in the USA*
> ◯ *Talk about health problems*
> ● *Practise an emergency call*

– *Help* von *The Beatles:* L kann den Liedtext als Lückentext vorbereiten, den die S während des Hörens ausfüllen. Die Wörter können ungeordnet vorgegeben werden. Im Anschluss überlegen die S im Plenum, welche Art von Hilfe der Sänger wohl in Anspruch nehmen möchte.
– Als Hausaufgabe recherchieren die S weitere Lieder bzw. Liedtitel zu *help* und berichten in der Folgestunde, um welche Art Hilfe es sich jeweils handelt.
Beispiele: *The Beatles: With a little help from my friends / Carole King, You've got a friend / The Beach Boys: Help me Rhonda*

Wortschatz   *quick, emergency*

1 In what kind of situations do you need help? What do you do? (SB S. 92)

→ **M** Think – pair – share, SB S. 155

Methodisches Vorgehen

Think – pair – share (→ **M** SB S. 155, LB S. 182): Die S notieren Situationen, in denen sie oder Freunde/Bekannte Hilfe in Anspruch genommen haben, und wie sie dabei vorgegangen sind.
Die Frage kann weit gefasst werden. Es können auch Situationen wie Liebeskummer, Schulschwierigkeiten und Ähnliches genannt werden.
In leistungsstarken Klassen kann darauf eingegangen werden, welche Konsequenzen sich ergeben, wenn man nicht um Hilfe bittet.

Lösung

Beispiel:
You need help when someone is hurt.
We call for help when someone has had an accident.
I go and see a doctor when I hit my head or break my arm.
I go to hospital when I fall off my bike.
I sometimes need help with my homework. I often ask my parents for help.

3,7 **2 (READING) Read the dialogue.** (SB S. 92)

Wortschatz

operator, emergency services (pl), service, ambulance, to bleed, to bowl, to spill, to hit, badly, arm, to break, awake, to do well, so far, to look after sb, emergency call

Methodisches Vorgehen

L leitet zum Lesetext über: *Ethan, Ryan and Francine are at the bowling alley. Let's find out what happens.*
Die S lesen den Dialog jede/r still für sich. Nach Belieben kann parallel die Tonaufnahme eingesetzt werden. Anschließend Übergang zur Sicherung des Textverständnisses in Aufgabe 3.

3 Right or wrong? Correct the wrong sentences. (SB S. 92)

Methodisches Vorgehen

Die S notieren zunächst jede/r für sich, ob sie die Sätze für richtig oder falsch halten. Danach werden die Ergebnisse in Partnerarbeit verglichen. Bei den falschen Sätzen werden die Berichtigungen schriftlich im Heft festgehalten. Abschließend erfolgt die Ergebniskontrolle im Plenum.
○ Ggf. Hilfestellung: *Three of the sentences are wrong.*

Lösung

1. *That's wrong. He needs an ambulance.*
2. *That's right.*
3. *That's wrong. He's hurt his arm too.*
4. *That's wrong. They were bowling.*
5. *That's right.*
6. *That's right.*

4 (LISTENING) Look at the list and listen. (SB S. 92)

3,8 **Transkript**

Operator: *Hello, Emergency Services, which service do you need: police, fire or ambulance?*
Woman: *Hello, I need help. I've just seen something in the road here. A man has taken a woman's bag! She's with me now.*
Operator: *Is the woman OK? Is she awake?*
Woman: *She's awake, but she doesn't look very well. I think she is still scared. And the man has hurt her arm, I think.*

Operator: *Right, I'll send you the police. The police can also take her to hospital if she needs to go.*

Woman: *Good, that's good. Thank you. You know, I'm a bit nervous here. This is all very scary. I hope I do everything right.*

Operator: *OK, where are you now?*

Woman: *I'm near the toy store on Tile Street.*

Operator: *What is your name and phone number?*

Woman: *I'm really worried about her. Maybe I can …*

Operator: *Excuse me, but to help you, we really need this piece of information. Can you please tell me …*

Methodisches Vorgehen

Einzelarbeit.

Lösung   *1 and 4*

Erweiterungen

– In leistungsstarken Klassen schreiben die S in Partnerarbeit kurze Notrufdialoge und lassen einen Punkt der Checkliste SB S. 92 weg. Die Texte werden aufgenommen und in der Klasse vorgespielt. Die MitS erkennen, welche wichtigen Informationen fehlen.
– Alternativ einigen sich die S auf ein Ereignis und schreiben einen kurzen (Zeitungs)Bericht.

5 Match the sentences. Look at the pictures for help. (SB S. 93)

Wortschatz

finger, plaster, tooth/teeth, tablet, cast, to twist, knee, bandage, to burn, to cool, to sprain, ankle

Methodisches Vorgehen

Einzelarbeit.

Lösung   1–F   2–D   3–A   4–B   5–C   6–E

Erweiterung

Die S berichten in Partnerarbeit/im Plenum von Verletzungen, die sie hatten. Dabei geben sie an,
– wie es passiert ist,
– was sie dann getan haben,
– wie sie sich gefühlt haben (ggf. im Vorfeld *adjectives of feeling* wiederholen).

6 (SPEAKING) Make excuses. (SB S. 93)

64/1–2
65/3–4

Wortschatz

headache, stomach ache, sore throat, operation, a day off, medicine, cuddly toy

Methodisches Vorgehen

a) Die S legen zunächst in Partnerarbeit die Rollen fest.
   Redemittel für die Rollenverteilung:
   – *OK then, who do you want to be? / Who would you like to be?*
   – *I'd like to be (the one with the health problems/the parent) – OK with you?*
   – *Yes, that's fine. Let's start. / Yes, I'm OK with that. / OK, why not? We can swap roles later.*
   – Losverfahren: *Let's toss/flip a coin. / I'll toss a coin. You choose heads or tails.*
   Dann machen sich die S Notizen zu ihrer Rolle (S1 notiert sich mögliche Krankheiten und Argumente für eine Entschuldigung, S2 Argumente gegen eine Entschuldigung) und zu Präsentationstechniken (Gestik und Mimik, vgl. Kasten **SPEAKING SKILLS**).
   Im Anschluss üben die S gemeinsam den Dialog ein und präsentieren ihn dann in der Klasse, wobei sie auf Gestik und Mimik achten. Die MitS geben Rückmeldung: Jede/r S bereitet zwei Sets Punktekarten von 1 bis 9 vor (am besten für die jeweiligen Sets unterschiedliche Farben Papier oder Stift verwenden). Mit einem Set wird die Sprache, mit dem anderen die Präsentationstechnik bewertet. Eine Hälfte der Klasse beobachtet S1, die andere S2.

● b) Leistungsstarke S bearbeiten zunächst das angegebene Beispiel und notieren sich dann vier oder fünf neue Situationen, über die sie sich dann in Partnerarbeit austauschen.

Lösung

b) Beispiel:
I'm so ill! I think I need a day off.
My head hurts terribly. I have to go to bed and sleep.
Please bring me a tablet and a cuddly toy!

Language detectives (SB S. 94) → **G15**, SB S. 144

Methodisches Vorgehen

Die S leiten aus den Beispielsätzen ab, wann an Adjektive *-ly* gehängt wird.
Gut als *Think – pair – share* (→ **M** SB S. 155, LB S. 182).
Möglicher Hefteintrag/Tafelanschrieb:

Adjectives and adverbs

The beautiful girl sings beautifully.

Adjectives describe people or things (who/what?).
Adverbs describe verbs (how?).
You add -ly to an adjective to make it an adverb.

beautiful → beautifully
slow → slowly
quick → quickly
nervous → nervously
terrible → terribly

Lösung

Beispiel:
When do you need the -ly? You need the -ly if it's an adverb. You add -ly to an adjective to make it an adverb.

66/5–6 **7 How do they do it?** (SB S. 94)

Methodisches Vorgehen

a) Einzelarbeit. Sicherung im Plenum.
Der Tafelanschrieb aus *Language detectives* wird um Bens Hilfesatz ergänzt.

● b) Leistungsstarke S bilden die vier Sätze.
Die Selbstkontrolle erfolgt mithilfe von Lösungsblättern, die L bereitstellt.

Lösung

a) 1. *quietly*   2. *quickly*   3. *badly*   4. *slowly*   5. *easily*   6. *heavily*   7. *carefully*
b) 1. *He is opening the door quietly.*
   2. *She is shouting angrily.*
   3. *She is smiling happily.*
   4. *He is watching nervously.*

Erweiterung

◎ KV 54   Die S spielen das Pantomime-Spiel auf Kopiervorlage 54. Die Vorlage enthält 22 *activities* mit Adverbien (*sing beautifully, drive slowly* usw.). Die Klasse wird in zwei Gruppen eingeteilt.
Aus jeder Gruppe mimt abwechselnd ein/e S eine gezogene Aktivität. Die Gruppe, die Aktivität und Adverb erraten und einen vollständigen Satz korrekt gebildet hat (z. B. *He sings beautifully.*), erhält einen Punkt. Sieger ist die Gruppe mit den meisten Punkten.

67/7 **8 Complete Ethan's report. Add the adverbs.** (SB S. 94)

Methodisches Vorgehen

– Kurzer L-Vortrag: *Yesterday was a hard day. In the morning I worked hard at school. In the afternoon I played football. It is a fast game and I can run very fast. In the evening I listened to a good song – "Help" by the Beatles! I sang and danced along and believe me, I can sing and dance well!*
Die unregelmäßigen Formen werden im Tafelanschrieb von *Language detectives* ergänzt.

> hard → hard   fast → fast   good → well

– Die S bearbeiten die Aufgabe in Einzelarbeit. Die Kontrolle erfolgt im Plenum: L zeigt den Satz (Dokumentenkamera, Tageslichtprojektor, …). Auf ein Zeichen von L hin halten die S einen blauen (= regelmäßiges Adverb) oder orangefarbenen (= unregelmäßiges Adverb) Stift hoch, bevor der Satz richtig ergänzt vorgelesen wird.

Lösung   1. *well*   2. *loudly*   3. *hard*   4. *badly*   5. *quickly*   6. *terribly*

9 What does the employee at the bowling alley tell everybody before they can play?
(SB S. 95)

Methodisches Vorgehen

Kurzer L-Vortrag über Regeln beim Sport, wobei *DOs and DON'Ts* hervorgehoben werden (z. B. Fußball: *Run quickly. Pass the ball carefully. Don't be nervous in front of the goal. Don't hurt another player badly.*). Die S bilden in Einzelarbeit Sätze mit den Verben und Adverbien. Die Sätze werden zur Sicherung vorgelesen. Anschließend werden die wichtigsten drei Regeln festgehalten.

Lösung
Beispiel:
Always wear these shoes. You can slip easily.
The bowling balls are very heavy. Throw the ball carefully.
When you play, don't move quickly.
Don't shout loudly.
Don't run around fast.

Erweiterung

Pyramid discussion (→ **M** LB S. 181): Im Schneeball-Verfahren können Regeln für den Umgang in der Klasse/im Schulhaus aufgeschrieben werden. Diese können im Rahmen eines eTwinning-Projekts mit S aus anderen Ländern ausgetauscht werden.

67/8 **10** (**WRITING**) **Adjective or adverb?** (SB S. 95)

Wortschatz   *luckily*

Methodisches Vorgehen

a) Einzelarbeit schriftlich. Sicherung als *Peer correction* (→ **M** SB S. 153, LB S. 180).
● b) Ggf. als Hausausgabe. Als zusätzliche Übung werden die S aufgefordert, alle verwendeten Adjektive blau und alle Adverbien orange zu unterstreichen. Die Präsentation erfolgt im *Double circle* (→ **M** SB S. 151, LB S. 178), ggf. nach vorheriger Korrekturmöglichkeit.

Lösung
a) 1. *dangerous*   2. *stupidly*   3. *wet*   4. *badly*   5. *Luckily*   6. *quickly*   7. *careful*   8. *Nice*
b) Beispiel: *Last weekend I played basketball with my friends. Everybody wanted to win badly. One player threw the ball hard. I wasn't looking so the heavy ball hit me on my nose. It hurt terribly and my nose started to bleed heavily. My friend said sorry quickly and walked home with me slowly. My mum was worried when we came home and shouted loudly. She told me I should play more carefully. She thinks basketball is a dangerous sport. But it isn't!*

11 (TASK) A role play: Emergency! (SB S. 95) → V Emergency, SB S. 165

Methodisches Vorgehen

KV 55
- Die S bearbeiten die Aufgabe in Partnerarbeit: Zunächst erfinden sie anhand der Fragewörter einen fiktiven Unfallhergang, überarbeiten (ergänzen, klären, …) diesen mit einem anderen Paar und üben dann den Dialog ein. Hierfür kann als Hilfestellung oder Erweiterung Kopiervorlage 55 eingesetzt werden.
- Bei der Präsentation ihres Notrufs vor der Klasse achten die S verstärkt auf Gestik und Mimik (*Dramatic reading:* → M SB S. 151, LB S. 178).
- Da es sich um ein Telefonat handelt, sollten die Paare bei der Präsentation Rücken an Rücken sitzen, sodass sie keinen Augenkontakt haben. (Telefonhörer pantomimisch: Daumen ans Ohr, kleiner Finger an den Mund.) Sie können das Gespräch auch auf Smartphone aufzeichnen, dann haben sie die Möglichkeit, es anzuhören und zu überarbeiten.
- Die MitS geben anschließend Rückmeldung, nach der Methode *Tip top* (→ M SB S. 155, LB S. 182). Um die Qualität der Rückmeldungen zu gewährleisten, sollten die zuhörenden S mit Beobachtungsaufträgen versorgt werden. Beispiele für Rückmeldungen:
I really enjoyed your dialogue/emergency call.
Your emergency call was a good emergency call. You gave all the important information.
I think there was important information missing from your emergency call. You didn't say (where you are/your name/…).
I liked the ideas in your dialogue.
You seemed to enjoy yourself. / You didn't really enjoy yourself, did you?
I was able to understand you really well. / I didn't understand everything.
I thought your emergency call was a bit flat/short/long/…

Lösung
Beispiel:
- *List:*
Who? Mark
Where? In the garden
How? Fell off a tree
What's the problem? Leg hurts, twisted his leg or broke it
What do we need? Ambulance
- *Emergency call:*
A: Hello, Emergency Services, which service, please?
B: Hello. I need an ambulance. My friend fell off a tree.
A: Tell me slowly what happened.
B: My friend was climbing a tree in the garden. But then he slipped and fell from about two and a half metres. His leg hurts badly. He thinks he's broken it.
A: Is your friend awake?
B: Yes, he is shouting loudly.
A: OK, where are you?
B: We're in the garden, 5 Brooke Lane.
A: Can you give me your name and telephone number, please?
B: Of course. It's 416-535-6975.
A: OK, an ambulance is on its way. Don't move your friend's leg and stay with him.
B: OK, I'll wait here. Thanks. Bye.

Erweiterung
KV 76
Kopiervorlage 76 bietet den S die Möglichkeit, am Thema *basketball* und Sportverletzung das Schreiben einer *picture story* zu üben.

Text 2: Hollywood dreams (SB S. 96–98)

Auf einen Blick

Wie werde ich berühmt und ein Star? Mit dieser Frage beschäftigt sich der Artikel eines Jugendmagazins, gibt Tipps und Hintergrundinformationen zur Filmstadt Hollywood.

Kompetenzen:	• über grundlegende Kenntnisse der USA verfügen, hier: Unterhaltungsindustrie (interkulturelle Kompetenzen)
	• Texte verstehen, hier: Jugendzeitschrift, die alltägliche und bekannte, auch über persönliche Interessensgebiete hinausgehende Themen aufgreifen und vorwiegend bekanntes sowie erschließbares Sprachmaterial enthalten (Leseverstehen/Hörverstehen)
	• die eigene Meinung in einfachen Worten zum Ausdruck bringen (monologisches Sprechen)
	• in einem *short talk* Arbeitsergebnisse vorstellen, dabei ggf. Notizen als Hilfestellung verwenden und sich zu bekannten Themen äußern (monologisches Sprechen)
	• sich in Alltagssituationen verständigen, dabei auf den Gesprächspartner angemessen eingehen, in einfacher Form nachfragen und ggf. um Wiederholung bzw. Klärung bitten (dialogisches Sprechen)
Wortfeld:	*being famous, movies*
Ergänzendes Material:	Kopiervorlage 56
Zeit:	ca. 2 Stunden

Einstieg

– Zieltransparenz: L informiert die S über das Kompetenzziel.

○ *Read an article from a teen magazine about becoming a movie star*

○ *Talk about the article with a partner*

● *Give a short talk about Hollywood or prepare an interview with a movie star*

– L zeigt eine Collage mit Filmstars oder spielt das Lied *Moviestar* von Harpo an. Die S sprechen frei über das Thema.
– Alternativ wird das Spiel *Who am I?* gespielt: L nimmt die Rolle eines Filmstars ein, die S stellen Fragen, die mit *yes/no* beantwortet werden können, und erfragen/erraten so den Namen des Filmstars. Danach übernimmt ein/e S die L-Rolle und nimmt die Rolle eines Filmstars ein.

1 Would you like to be a movie star? Why / Why not? (SB S. 96)

Methodisches Vorgehen

Im *Double circle* (→ M SB S. 151, LB S. 178) oder *Zipper* (→ M LB S. 182) tauschen sich die S über die Frage aus.

Im anschließenden Klassengespräch können weiterführende Fragen gestellt werden:

– *What kind of movie would you like to act in (romance, action film, comedy, …)?*
– *Would you prefer to be a different type of star, rather than a movie star? (for example, music, internet/social media, sport, fashion, cooking, author, director, reality show)*

Lösung

Beispiel:

Yes, I would like to be a movie star because movie stars have a lot of money. I think movie stars have a lot of fans and they know a lot of important people. I would like to act in great movies and be famous.

I wouldn't like to be a movie star because you have to travel a lot and it's hard work. Some people want to know everything about your life when you are famous. You probably never have time for your friends when you're a star.

3,9 ☞ **2** (READING) **Read the article from a teen magazine.** (SB S. 96)

Wortschatz

dollar, carpet, guide, light, acting, high school, instead, to notice, break, likely, waiter, waitress, extra, scene, nightmare, attitude, star, to dream, secret, to take out, garbage (AE), to do the (household) chores, ad (= advertisement)

Methodisches Vorgehen

- Die S lesen die Texte 1–5 von SB S. 96 jede/r still für sich. Im Anschluss äußern sie, ob sie die Tipps sinnvoll finden und ob der Weg zum Star ein leichter ist. Übergang zu Aufgabe 3.
- Danach *Text puzzle* (→ M LB S. 182) zu den vier Texten von SB S. 97: Die S werden in vier Gruppen eingeteilt, die *home groups*. Jede Gruppe liest einen Text (Einzelarbeit), stellt sicher, dass sie ihn verstanden hat (Partnerarbeit), und beantwortet die zwei Fragen zum Text in Aufgabe 1 auf Kopiervorlage 56 und ist somit *expert* für diesen Text. In gemischten Gruppen, den *expert groups*, stellen die S ihren Text den MitS vor und erarbeiten Kopiervorlage 56 gemeinsam. So sind am Ende alle S auf demselben Wissensstand.

© KV 56

Erweiterung

Zur Wiederholung des Alphabets buchstabieren sich die S gegenseitig Namen von Stars. Zum Beispiel: *Matthew McConaughey, Shia LaBeouf, Jake Gyllenhaal, Scarlett Johansson, Joaquin Phoenix, Milo Ventimiglia, Beyoncé Knowles, Avril Lavigne, Martin Scorsese, Quentin Tarantino, Charlize Theron, Marion Cotillard, Laurence Fishburne, Jean Dujardin, Reese Witherspoon, Gwyneth Paltrow, Keira Knightley, Bradley Cooper, Hugh Jackman, Christoph Waltz*

3 **Do you remember the advice from the text?** (SB S. 98)

Methodisches Vorgehen

Die Aufgabe bezieht sich auf die Texte 1–5 von SB S. 96.

a) Einzelarbeit. Sicherung als *Peer correction* (→ M SB S. 153, LB S. 180).

b) In Partnerarbeit sprechen die S über die Ratschläge, die in den Texten gegeben werden, und kommentieren sie. Sie sollten zu allen fünf Ratschlägen eine Meinung äußern.

Lösung

a) *join acting classes; be an 'extra', move to Los Angeles; practice as often as you can; don't be difficult*

b) Beispiel:

B: *The article says you should move to Los Angeles.*

A: *That's probably right, but I think it's expensive! I think you need a job there.*

B: *Of course. You can work as a waiter or waitress in the evening and go to acting classes in the morning.*

A: *I think it's more important to be an 'extra' in movies than to go to acting classes. Then maybe somebody will notice you.*

B: *They say that you shouldn't be difficult to work with. That's a bad attitude.*

A: *Of course. You can't be late and you have to listen to the director.*

B: *That's right. Actors have to work hard too.*

Erweiterung

Eine Zusammenführung der Argumente aus Aufgabe 3 b) im Plenum kann nach der Methode *Angels and Demons* (→ M LB S. 177) erfolgen.

– Die eine Klassenhälfte ist für die Ratschläge von SB S. 96, die andere Klassenhälfte dagegen.

– Zunächst bereiten sich die S in ihren Gruppen auf das Streitgespräch vor und sammeln Argumente bzw. Gegenargumente.

– In der Diskussion stellen die Befürworter *(Angels)* und Gegner *(Demons)* abwechselnd ihre Argumente vor, die Gegenseite argumentiert jeweils spontan dagegen.

– Welche Gruppe hat den längeren Atem?

4 Choose the correct answer. (SB S. 98)

Methodisches Vorgehen

Einzelarbeit. Sicherung als *Peer correction* (→ M SB S. 153, LB S. 180). Um das Textverständnis genau zu überprüfen, sollen die jeweiligen Stellen/Sätze im Text vorgelesen werden.

Lösung

1. *every year*   2. *an Oscar*   3. *drives you past their homes*   4. *an ad*

68/1
69/2–5

5 (TASK) Choose one of these tasks. (SB S. 98)

Methodisches Vorgehen

Die S entscheiden sich für eine der Aufgaben.

a) In Einzel- oder Partnerarbeit bereiten die S einen kurzen Vortrag eines Reiseleiters in Hollywood vor. Dabei verwenden sie die Informationen aus der Unit (vor allem SB S. 97) und/oder recherchieren im Internet. Die Länge der Texte richtet sich nach dem Leistungsstand der S.
Zur Präsentation können die Texte vorgelesen werden (bestenfalls mit visueller Unterstützung durch Bilder aus dem Internet oder einem Plakat mit der Reiseroute) oder die S erstellen eine PowerPoint-Präsentation und sprechen die Texte dazu ein.

b) In Partnerarbeit bereiten die S ein Interview mit einem Filmstar vor: Zunächst legen sie sich auf fünf Fragen fest. (Leistungsstarke S können mehr Fragen entwerfen.) Anschließend recherchieren sie im Internet die Antworten und üben dann gemeinsam das Interview ein.
Die Präsentation kann vor der Klasse erfolgen: Wenn die S vorher aufgefordert wurden, den Namen des Stars nicht zu nennen, erraten die MitS den Star.

Lösung

Beispiel:

a) *Welcome to Hollywood! On the left you can see the big Hollywood sign. Did you know that each letter is more than thirteen metres tall? If you're interested in Hollywood, you should read the names on the Walk of Fame. There are about 2,600 names of famous actors, directors, musicians and writers from the history of Hollywood. And they add new stars every year! Many of the actors who have their own star on the Walk of Fame have won an Oscar. If you want to know where famous people in Hollywood live, you can go on a tour that drives you past their homes. Maybe you will see famous actors, but only if they are taking out their garbage or going shopping!*

b) A: *Can you tell me about your next movie?*
B: *Of course I can. What do you want to know?*
A: *Well, what kind of movie is it?*
B: *I think it's a funny movie. We had a lot of fun making it. We were laughing all the time.*
A: *What is the movie about?*
B: *It's about a group of friends who go to summer camp.*
A: *When can we watch it?*
B: *It will be in cinemas in October. I can't wait to see it!*
A: *What do you do in your free time?*
B: *I enjoy meeting friends and cooking. I'm a great fan of burgers!*

Film: Zach and his chores (SB S. 99)

Auf einen Blick

Der Film spielt in den USA. Die S lernen Zach und Ravi kennen.
Zach und Ravi unterhalten sich über Haushaltspflichten. Während Zach einige Arbeiten im Haushalt übernimmt, kennt Ravi dies aufgrund seines kulturellen Hintergrunds *(his family is from India)* gar nicht.

Kompetenzen:
- über grundlegende Kenntnisse über das Leben in den USA verfügen, u. a. häusliche und familiäre Situation (interkulturelle Kompetenzen)
- längere Hörsehtexte zu alltäglichen und bekannten Themen (hier: Mithilfe im Haushalt) verstehen, wenn deutlich und in vorwiegend amerikanischer Standardsprache gesprochen und weitgehend bekanntes oder leicht erschließbares Sprachmaterial verwendet wird, und Global- und Detailinformationen entnehmen (Hörverstehen, Hör-/Sehverstehen)
- in Reaktion auf Gesehenes und/oder Gehörtes die eigene Meinung in einfachen Worten zum Ausdruck bringen (dialogisches Sprechen)

Wortfeld: *chores*
Ergänzendes Material: Kopiervorlage 57
Zeit: ca. 1 Stunde

Einstieg

– Zieltransparenz: L informiert die S über das Kompetenzziel.

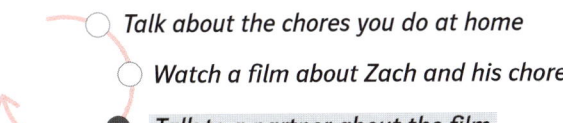

○ *Talk about the chores you do at home*

○ *Watch a film about Zach and his chores*

● *Talk to a partner about the film*

– Partnerarbeit: Die S erstellen eine Liste von Hausarbeiten, die während eines Tages/einer Woche erledigt werden müssen. L: *What household chores do you know? What are some of the things we do in our house or flat every day or every week?*

1 Talk about doing chores. (SB S. 99)

Methodisches Vorgehen

Die S äußern, z. B. in Partnerarbeit, welche Hausarbeiten sie erledigen, welche davon sie gerne und welche sie ungerne erledigen und welche Hausarbeiten sie nicht erledigen müssen.

Lösung

Beispiel:
I have to clean my room every day. I sometimes have to clean the dishes after dinner.
At the weekend I usually take out the garbage.
I never have to cook.
I don't like cleaning the dishes because you get wet hands. But I like going shopping with my dad.

Erweiterung

⊚ KV 57　*Before you watch:* Kopiervorlage 57, Aufgabe 1 *(matching words and pictures)* zur lexikalischen Vorentlastung *(vacuum cleaner, setting the table, wiping down the surface, take out the garbage).*

2 (VIEWING) Watch the film. (SB S. 99)

8 🎬   **Transkript**

(living room)

Zach:	*So, here we are.*
Ravi:	*Nice house!*
Zach:	*Thanks!*
Ravi:	*Have you got any brothers or sisters?*
Zach:	*Yeah, an older sister, but luckily the house is big enough to stay out of each other's way! … Hey, do you want to see that old video game I told you about?*
Ravi:	*Yeah, sure! It sounds great!*

(video game room)

Ravi:	*Wow! It looks really funny!*
Zach:	*My dad found it online last week and he just had to buy it!*
Ravi:	*It's really old, isn't it?*
Zach:	*Yeah! My dad used to play video games like this back in the 80s.*
Ravi:	*Cool!*
Zach:	*Yeah, it's totally awesome. You'll love it!*
Zach:	*It's already 5:30! I have to do some chores before Mom and Dad get home. I almost forgot!*
Ravi:	*Chores?*

(living room/kitchen)

Zach:	*Would you mind helping me? It'll be faster that way. We've only got a half hour.*
Ravi:	*OK. Do you always do chores like these?*
Zach:	*Yeah. Don't you help around the house?*
Ravi:	*No.*
Zach:	*You don't?! Are you kidding? … Really?! You don't do any chores at all?!*
Ravi:	*No. It's like that for my friends in India too.*
Zach:	*Wow! Me and my sister both have to do chores or we don't get an allowance. No pay, no play! Same thing if we come home too late at night. On weekends my curfew is 9 p.m.; my sister's is 10. She gets an hour longer because she's 16. … Anyway, would you mind wiping down the surfaces, please? I just need to vacuum this place and then we're done.*
Ravi:	*OK.*
Zach:	*We made it just in time!*
Mrs Wilson:	*I'm home! Hi boys!*

(kitchen)

Mr Wilson:	*Hi. You must be Ravi. I hope you can stay for dinner.*
Ravi:	*Yes, if that's OK? Thank you.*
Mrs Wilson:	*Sure! Do you have any food issues we should know about, Ravi? It's no problem at all if you do. Just let us know.*
Ravi:	*Well actually, I'm Hindu, so I don't eat beef. Everyone in my family is a vegetarian. I don't know, I guess it's just part of our way of life and our beliefs, you know?*
Mrs Wilson:	*Sure! That's interesting.*
Mr Wilson:	*Our daughter is also a vegetarian, so don't worry: We always have plenty of alternatives to meat.*
Mrs Wilson:	*Yes. How about a veggie burger?*
Ravi:	*That would be great. Thanks, Mrs Wilson!*
Mr Wilson:	*Hey Zach, where is your sister anyway? … Late again? That would be the third time this week! She knows that we have dinner every night at 6:30 sharp.*

Mr Wilson:	*You know, if this happens again, she can forget about having that party she thinks she's going to have next weekend.*
Mrs Wilson:	*Come on Zach, set the table. … So where in India are you from, Ravi?*
Ravi:	*Near Mumbai. Most of my family still live in India. We moved here because my dad found a job in New York. He's an IT specialist, but don't ask me what he does exactly!*
Mr Wilson:	*I'm in IT also and I have no idea what half of my team does.*
Mrs Wilson:	*Oh, please. I don't even know what you do.*

Methodisches Vorgehen

a) L: *Let's see what chores Ravi and Zach have to do.* L zeigt den Film.
Erstes Hörsehen: Im Anschluss lesen die S die drei *summaries* und entscheiden, welche den Inhalt des Films korrekt wiedergibt. Sicherung im Plenum.

b) Zweites Hörsehen: Die S lesen jede/r für sich die fünf Aussagen. Dann zeigt L den Film ein zweites Mal. Die S machen sich Notizen, wer die Aussagen im Film macht.
Vergleich zunächst in Partnerarbeit, abschließend im Plenum.

Lösung

a) *Number 3 fits best.*

b) *1. Ravi   2. Zach   3. Zach   4. Zach's dad   5. Ravi*

Erweiterung

KV 57   Kopiervorlage 57, Aufgaben 2 und 3 *(ticking the things you see or hear about, multiple choice).*

3 (SPEAKING) Talk about the film. (SB S. 99)

Methodisches Vorgehen

Partnerarbeit: Die S spekulieren, was im Film vermutlich als Nächstes passiert.
Alternativ möglich als *Pyramid discussion* (→ M LB S. 181):

– Zunächst überlegt sich jede/r S still für sich eine Fortsetzung,
– dann besprechen sich die S in Partnerarbeit,
– bevor sich je zwei Paare in einer Vierergruppe austauschen.
Am Ende werden die Ideen im Plenum vorgestellt und ggf. die beste gewürdigt.
(Die Methode *Pyramid discussion* ist den S aus Band 2 bekannt.)

Lösung

Beispiel:

A: *I think Zach's sister will be late for dinner and her parents will be upset about it.*

B: *I agree. I think Zach's dad will explain to her that she can't be late all the time.*

A: *Yes, I agree. I think when Ravi goes home, he will tell his family about his evening at Zach's house and how American families live.*

Erweiterung

Weitergehende Fragen:

– Plenum/Interkulturelles Lernen: *Ravi tells the Wilsons about his culture. What are the differences between his culture and American culture? (Ravi doesn't eat beef, as his family is vegetarian. Indian kids don't usually do chores.)*
– Plenum/Interkulturelles Lernen: *How would you describe the German culture?*
– Dialogisches Sprechen: *Work with a partner. Do you think it's good for teenagers to do chores at home? Give reasons.*
– Monologisches Sprechen: L bereitet ein oder zwei Fotos von Haushaltstätigkeiten vor (z.B. Blumen gießen, Zimmer aufräumen). L: *Here's a picture of a teenager doing chores. This might be you – describe the picture in detail to explain what kids in Germany have to do.*

(UNIT TASK) A photo story (SB S. 100–101)

> **Auf einen Blick**
>
> Die S erstellen in Gruppenarbeit eine Fotostory.
> Sie suchen sich hierfür das Thema, die Storyline und die Art der Gestaltung selbst aus (Poster, PowerPoint, …). Sie kontrollieren und überarbeiten die Texte, achten auf korrekte Rechtschreibung und vermehrt auf angemessene formale Gestaltung. Bei der Präsentation erhalten sie Rückmeldung von den MitS.
> Das SB führt die S in fünf **STEPS** zum Ergebnis. Hinweise in **STUDY-SKILLS**-Kästen fördern und unterstützen dabei die Methodenkompetenz der S. Mithilfe von Evaluationsbögen können die eigenen Ergebnisse reflektiert und die der MitS analysiert werden.
>
> **Ergänzendes Material:**   Kopiervorlagen 58–60
> **Zeit:**   2–3 Stunden

Einstieg

 KV 58

L präsentiert einige Fotostorys als Muster und erläutert die Aufgabe. Dabei wird analysiert, welche Möglichkeiten zur Erstellung einer Fotostory es gibt. Kopiervorlage 58 kann Hilfestellung leisten.

Methodisches Vorgehen

Step 1 Find a good story. (SB S. 100)

Vorentlastung: Die Themenvorschläge aus dem SB – *an emergency, a conflict, a sports event, a trip* – werden in die vier Ecken des Klassenzimmers gehängt (jeweils DIN-A3-Blatt, auf dem das Thema als Überschrift steht). Zusätzlich wird eine fünfte Station *other ideas* ausgehängt. Die S gehen von Station zu Station und notieren auf den Blättern alles, was ihnen zu dem Thema einfällt. Sie sprechen nicht dabei, tauschen sich also nicht untereinander aus.
An der fünften Station können weitere Ideen notiert werden.
Wenn alle S alle Stationen schriftlich kommentiert haben, gehen die S zu der Station, deren Thema sie in der **UNIT TASK** bearbeiten wollen, und finden sich dort in Dreier- oder Vierergruppen zusammen.

Step 2 Make a plan. (SB S. 101)

In den Gruppen einigen sich die S auf den Stil ihrer Fotostory, planen die Geschichte und fotografieren als Hausaufgabe die Szenen und Situationen.
Ggf. werden fächerübergreifend im IT-Unterricht die Fotos mithilfe eines geeigneten Computerprogramms bearbeitet und angeordnet.

Step 3 Add texts to your pictures. (SB S. 101)

Die Gruppen erstellen die Texte (Sprechblasen, Unter- oder Überschriften, geräuschbeschreibende Wörter und Interjektionen).

Step 4 Check your draft. (SB S. 101) → **M** Peer correction, SB S. 153

KV 59

Die Gruppen tauschen ihre Texte untereinander aus und geben Rückmeldung über den Handlungsverlauf, die Sprachrichtigkeit und die Gestaltung. Kopiervorlage 59 unterstützt sie dabei.

Step 5 Write the clean copy of your draft. (SB S. 101)

Im Englisch- oder IT-Unterricht fertigen die S die Reinschrift ihrer Fotostory an.

Step 6 Present your story to the other groups and get feedback. (SB S. 101)

→ **M** Tip top, SB S. 155

Die Fotostorys werden im Klassenzimmer ausgehängt oder nacheinander präsentiert. (Präsentiert werden sollten nur möglichst fehlerfreie Texte.) Die MitS geben Rückmeldung. Für die Rückmeldungen stehen den S die Kopiervorlagen als *language support* zur Verfügung sowie *Tip top* (→ **M** SB S. 155, LB S. 182), außerdem der Evaluationsbogen auf Kopiervorlage 60.

⊙ KV 60

Internet research skills: Cape Cod: a family paradise (SB S. 102–103)

Auf einen Blick

Auf der Doppelseite lernen die S Strategien für die Internetsuche kennen und wenden sie mithilfe von Mini-Referaten an.

Ausgehend von einer Website über Familienurlaub auf Cape Cod üben die S das Recherchieren von Informationen im Internet. Die Aufgaben dienen ihnen als Leitfaden, wie man Informationen mithilfe von Schlüsselwörtern finden kann. Gleichzeitig lernen die S Kriterien kennen, mit denen sie die Verlässlichkeit von Internetseiten einschätzen können, und werden so für die Auswahl von Quellen sensibilisiert. Es ist sinnvoll, die Unterrichtseinheit in einem Klassenzimmer mit Internetverbindung und Computerausstattung stattfinden zu lassen.

Zeit: ca. 1 Stunde

Einstieg

L zeigt ein Foto von Cape Cod: *This is Cape Cod. It's on the east coast of the USA. A lot of American families like spending their vacation there. Let's find it on the map.*

Die S orten Cape Cod auf der USA-Karte hinten im SB oder mithilfe des Internets.

1 Find out information. (SB S. 103)

Methodisches Vorgehen

Die S lesen die Website auf SB S. 102. Wenn sie fertig sind, schließen sie das SB und notieren Suchbegriffe, welche ihrer Meinung nach zu der gelesenen Website führen würden.

Der Lesevorgang ist hier zeitlich individuell angelegt, weshalb sich für die weitere Bearbeitung der Aufgaben ein *Bus stop* (→ **M** SB S. 150, LB S. 177) anbietet: Wer mit dem Lesen der Website und Aufgabe 1 fertig ist, wartet am *Bus stop* auf den/die nächste/n MitS, der/die fertg ist. In Partnerarbeit vergleichen die S ihre Suchbegriffe.

Lösung

Beispiel: *tourist information Cape Cod, family holiday East Coast, adventure holiday USA, whale-watching tours USA, kayaking East Coast, public transport Cape Cod, what to do on Cape Cod, family activities Cape Cod*

2 Check the information. (SB S. 103)

Methodisches Vorgehen

In Partnerarbeit betrachten die S die Website und versuchen herauszufinden, ob es sich um eine offizielle Website, um Werbung oder um einen Blog handelt. Für ihre Entscheidung ziehen sie den **SKILLS**-Kasten zurate.

Lösung
Beispiel: *I think it's an official website because it has got the date of its last update and security information. The website also has links to useful information like maps and public transport. You can find business information about the company which runs the website under "Contact us".*

3 Collect information. (SB S. 103)

Methodisches Vorgehen
Partnerarbeit.
Im Anschluss vergleichen je zwei Paare, die denselben Text gewählt haben, ihre Schlüsselwörter in der Vierergruppe.

Lösung
Beispiel:

- *Text A: whales, April to October, whale-watching tours, types of whales, mother and her young, Cape Cod whales, book a tour, whales sing*
- *Text B: kayaking, water, exercise, single or double kayaks, beginner, lesson, instructor, equipment, learn about the sea and tides, what you need to bring with you*

Erweiterung
L sollte mit den S besprechen, dass die Suchbegriffe auch als Stichpunkte für ihr Referat in Aufgabe 4 genutzt und zu einfachen und verständlichen Sätze ausformuliert werden können. Diese Kompetenz ist entscheidend für einen erfolgreichen Vortrag: Wird ein gefundener Text lediglich vorgelesen, ist das für die Zuhörer langweilig und meist nur schwer verständlich.

75/1–4 ⤤ ## 4 Do a search. (SB S. 103)

Methodisches Vorgehen
In Partnerarbeit suchen die S zu einem Thema ihrer Wahl im Internet Informationen, indem sie Suchbegriffe notieren, eine Internetrecherche durchführen, zwei oder drei relevante Webseiten notieren und aus den Informationen eine kurze Präsentation zusammenstellen, auf welche L mündliche Noten geben kann (dies den S bitte im Vorfeld ankündigen).

Lösung
Beispiel:

- *facts about whales*
  key words for search: whales information kids, whales sing, whales size, whales age, where do whales live, whales food, whales danger
  Whales are animals which have to breathe. They aren't fish!
  Different types of whales eat different kind of food. Some whales eat fish.
  Whales can stay under water for about 35 minutes and they can swim very fast.
  Did you know that the blue whale is the largest animal that has ever lived?
  An interesting fact is that whales don't sleep like we do.
  Whales can become very old, but some types of whales live longer than others.
  Today whales are in danger. We must protect them. But in the past, many people killed whales.
- *how to kayak*
  key words for search: kayaking info, how to kayak, equipment kayaking, kayaking club
  A lot of people take part in a course when they want to learn kayaking. Find a club in your town and ask for lessons for beginners. Maybe you will find other people to join on a tour.
  When you go kayaking, you should wear a wetsuit. Learn how to hold the paddle right. It is important to use the paddle correctly. Don't move your arms to move the paddle. Before you go kayaking, you should also learn how to get out of a kayak because this can be the most difficult part!

Revision: The present (SB S. 104–105)

> ### Auf einen Blick
>
> Die S wiederholen *simple present, present progressive* und *present perfect progressive*, *simple present* und *present progressive* auch kontrastiv.
>
> **Ergänzendes Material:** Kopiervorlagen 61 und 62
> **Zeit:** ca. 1 Stunde

Methodisches Vorgehen

– Für alle fünf SB-Aufgaben gilt: Erarbeitung schriftlich in Einzelarbeit. → Ergebnissicherung über *Peer correction* (→ **M** SB S. 153, LB S. 180) oder Selbstkontrolle. In letzterem Fall legt L vorne am Pult Lösungsblätter aus.

⊙ KV 61 – Falls L eine kognitive Wiederholung aller drei Zeiten auf einmal wünscht, empfiehlt sich Kopiervorlage 61. Die Wiederholung kann als *Think – pair – share* (→ **M** SB S. 155, LB S. 182) erfolgen.

1 Match each question about the USA with the correct answer. There are more answers than you need. (SB S. 104)

Methodisches Vorgehen

Matching exercise: Die S beantworten die fünf Fragen mithilfe der blau unterlegten Lösungswörter. *(There are more answers than you need: states, Thanksgiving* und *soccer* sind die Distraktoren.)

Lösung

1. *The colours of the flag are red, white and blue.*
2. *The capital is Washington, D.C.*
3. *There are 50 states.*
4. *Americans often watch American football.*
5. *NYC means New York City.*

Erweiterung

Die S überlegen sich Fragen für ein USA-Quiz und spielen dieses im Klassenverband. Z.B.:

– *geography: What do the letters USA stand for? / What's the capital of the USA? / Name a popular holiday destination in the USA. / How many states are there in the USA? / The USA shares borders with ...*
– *holidays: Name three typical things people do at Thanksgiving. / Who gave the "I have a dream" speech? / What do Americans celebrate on the 4th of July? / What do Americans celebrate on Memorial Day? / Name five US presidents.*
– *Hollywood: Hollywood is the capital of the ... / What can you see on the Walk of Fame? / What categories are there on the Walk of Fame? Name three. / What is an "extra" in the movie industry? / What are the most famous awards at the Academy Awards ("Oscars")? Name three.*
– *vocab: What's the noun of "to fly"? / What's American English for holidays? / Tomatoes, cucumbers and broccoli are ... / A young child often has a teddy bear as a ... / Jobs around the home are called ...*
– *grammar: Do sentence 7.1 on page 88. / Do sentence 6.2 on page 88. / Complete sentence 7.7 on page 94. / Complete sentence 8.1 on page 94.*

2 What does Ryan say about Thanksgiving? (SB S. 104)

Methodisches Vorgehen

Simple present in Aussage, Verneinung und Fragestellung.

Lösung

1. *is* 2. *stay* 3. *is* 4. *do we eat* 5. *have* 6. *likes* 7. *don't eat* 8. *does everybody do* 9. *watch*

Erweiterung

Die S schreiben einen ähnlichen Text zu einem Feiertag ihrer Wahl.

3 Make sentences with the present progressive. (SB S. 104)

Einstieg

Bildbeschreibung in Partnerarbeit:

– L bereitet vier bis sechs Fotos zum Thema *Life in the USA* vor (alternativ wird mit den Fotos aus dem SB gearbeitet).

– S1 beschreibt ein Foto, S2 erkennt, welches es ist. L: *Choose a photo and describe it to your partner. Your partner has to say which photo it is. Your description should answer the following questions: What are the people in the picture doing? How do you think the people feel? What else can you see? What's the atmosphere like?*

Lösung

1. *What are you reading at the moment?*
2. *Hey, where are you going?*
   I'm walking to the shopping mall.
3. *Sorry. I'm talking on the phone at the moment.*
4. *Don't forget your raincoat. It's raining now.*

4 Simple present or present progressive? Choose the correct form of the verb. (SB S. 105)

Methodisches Vorgehen

Kontrastierung *simple present* und *present progressive*
Im Plenum werden die Signalwörter für *simple present* und *present progressive* hervorgehoben.

Lösung 1. *go* 2. *go* 3. *stay* 4. *are staying* 5. *have* 6. *don't like* 7. *often have* 8. *are eating*

Erweiterung

Die S schreiben einen kurzen Text über sich. Der Text sollte die folgenden Fragen beantworten:
What are you doing at the moment? What do you always/usually/… do during the week?

76/1–3
77/4–5

5 Ethan is on the phone with his friend Ryan. Complete their dialogue with the present perfect progressive. (SB S. 105)

Lösung

1. *have been staying* 2. *have been smiling* 3. *have you been doing* 4. *have been watching*
5. *has he been doing* 6. *has been talking* 7. *has been writing* 8. *have been taking*

Erweiterungen

– Die S schreiben einen kurzen Text über sich. L: *Write about your hobbies. How long have you been doing your hobbies? What have you been doing for X years? What have you been doing since (2016)?*

– Die Texte aus den Erweiterungsvorschlägen zu Aufgabe 2, 4 und 5 können mithilfe von Kopiervorlage 62 zusammengefasst und nach einer Korrektur aufgenommen werden, bevor sie im Rahmen eines eTwinning-Projekts S anderer Länder präsentiert werden.

School life in the USA

Intro (SB S. 106–107)

Auf einen Blick

Die S erhalten einen Einblick in das Schulleben in den USA. Sie vergleichen ihren eigenen Schulalltag mit dem in den USA und hören die Ansage/Rede einer Schulleiterin.

Kompetenzen:	• über grundlegende Kenntnisse des Schullebens in den USA verfügen, hier: *yellow school buses, the Pledge of Allegiance* (interkulturelle Kompetenzen) • einen kurzen Film über das Schulleben in den USA verstehen und Informationen entnehmen (Hör- und Hör-/Sehverstehen, interkulturelle Kompetenzen) • mithilfe von Bildmaterial kurze Texte (über das Schulleben in den USA) verstehen und Informationen entnehmen (Leseverstehen) • in zunehmend natürlichem Tempo artikulierte Sprachäußerungen verstehen, hier über das Schulleben in den USA, wenn deutlich und in amerikanischer Standardsprache gesprochen und weitgehend bekanntes oder leicht erschließbares Sprachmaterial verwendet wird (Hörverstehen)
Wortfeld:	*school life (in the USA)*
Ergänzendes Material:	Kopiervorlage 63
Zeit:	ca. 2 Stunden

Einstieg

– Zieltransparenz: L informiert die S über das Kompetenzziel.

  ○ *Find out about school life in the USA*

  ○ *Compare school life in the USA with school life in Germany*

  ● *Listen to a school announcement*

– L kann das Schulbusfoto von SB S. 106 (oder ein ähnliches Foto) präsentieren, ggf. zunächst teilweise verdeckt. Dann leitet L über, dass es im Weiteren um das Schulleben in den USA geht.

Wortschatz

pledge of allegiance, flag, to promise, true, locker, gym(nasium), marching band, instrument

Transkript

9 ▭

A lot of students in the USA ride to and from school on a yellow school bus.
High school students are usually 15 to 18 years old.
They can get grades from A (very good) to F (very bad).
A student's schedule is almost the same every day.
In most schools, the students say the Pledge of Allegiance before their first class starts. They stand up, look at the flag, put their right hand over their heart and promise to be loyal to the United States.
At the start of the new school year, former students return to their high schools to celebrate 'homecoming'. There is usually a football game and a dance in the evening.
And students vote for a homecoming king and queen.
Most American high schools have their own football team and cheerleading squad.

The first cheerleaders were men, but today, most cheerleaders are girls.

However, boys are still important for some cheerleading squads, especially if physical strength is needed.

In the US, teachers have their own classroom in which they teach all day so the students move to a different classroom for every class.

Students have lockers for their books and sports clothes.

A lot of schools have big gyms, and sports are very important to the students.

Basketball, baseball and American football are very popular and schools often play against each other.

A lot of schools have marching bands that students who play an instrument can join. They perform at sports competitions and other school events. They also take part in parades in their towns.

Methodisches Vorgehen

Der Einstieg in die Unit kann wie immer über Videoclip und/oder Audiotrack erfolgen.

◎ KV 63 Zur Auswertung des Videoclips/Films kann Kopiervorlage 63 *(multiple choice, matching words and definitions)* eingesetzt werden. Die SBs bleiben geschlossen. L spielt den Film zweimal als Ganzes vor.

3, 10 ☞ Alternativ erfolgt der Einstieg mithilfe des Audiotracks (= Texte 1–5 der SB-Doppelseite), ggf. bei geöffnetem SB, sodass die S die Bilder anschauen und mitlesen können.

Anschließend Übergang zu Aufgabe 1.

1 Talk about the pictures. (SB S. 106)

Methodisches Vorgehen

Die S betrachten die Bilder der SB-Doppelseite und beschreiben, was zu sehen ist. Anschließend lesen sie die dazugehörigen Texte. Auch der Audiotrack kann erneut eingesetzt werden.

Da anzunehmen ist, dass den S das Ritual des *Pledge of Allegiance* unbekannt ist, sollte darauf eingegangen werden (siehe Foto 2 auf SB S. 106; im Film *The new kid at school* auf SB S. 121 gibt es eine Szene dazu und auch im Internet finden sich leicht zahlreiche Videoclips).

◎ KV 63 Außerdem kann mithilfe von Kopiervorlage 63 (unterer Teil) auf den Text eingegangen werden. Ggf. stehen die S auf, sprechen den *Pledge of Allegiance* und äußern danach, wie sie sich gefühlt haben. Wahrscheinlich kommen sie sich komisch dabei vor – Anlass, den Nationalstolz der Amerikaner zu thematisieren.

Lösung

Beispiel:

– *The students are going to school by school bus.*
They are saying the Pledge of Allegiance.
The girls are taking things out of their lockers.
The boys are playing basketball.
The marching band is playing a song. / A music group is playing a song.

– *In Germany students take the bus to school too. But we don't say a Pledge of Allegiance.*
Our school has a school basketball team too.
I don't think schools in Germany have got marching bands.
Our school has got lockers too. / Our school doesn't have lockers.

> ### Info: Pledge of Allegiance (Foto SB S. 106)
>
> *The Pledge of Allegiance* (Treueschwur gegenüber Staat und Fahne der USA; → Foto 2 auf SB S. 106): Erklärung, mit der US-Bürger schwören, ihrem Land die Treue zu halten; in den meisten US-Schulen sprechen die S *The Pledge of Allegiance* jeden Morgen.
>
> Der Text lautet: *I pledge allegiance to the Flag of the United States of America and to the Republic for which it stands, one Nation under God, indivisible, with liberty and justice for all.*
>
> Dabei steht man, legt die rechte Hand aufs Herz und blickt auf die US-Fahne.

2 Right, wrong or not in the text? Correct what's wrong. (SB S. 106)

Methodisches Vorgehen

Die S entscheiden, ob es sich bei den Sätzen um wahre, falsche oder im Text nicht vorhandene Aussagen handelt. Sie korrigieren die eine Falschaussage.

Lösung

1. *That's wrong. They are all yellow.*
2. *That's right.*
3. *That's not in the text.*
4. *That's not in the text.*
5. *That's right.*

Erweiterung

Der Wortschatz (außer *Pledge of Allegiance*) muss nicht eingeführt werden, da ihn die S durch das Betrachten des Videos bzw. der Fotos erschließen können. Zur Umwälzung kann ein kleines Quiz durchgeführt werden. Die S finden die Wörter in den Texten 1–5.

– *This Y is the colour of American school buses. (yellow)*
– *This American F is red, blue and white. (flag)*
– *American students can put all their things into an L. (locker)*
– *When you have PE, you have to go to this G. (gym/gymnasium)*
– *B and B are popular sports at an American high school. (baseball, basketball)*
– *You can join the marching band if you can play an I. (instrument)*

78/1 ## 3 (LISTENING) Listen to a school announcement. (SB S. 107)

Wortschatz *motto, to improve, goal, buddy (infml), principal (AE)*

3, 11 **Transkript**

Good morning, everyone! Let me introduce myself to any new students here: I'm Mrs Lee and I'm the principal. Welcome to this great high school! And to everyone else: Welcome back! I'd just like to say a few words to begin the school year. A new beginning is always exciting, don't you think? It's a chance for new ideas, new friends and for doing better in school. A chance to be more successful, now that you are one year older and cleverer than last year. So, let's all try to be the very best that we can be, to be better students and to recognize that each of us is different, with different talents. Please find your strengths and enjoy your talents, but also make sure you work very hard to improve in the subjects you find more difficult. And remember, our school motto is "Together we can make it".
Later today, your teachers will give you your schedule for the year and inform you about the rules of our school and the rules for your classes. If you are new here, don't worry! This is a very big school, but your teacher will introduce you to a "buddy". Your buddy will be a classmate who will help you to find your classrooms and important places like the cafeteria, the gym and the lockers, and he or she will answer any questions you have.
Now, I have two announcements to make:
First, please pay attention when coming into school or leaving the school building at the corner on 5th street. It's a very busy corner, so it's only safe to cross the road when the stop light is red.
Second, our drama club is always looking for new actors to be in their popular plays and musicals. The play for this semester will be "Look behind you" and they will perform it on the 8th of November. Please go to Room 213 at lunchtime tomorrow if you want to take part.
So, now please stand and place your right hand over your heart: "I pledge allegiance to the flag of the United States of America …"

Methodisches Vorgehen

L erläutert, dass die S eine Ansage der Schulleiterin *(principal)* Mrs Lee zum neuen Schuljahr hören werden. Der Hörtext wird zweimal abgespielt, die S wählen die Antworten aus. Anschließend wird die Aufgabe im Plenum besprochen.

Lösung

1. *all students*
2. *"work together to achieve your goals"*
3. *student*
4. *dangerous*

Erweiterung

Zum Abschluss kann L auf den **CULTURE**-Kasten SB S. 106 und *students of the month* eingehen. Mithilfe von *Think – pair – share* (→ **M** SB S. 155, LB S. 182) tauschen sich die S über dieses Ritual aus und sagen, ob sie es gerne an ihrer Schule hätten. Ggf. kann L ab sofort jeden Monat eine/n *student of the month* küren.

Topic 1: Can you tell me how to get there? (SB S. 108–111)

Auf einen Blick

Die S lernen Leonie aus Deutschland kennen, die ein Austauschjahr in den USA verbringt. Leonie ist den dritten Tag an ihrer neuen Schule und kennt sich noch nicht richtig aus. Glücklicherweise hilft ihr Dan, ein freundlicher MitS, ihre Klassenräume zu finden, und verabredet sich sogar mit ihr für die Mittagspause.

Im weiteren Verlauf lernen die S, ausgehend von einem Hörverstehenstext, nach dem Weg zu fragen und den Weg zu beschreiben. In der abschließenden **TASK** geben die S einander dann anhand des Lageplans einer Schule Wegbeschreibungen.

Grammatischer Schwerpunkt: modale Hilfsverben *must* und *have to*.

Kompetenzen:	• über grundlegende Kenntnisse des Schullebens in den USA verfügen (interkulturelle Kompetenzen) • einen Dialog zum Thema *school life in the USA* verstehen, der weitgehend bekanntes bzw. leicht erschließbares Sprachmaterial enthält (Leseverstehen/Hörverstehen) • sich in Alltagssituationen verständigen, Kontakte knüpfen und einfache Auskünfte einholen oder erteilen, z. B. bei detaillierten Wegbeschreibungen (dialogisches Sprechen) • mithilfe von *modal verbs* Verpflichtungen, Regeln und Vorschriften ausdrücken (Grammatik) • über Kenntnisse der Besonderheiten des *American English* verfügen (Aussprache)
Wortfeld:	*school life, asking for and giving directions*
Grammatik:	*modal auxiliaries (must, have to)*
Ergänzendes Material:	Kopiervorlagen 64 und 65
Zeit:	ca. 3 Stunden

Einstieg

Zieltransparenz: L informiert die S über das Kompetenzziel.

○ *Meet Leonie from Germany, an exchange student in the USA*

○ *Learn how to ask for and give directions*

○ *Talk about things you have to do*

● *Make a dialogue about giving directions, and act it in a role play*

1 What would you show a new student at your school? (SB S. 108)
→ **M** Think – pair – share, SB S. 155

Methodisches Vorgehen

Die S stellen sich vor, dass sie eine/n neue/n MitS haben, der/die sich noch nicht an der Schule auskennt. Sie überlegen, welche Räume/Plätze in ihrer Schule am wichtigsten sind.
Gemeinsam wird eine Mindmap an der Tafel erstellt, Oberbegriff *places at our school*, und ins Heft übernommen. Mögliche Eintragungen: *cafeteria, snack bar, playground, gym/gymnasium, art room, physics room, chemistry room (= lab), biology room, kitchen, library, auditorium, halls, secretary's office, principal's office.*
Dann markiert jede/r für sich die drei Orte (z. B. mit einem Stern) im Heft, die ihm/ihr am wichtigsten erscheinen.
Im Anschluss tauschen sich die S in Partnerarbeit aus, lernstarke S inkl. Begründung.

Lösung
Beispiel:
I would show him or her the playground and the football field.
I think he or she should know our classroom and the cafeteria.
I would take him or her to the gym and to the computer room.
He or she should know where to spend their break.

3, 12 🎧 ## 2 (READING) Read the dialogue. (SB S. 108)

Wortschatz

to watch out, only, exchange, such, to find one's way around, needn't, helpful, to say sorry, mustn't, schedule (AE), lab (= laboratory), floor, corridor, stairs (pl), all right, to knock out, just kidding (infml), entrance, ought to, straight ahead of sb, classmate

Methodisches Vorgehen

Die S lesen den Dialog und hören parallel die Audiodatei.

◎ KV 64 Zur Sicherung des Detailverständnisses kann – hier oder nach Aufgabe 3 – Kopiervorlage 64 eingesetzt werden. Die S vervollständigen Leonies Stundenplan, wählen Adjektive aus, die Leonie beschreiben *(thankful, hungry, embarrassed)*, und lösen ein Kreuzworträtsel.

3 Answer the questions. (SB S. 109)

Methodisches Vorgehen

Schriftlich in Einzelarbeit, z. B. als Hausaufgabe.
Kontrolle ggf. selbstständig, mithilfe von von L vorbereiteten und ausgelegten Lösungsblättern.

Lösung
1. *Leonie has been at the school for three days.*
2. *She was already late for her first class and had to say sorry in front of everybody.*
3. *The first part of the number tells you the number of the floor. For example, if the room number begins with 1, the room is on the first floor.*
4. *The lab/laboratory, the gym and the cafeteria.*
5. *He invites her to watch his team's basketball practice.*
6. *She wants to find the cafeteria the most.*

79/1 🗐 ## 4 What can students do in these different places in a school? Make notes. (SB S. 109)

Methodisches Vorgehen

Die S benennen zunächst die fünf Örtlichkeiten *(library, lockers, science lab, cafeteria, gym)*, in leistungsschwächeren Klassen im Plenum. Dann machen sie sich Notizen, was man dort jeweils tun kann. Anschließend Zusammentragen der Ergebnisse mündlich im Plenum.

Lösung

1. *study, do homework, learn vocabulary, go on the internet, read books*
2. *leave their jackets, sports clothes and books, chat with friends*
3. *do experiments, have Science lessons/classes*
4. *have lunch, chat with friends, eat and drink, relax*
5. *do sports, have PE lessons/classes, play games*

5 Give directions. Complete the sentences. (SB S. 109)

Wortschatz   *sports field*

Methodisches Vorgehen

Matching exercise: Die Aufgabe wird mündlich im Plenum durchgeführt.

Visualisierung: Hinter jeden Satz können die S ein Symbol zeichnen (z. B. Pfeil nach links für *Turn left* in Satz 1). In dem Fall schreiben die S die Sätze ins Heft ab.

Lösung   1. *Turn*   2. *cross*   3. *straight*   4. *get*   5. *down*   6. *past*   7. *right*

79/2

3,13

6 (LISTENING) Listen and help Leonie find the way. (SB S. 109)

Transkript

1. Leonie: *Where's the library, please?*
   Dan: *Go towards the main entrance. Turn right before it and walk down the corridor. Then it's straight in front of you.*
   Leonie: *I'm afraid I didn't catch that. Can you repeat it, please?*
   Dan: *Yes, I can. It's not hard to find: Turn right before the main entrance and it's straight in front of you.*

2. Leonie: *And where can I find the lockers, please?*
   Dan: *Go down this corridor, past the art room. Turn right and they're right there, next to the restrooms.*
   Leonie: *I'm sorry, but what are "restrooms"? I don't know the word.*
   Dan: *No problem. "Restrooms" is American English for "toilets".*
   Leonie: *Oh, OK, thanks. So, what do I have to do again to get to the lockers?*
   Dan: *Go down this corridor and past the art room. Turn right and they're next to the restrooms.*

3. Leonie: *How do I get to the gym, please?*
   Dan: *That's easy. Just go to the main entrance and leave the building. You'll see the gym straight ahead of you.*
   Leonie: *Could you please repeat that?*
   Dan: *Yes, of course. Walk to the main entrance and go outside. The gym is straight ahead. You can't miss it.*

4. Leonie: *And how do I get to the biology lab?*
   Dan: *Walk along this corridor, turn left into the second corridor and go past the stairs. It's just there, on the right.*
   Leonie: *Can you say that again, please?*
   Dan: *Yes, walk along this corridor until the second corridor on your left. Go down that corridor, past the stairs. You'll find the lab on your right.*

5. Leonie: *Where can I find the cafeteria?*
   Dan: *Turn left at the end of this corridor and then right after the school office. It's just there, straight ahead.*
   Leonie: *Excuse me, I didn't understand you. Could you please say it again? Maybe a little slower?*
   Dan: *All right. Go down this corridor and turn left at the end. Then after the school office turn right. You'll see it there, straight ahead.*

Methodisches Vorgehen

- Die S hören die Dialoge zweimal (ggf. mit Zwischenstopps), folgen den Wegbeschreibungen und finden die Zielorte.
- Anschließend wird der Kasten **LISTENING SKILLS** gelesen. L fragt, ob den S Sätze aufgefallen sind, mit denen sie nachfragen können, wenn sie etwas nicht verstanden haben. Ggf. werden die Dialoge erneut abgespielt, damit die S sich nun auf diese Sätze konzentrieren können. Gemeinsam wird anschließend ein Hefteintrag erarbeitet. Zum Beispiel:

> What to say when you don't understand something
>
> I'm afraid I didn't catch that. Can you repeat it, please?
> I'm sorry, but what are "restrooms"? I don't know the word.
> Could you please repeat that?
> Can you say that again, please?
> Excuse me, I didn't understand you. Could you please say it again?

Lösung A. *the gym* B. *the library* C. *the biology lab* D. *the cafeteria* E. *the lockers*

80/3–4

7 Find the missing words in Leonie's message to her friend Ellen. (SB S. 110)

Methodisches Vorgehen

Die S bearbeiten die Aufgabe in Einzelarbeit und vergleichen ihre Antworten anschließend in Partnerarbeit. Da es mehrere Antwortmöglichkeiten gibt, entscheiden die S gemeinsam, welche Lösung geeignet und richtig ist.

Lösung

Beispiel: 1. *Hi/Hello* 2. *for* 3. *after* 4. *got* 5. *at* 6. *come* 7. *know* 8. *this* 9. *a story/something* 10. *soon/too* 11. *had* 12. *wasn't* 13. *soon/later* 14. *Bye/Love*

Language detectives (SB S. 110) → G18, SB S. 147

Methodisches Vorgehen

Die S sammeln in Partnerarbeit die Dinge, die sie täglich tun müssen: *There are many things we have to do every day, such as tidying up, going shopping, doing homework. Note down three things you have to do – must do – every day. Then talk to your partner about it.*
Anschließend lesen die S die Beispielsätze im SB. Dabei sollte ihnen auffallen, dass *must* in einer positiven Aussage im *simple present* verwendet wird.
Möglicher Hefteintrag/Tafelanschrieb:

> Modal auxiliaries 'must' and 'have to'
>
> I'm late. I must hurry up!
> I must remember the way to the Science lab for next time!
>
> I have to practice the piano three times a week.
> You're lucky you don't have to practice every day.
> I had to tidy up my room yesterday.
> I think we will have to work on our project next week.
> When will you have to get up?
>
> You can use 'must' only in positive sentences in the simple present.
> For negative sentences and other tenses you must use a form of 'have to'.
>
> In the simple present you can use 'must' or 'have to'.
> You often use 'have to' when you are talking about rules.

Lösung

Beispiel:

You can use 'must' in positive sentences in the simple present.

You can't use 'must' in the simple past or the will-future, so you use forms of 'have to'.

You use 'have to' in the simple present when you are talking about rules.

8 What do we have to do? (SB S. 110)

Methodisches Vorgehen

a) Als Reproduktionsaufgabe bearbeiten die S die Aufgabe schriftlich in Einzelarbeit. Sie schreiben den Bildern entsprechend Sätze in der ersten Person Plural *(We have to)*.

● b) *Fast finishers* überlegen, welche Regeln an ihrer Schule gelten, und formulieren diese mit *We have to …* Sie notieren die Regeln und überlegen, welche sie für sinnvoll erachten und welche nicht. Anschließend tragen sie ihre Antworten der Klasse vor. Gemeinsam können weitere Schulregeln gesammelt werden.

Lösung

a) Beispiel:

1. *We have to keep our smartphones in our bags.*
2. *We have to put our bags into the lockers.*
3. *We have to wait in the queue in the cafeteria.*
4. *We have to wear trainers in the gym.*

b) Beispiel:

We have to hang our jackets on the wall next to the door. I think that's good because it's tidier.

We have to be quiet when our teacher is talking.

We have to be in the classroom when our English teacher arrives. I think that's because she wants to start the lesson on time.

We have to bring our books and all the other material for each class. I think that's OK because we can't do any work without our exercise books.

We have to give our homework to our teacher at the beginning of the lesson.

We have to tidy up our classroom after each lesson. I think that's OK because there will be another class in the same room after our lesson.

Erweiterung

Die S drehen kurze Clips auf ihren Smartphones, in denen sie die Schulregeln vorstellen.

So filmen sie z.B., wie ein/e S Müll auf den Boden wirft, ein/e andere in den Mülleimer.

Ein/e S kommentiert: *We have to throw our garbage/rubbish in the bins.*

80/5
81/6

9 Complete the sentences. Use the right form of have to. (SB S. 110)

Wortschatz   *at first*

Methodisches Vorgehen

– Diese Aufgabe ist anspruchsvoller, da die S zunächst bestimmen müssen, um welche Zeit es sich handelt. Zudem muss aus dem Kontext erkannt werden, ob es sich um Aussage oder Verneinung handelt. Satz 6 ist zudem eine Frage.

– Die S arbeiten in Partnerarbeit und schreiben zunächst die Sätze ins Heft ab (inklusive Lücken). Zusammen bestimmen sie in jedem Satz das Signalwort und bestimmen die Zeit.
Anschließend füllen sie die Lücke mit der Form von *have to*.
In lernschwächeren Gruppen kann es hilfreich sein, die ersten beiden Sätze im Plenum zu erarbeiten.

– Spielerische Methode der Ergebnissicherung: S1 nennt die erste Lösung. Ist die Antwort korrekt, strecken alle S die Hand. L: *Put up your hand if you think the answer is correct.* Wer meint, die Antwort sei falsch, klopft auf den Tisch und meldet sich. L: *If you think the answer is wrong, knock on your desk, then put up your hand.* S1 ruft dann eine/n MitS auf, der/die ihn/sie korrigiert. Usw.

Lösung

1. *had to ask*
2. *don't have to go*
3. *have to tell*
4. *had to see*
5. *will have to get up*
6. *Do American students have to say*

3,14 **10** (SOUNDS) **American English – British English: Listen and say.** (SB S. 111)

Einstieg

L spielt zum Einstieg das Lied *Englishman in New York* von Sting vor. Die S erkennen, welches Problem der *Englishman in New York* hat (fühlt sich fremd und unverstanden/spricht mit anderem Akzent/hat bessere Manieren).

Methodisches Vorgehen

Überleitend erläutert L, dass es zwischen *British English* und *American English* Unterschiede gibt. Ein Unterschied ist die Aussprache. Die S hören die Wörter und sprechen die Wörter nach. Sie versuchen, wie Amerikaner zu klingen.

Erweiterung

KV 65 Mithilfe von Kopiervorlage 65 können lexikalische Unterschiede zwischen *British English* und *American English* thematisiert werden. In Aufgabe 1 *matching exercise: British English words* und *American English words* einander zuordnen. In Aufgabe 2 lesen die S Sprechblasen und erkennen, um welche Variante des Englischen es sich handelt. In Aufgabe 3 schließlich ergänzen die S Lückensätze sowohl mit *British English words* als auch *American English words*.

11 (TASK) **Directions** (SB S. 111) → **V** Directions, SB S. 166

81/7
82/8

Wortschatz *straight on, a two-minute walk*

Methodisches Vorgehen

Die S arbeiten in Partnerarbeit.
a) Die S erarbeiten mithilfe des Schulplans und der Redemittel ein gelenktes Gespräch.
b) Die S-Paare zeichnen einen ähnlichen Lageplan wie in a). Anschließend erarbeiten sie ein Gespräch zwischen einem/r S der Schule und einem/r Austausch-S, der/die neu an der Schule ist. Sie schreiben den Dialog auf und üben ihn nach der Methode *Read and look up* (→ **M** SB S. 154, LB S. 181) ein.
Die Lagepläne und Rollenspiele werden anschließend präsentiert.

Lösung

a) Beispiel:
   A: *Can you tell me how to get to the lockers?*
   B: *Yes. Go down this corridor and go past the school office. Take the first corridor on the left. The lockers are on the right.*
   A: *OK. How far is it?*
   B: *Not far. It's just around the corner.*
   A: *Great! Thank you.*
   B: *You're welcome.*
b) individuelle Lösungen

Text 1: Going to school in the States (SB S. 112)

Auf einen Blick

Im Lesetext – Textsorte: Sachtext – erfahren die S mehr über das US-Schulsystem und lernen Besonderheiten (wie z.B. *Homecoming*) kennen.

Kompetenzen:	• über grundlegende Kenntnisse des Schullebens in den USA verfügen (interkulturelle Kompetenzen)
	• einen Sachtext (über das US-amerikanische Schulsystem) verstehen, der weitgehend bekanntes bzw. leicht erschließbares Sprachmaterial enthält (Leseverstehen/Hörverstehen)
	• sich aufgrund der erworbenen Kennisse bewusst mit kulturellen Unterschieden zwischen Deutschland und den USA auseinandersetzen, hier: Schulsystem/Schulleben (interkulturelle Kompetenzen)
	• weitgehend frei, jedoch mit einfachen Satzstrukturen und ggf. mithilfe von Notizen, kulturelle Gemeinsamkeiten und Unterschiede im Vergleich zur eigenen Lebenswelt bewusst wahrnehmen (monologisches und dialogisches Sprechen)
	• die eigene Meinung in einfachen Worten zum Ausdruck bringen (monologisches und dialogisches Sprechen)
Wortfeld:	*school system in the USA*
Ergänzendes Material:	Kopiervorlage 66
Zeit:	ca. 2 Stunden

Einstieg

– Zieltransparenz: L informiert die S über das Kompetenzziel.

○ *Find out more about the school system in the USA*

○ *Talk about the school system in the USA*

● *Compare the school system in the USA with the one in Germany*

– L zeigt das Foto von SB S. 112 oder einen kleinen Clip aus dem Internet, wo zu sehen ist, wie High-School-Absolventen ihre Hüte in die Luft werfen.

Info: Das US-Schulsystem

– Im US-Schulsystem findet, anders als in Deutschland, keine Leistungsdifferenzierung durch verschiedene Schulformen statt, sondern alle werden gemeinsam unterrichtet, auch Kinder mit Förderbedarf.

– Eltern dürfen ihre Kinder zu Hause unterrichten *(homeschooling)*.

– In *middle school* und *high school* gibt es keine Klassenverbände.

– Die S werden in Kernfächern (u.a. Englisch, Mathe, Naturwissenschaften) und Wahlfächern *(electives)* unterrichtet und müssen bis zum Abschluss bestimmte Kurse und Stundenzahlen vorweisen können.

– Durch Wahl bestimmter *electives*, Erfolge in der Schulmannschaft oder schulisches Engagement in der Schülervertretung *(student government)* können die S ihre Chancen bei der Bewerbung an einer Universität verbessern.

3,15 **1** (READING) **Read the information about the school system in the USA.** (SB S. 112)

Wortschatz

Die folgenden neuen Wörter, die im Text vorkommen, gehören nicht zum Lernwortschatz:
preschool, elementary school (AE), diploma, grade (AE), college (AE), homeschooled, extracurricular, to cheer, homecoming (AE), prom, senior (AE), to organize (AE), application

Methodisches Vorgehen

– *Pre-reading:* Die S skizzieren ihre bisherige (und evtl. zukünftige) Schullaufbahn. L skizziert Grundzüge des bayerischen Schulsystems an der Tafel und lässt die S arbeiten. Die S dürfen die deutschen Begriffe für die Schulformen verwenden.
  2–6 years: Kindergarten
  6–10: primary school
  11–16/19: secondary school
– Anschließend lesen die S den SB-Text jede/r still für sich. Sie finden heraus, welche Unterschiede und Gemeinsamkeiten das US-Schulsystem gegenüber dem deutschen aufweist. Im Plenum werden relevante Aspekte besprochen.
  – Gemeinsamkeiten: Kinder in den USA gehen mit 3 bis 4 Jahren in den Kindergarten, dann in die Grundschule und später auf eine weiterführende Schule.
  – Unterschiede: Die S beenden die Schule nach der 12. Klasse, anschließend fangen sie an zu arbeiten oder gehen aufs College. Die Schule dauert bis in den Nachmittag. Die S essen in der Schule zu Mittag und nehmen nachmittags an Wahlfächern teil. Viele S kommen erst am Abend nach Hause.

82/9 **2** (SPEAKING) **Talk about the text.** (SB S. 112)

Methodisches Vorgehen

a) Textsicherung zur Vorbereitung der Partnerarbeit in b): Die S lesen den Text erneut und machen sich jede/r für sich Notizen zu den sechs Punkten.
b) Die S sprechen in Partnerarbeit über ihre Notizen und äußern, möglichst begründet, ob sie gerne in den USA zur Schule gehen würden.

Lösung

a) *type of school: preschool, elementary school, high school, public schools, private schools, home-schooled*
   lunch: bring sandwiches from home, have a hot meal in the school cafeteria
   extracurricular activities: sports practice, drama, music clubs, art clubs, often until the evening
   sports events: at the weekend, big social activities, marching band, cheerleaders, dance teams
   dances: formal dances, homecoming dance, homecoming king or queen, prom, at the end of the senior year, have a great date, the perfect outfit
   community projects: organize activities, earn money for charities, collect food or clothes for families who need help, build a playground, will look good on college applications
b) Beispiel:
   I didn't know that some students in the USA are homeschooled.
   I think it's great that there are so many activities at American high schools.
   I would like to take part in a marching band.
   The sports events are amazing. I would like to go to school in the USA because you can play in the school teams.
   Yes, there are many activities, but I don't want to stay at school the whole day. I think you can play in sports teams in your free time in Germany too. But I would like to go to a prom at an American high school.

Erweiterung

KV 66   Die S erfahren auf Kopiervorlage 66 mehr über zwei *high school electives, Astronomy* und *Journalism*. Auswertung mit *right, wrong, not in the text*. Die S äußern, welches *elective* sie reizt.

Topic 2: My student exchange (SB S. 113–117)

Auf einen Blick

Die S lesen einen Blogeintrag von Leonie aus Deutschland, die über ihr Austauschjahr in den USA berichtet. Leonie erzählt von einem typischen Schultag in den USA. Neue Grammatik gibt es keine, aber zwei Pensen werden wiederholt: Steigerung und Vergleiche von Adjektiven sowie die Modalverben *can/can't, should, could* und *may*. In der abschließenden TASK schreiben die S einen Artikel für die Schülerzeitung über das Schulleben in den USA.

Kompetenzen:	• über grundlegende Kenntnisse des Schullebens in den USA verfügen (interkulturelle Kompetenzen)
	• einen berichtenden Text (über das Schulleben in den USA) verstehen, der weitgehend bekanntes bzw. leicht erschließbares Sprachmaterial enthält (Leseverstehen/Hörverstehen)
	• sich aufgrund der erworbenen Kennisse bewusst mit Unterschieden zwischen dem Leben/Schulleben in den USA und dem in Deutschland auseinandersetzen (interkulturelle Kompetenzen)
	• sich in Alltagssituationen verständigen, beispielsweise Kontakte knüpfen und einfache Auskünfte einholen (dialogisches Sprechen)
	• Gefühle und Meinungen in einfachen Worten zum Ausdruck bringen (monologisches Sprechen)
	• auch längere zusammenhängende Texte zu vertrauten Themen zunehmend selbstständig verfassen, hier: Artikel für die Schülerzeitung, dabei auf angemessene formale Gestaltung achten, z. B. Aufbau und Strukturierung (Schreiben)
	• klar strukturierte Texte erfassen (hier: Schulordnung), die weitgehend bekanntes oder erschließbares Sprachmaterial enthalten und alltägliche und bekannte Themen aufgreifen, und Global- und Detailinformationen sinngemäß auf Deutsch wiedergeben (Sprachmittlung)
	• über ein Repertoire an *phrasal verbs* verfügen und die Wendungen und Strukturen anwenden (Wortschatz)
	• mithilfe von *modal verbs* Verpflichtungen, Regeln und Vorschriften ausdrücken (Grammatik)
Wortfeld:	*school*
Grammatik:	*clauses of comparison, can/may*
Ergänzendes Material:	Kopiervorlagen 67 bis 70
Zeit:	ca. 4 Stunden

Einstieg

Zieltransparenz: L informiert die S über das Kompetenzziel.

○ *Read Leonie's report about her exchange program*

○ *Compare schools in the USA with schools in Germany*

○ *Say what you can, can't or mustn't do at your school*

● *Write an article for your school magazine about school life in the USA and in Germany*

3,16 ⊙ **1** (**READING**) **Read Leonie's report for the homepage of her exchange program.** (SB S. 113)

Wortschatz

Oh shoot! (infml), to be stuck, nowhere, to set off, to fit in, may, at least, once, stuff (infml), not at all, Ms, pretty, to make sb feel like sth, to belong (to), elective, astronomy, study hall period, to learn by heart, strict, extracurricular, to support, to persuade, reason, anyway

Einstieg

– *Hangman*/Galgenmännchen (alternative Bezeichung: *Snowman*) (→ **M** LB S. 179), gesucht wird das Wort *cheerleaders:* L zeichnet 12 Striche an die Tafel und erläutert, dass die S ein Wort finden sollen, das Leonie in Amerika begegnet ist und das sie cool findet.

– Anschließend leitet L auf den Lesetext über: *Leonie has written a report for the homepage of her exchange program. Let's find out what she likes at her US high school and the things she doesn't like that much.*

Methodisches Vorgehen

Die S lesen den Text jede/r still für sich. Ggf. wird die Audiodatei parallel dazu eingesetzt.

Erweiterung

⊙ KV 67   Zur Sicherung einiger *phrases* aus Leonies Bericht kann Kopiervorlage 67 eingesetzt werden.

83/1 ⟲ **2 Choose the correct answer.** (SB S. 114)

Wortschatz   *noise*

Methodisches Vorgehen

Nachdem die S den Text gelesen haben, wählen sie die korrekte Alternative aus.

Lösung

1. *nervous*
2. *locker area*
3. *size of the school*
4. *special*
5. *in study hall periods*
6. *atmosphere*

83/2–3 ⟲ **3 Find the school phrases in the text.** (SB S. 114)

Methodisches Vorgehen

a) Die S finden die *phrases* und vergleichen sie in Partnerarbeit.

● b) Leistungsstärkere S wählen in Einzel- oder Partnerarbeit fünf der *phrases* und schreiben Sätze.

Lösung

a) 1–D *keep things in a locker*
   2–G *choose an elective*
   3–A *make an announcement*
   4–E *support your team*
   5–F *fit in*
   6–C *say the Pledge of Allegiance*
   7–B *learn something by heart*

b) Beispiel:
   Leonie had to choose an elective from a list of interesting subjects.
   Students in the USA have to say the Pledge of Allegiance every morning.
   All students at a school support their team.
   I find it very difficult to learn poems by heart.
   The principal makes an announcement every morning.

Erweiterung

KV 68 Mithilfe von Kopiervorlage 68 wiederholen die S *phrases* aus den Units 1–4 *(matching exercise)*. Anschließend schreiben sie mit den gefundenen *phrases* eine *nonsense story*.

84/4 **4 Make comparisons.** (SB S. 114)

Methodisches Vorgehen

– L schreibt einsilbige Adjektive an die Tafel (z. B. *big, small, hard, strict*) und fragt die S, wie sie Leonies Highschool beschreiben würden.
– Anschließend fragt L nach Vergleichen zur eigenen Schule: *What do you think, which school is bigger, Leonie's high school in the USA or our school here in Germany? Where are the teachers stricter? Where are the subjects harder?*
– Einige Vergleiche werden in einem Tafelanschrieb festgehalten. Zunächst werden die Regeln bei einsilbigen Adjektiven, anschließend die bei zwei- oder mehrsilbigen Adjektiven wiederholt. Möglicher Hefteintrag/Tafelanschrieb:

> Comparison of adjectives
>
> Adjectives with one syllable:
> Our school is smaller than Leonie's school.
> Our subjects are harder than Leonie's subjects.
> Leonie's teachers are stricter than our teachers.
> Mrs Lee is the strictest teacher at Leonie's school.
> Our teachers are not as strict as Leonie's teachers.
>
> Adjectives with two syllables or more:
> Leonie's subjects are more interesting than our subjects.
> Photography is the most interesting subject of all.
> Maths is as important as English.

– Die S stellen mithilfe der Adjektive im SB und des *sentence switchboard* Vergleiche an. Mündliche Erarbeitung, ggf. schriftliche Nachbereitung als Hausaufgabe.
● – Schnelle S bearbeiten zusätzlich die entsprechenden Übungen im WB.

Lösung
Beispiel:
Leonie says that the school building is more modern than in Germany.
I think that the rules in American schools are stricter than the rules at our school.
I believe that teachers in the USA are as strict as in Germany.
I think that the subjects at American schools are easier than at our school.
I think that finding friends sounds as easy as at our school.
Leonie says that sports events are more interesting in the USA than in Germany.
I think homework in the USA is harder than in Germany.

Erweiterung

KV 69 Mithilfe von Kopiervorlage 69 schreiben die S einen *report* über das bayerische Schulsystem.

5 (SPEAKING) **Talk about Leonie's experiences.** (SB S. 114)

84/5

Methodisches Vorgehen

a) Partnerarbeit: Die S bereiten ihren Dialog schriftlich vor und üben ihn nach der Methode *Read and look up* (→ M SB S. 154, LB S. 181) ein.
Anschließend werden einige Dialoge im Plenum präsentiert. (Alternative: Simultanpräsentationen. Je zwei oder drei Paare präsentieren einander ihren Dialog.)
● b) Leistungsstärkere S äußern sich im Plenum.

Lösung

Beispiel:

a) A: *What clubs did you join at your high school?*

B: *I do drama and I play in a marching band. It's fun. We will perform a play soon.*

A: *Why do they say the Pledge of Allegiance?*

B: *They say it to feel like they belong.*

A: *What do you think of the school rules?*

B: *There are some school rules that I don't like. For example, I can't wear my favourite skirt to school. Other rules are OK.*

A: *What is your favourite class at school?*

B: *I really like astronomy. It's fun.*

A: *What was the best event at school that you went to?*

B: *The best event was a basketball game last month. The cheerleaders were great.*

b) *Yes, I would.*

No, I wouldn't. I don't think I would like that the school is so big. I prefer a small school.

I think I would enjoy the sports events too.

I would find it boring to have to listen to the principal every morning.

I wouldn't like to have strict rules at all.

I don't care about which clothes I can wear at school.

I wouldn't choose astronomy as an elective.

6 (LISTENING) Listen to Dan. (SB S. 115)

Wortschatz *mess*

3, 17 **Transkript**

Oh, hi José. Dan here. We should talk about this science presentation we have to do. Remember, it's this Friday! So, I'm playing basketball until 6 o'clock but I'm free after that. I asked the new German girl, Leonie, if she wanted to come and watch our match. She said no, but I think she wanted to, really! Should I come to your house? My bedroom's a pretty bad mess, so it's easier if we work in yours. I'll ask Mom to drive me because I'll be too tired to walk after my game. And I won't have time to eat first so I'll bring some pizza for both of us. Can you look at the photos I sent you before I come? I think we can use some of them. Let me know if that's OK with you. Hope to see you later!

Methodisches Vorgehen

Die S lesen die Arbeitsanweisung im Vorfeld durch, um anschließend zielgerichtet hören zu können. Zu hören ist eine Sprachnachricht von Dan für José.

a) Die S hören die Sprachnachricht und notieren, ob die gehörten Sätze *right* (r) oder *wrong* (w) sind. Sie vergleichen ihre Lösungen in Partnerarbeit.

○ Ggf. Hilfestellung: *Three of the sentences are wrong.*

● b) Allein oder in Partnerarbeit werden die (drei) falschen Sätze schriftlich verbessert.

Lösung

a) 1. *That's wrong.*

2. *That's wrong.*

3. *That's right.*

4. *That's wrong.*

5. *That's right.*

6. *That's right.*

b) 1. *It's this Friday.*

2. *They can meet after six o'clock.*

4. *He will ask his mom to drive him.*

84/6
85/7

7 Complete the sentences. (SB S. 115)

Wortschatz *exam*

Methodisches Vorgehen

Die Verwendung der Modalverben wird im Plenum wiederholt. Dazu kann eine Mindmap erstellt werden, die auch auf die für die S meist schwierigeren Modalverben *(mustn't, have to – had to – will have to)* eingeht (hier kann z. B. ein Blitz anzeigen, dass es eine Besonderheit gibt). Anschließend vervollständigen die S die Sätze der Aufgabe.

Das Abrufen der Ergebnisse kann durch eine/n *5-minute teacher* (→ M LB S. 179) erfolgen.

Lösung

1. *should*
2. *can/could*
3. *may*
4. *should*
5. *can/may*
6. *can/have to*
7. *can/can't*
8. *shouldn't*

8 (SPEAKING) Talk about your school. (SB S. 115)

Methodisches Vorgehen

Monologisches Sprechen

a) Die S formulieren im Unterrichtsgespräch Sätze zu den Gepflogenheiten an ihrer Schule. Alternative: in Partnerarbeit.

b) Die S nehmen begründet Stellung, was ihnen an ihrer Schule gefällt und was nicht. Diese echte Kommunikationssituation sollte im Plenum stattfinden, sodass L weiß, was die S bewegt. Echtes Interesse wird immer honoriert. Je authentischer L reagiert, z. B. Interesse an dem Gehörten bekundet, Fragen stellt, ohne bereits die Antwort zu kennen, desto wertvoller ist diese Art des Austauschs.

Lösung

Beispiel:

a) *I can eat in the cafeteria or bring lunch from home.*
   We may go to the toilet during the break.
   We can't/mustn't write messages during the lesson.
   I must be on time for school every morning.
   I sometimes have to clean the blackboard before the lesson.
   I don't have to clean the cafeteria.
   We mustn't write on the desks in the classroom.
   I ought to do my homework every day.

b) *I like most of our teachers because they are OK.*
   I don't like that we have so much homework because I can't meet my friends in the afternoon.
   I think we have a great playground.
   The classrooms are nice because they are big and modern. But the toilets are a mess.
   I would like to have longer holidays and no lessons in the afternoon.

Erweiterungen

– Die S schreiben die an ihrer Schule geltenden Regeln auf ein Poster und hängen das Poster im Klassenzimmer oder im Schulflur aus.

– Alternativ stellen die S Regeln für ihre Traumschule auf und gestalten das Poster kreativ.

3,18 **9** (SONG) **Cool kids** (SB S. 115)

Wortschatz

Die folgenden neuen Wörter, die im Song vorkommen, gehören nicht zum Lernwortschatz: *straight, heartbeat, to fall behind, to bring sb down, invincible, 'cause (= because)*

Methodisches Vorgehen

– Die S hören das Lied zunächst bei geschlossenen SBs und achten darauf, worum es geht. L zeichnet zur visuellen Unterstützung eine Gruppe Strichmännchen *(cool kids)* auf die eine Seite der Tafel und auf die andere Seite ein einzelnes Strichmännchen *(she)*.

– Die S hören das Lied erneut, nun bei geöffneten SBs, und lesen dabei den Liedtext mit.

– Anschließend übernehmen die S das Tafelbild ins Heft und notieren zu der Gruppe Strichmännchen, wie die *cool kids* beschrieben werden. In Partnerarbeit überlegen und gestalten die S Sprech- und/oder Denkblasen für die Strichmännchen.

○ Hilfestellung: Leistungsschwächere S können mit passenden Adjektiven unterstützt werden *(strong, funny, shy, lonely, sad, scared, popular, arrogant, …).*

Lösung

Beispiel: *The 'cool kids' are always together, they do everything the same way, they feel like they are winning all the time, they are the most important students, they know what to say and do all the time.*

85/8 **10** (MEDIATION) **Lies die Schulregeln und beantworte die Fragen auf Deutsch.** (SB S. 116)

Methodisches Vorgehen

Sprachmittlung Englisch-Deutsch

Die S lesen die Schulregeln jede/r still für sich und beantworten die Fragen schriftlich in Einzelarbeit.

Alternative: mündlich in Partnerarbeit. S1 übernimmt Fragen 1 und 5, S2 die Fragen 2 bis 4.

Lösung

1. Man muss eine Erlaubnis haben, wenn man nicht im Klassenzimmer ist, seinen Ausweis tragen und sein Smartphone beim Lehrer abgeben. Die Kleidungsvorschriften gelten auch bei Schulveranstaltungen am Abend und am Wochenende.

2. Man darf keine Schimpfwörter verwenden, schreien oder streiten. Man darf nicht auf Tische schreiben und muss seine Bücher gut behandeln.

3. Man hat täglich 40 Minuten Hausaufgaben für jedes Fach. Man kann sie zu Hause oder in der Schule machen. Man braucht eine schriftliche Erklärung der Eltern, wenn man sie nicht gemacht hat.

4. Die Kleidungsvorschriften gelten in der Schule, aber auch bei jeder Schulveranstaltung außerhalb oder in der Schule am Abend oder am Wochenende.

5. Die Kleidung muss ordentlich und sauber sein und man darf keine kurzen Hosen tragen. Man muss jederzeit Schuhe tragen und Hosen müssen richtig sitzen. Auf T-Shirts dürfen keine Bilder von Drogen oder Schimpfwörter sein. Etwas Schmuck ist erlaubt, aber Piercings und Baseballmützen sind nicht erlaubt. Mädchen dürfen keine kurzen Röcke oder Spaghettiträger tragen. Oberteile müssen den Bauchnabel bedecken.

Erweiterung

KV 70 Kopiervorlage 70 *An interview with a cheerleader:* weitere Sprachmittlungsaufgabe, diesmal Englisch-Deutsch-Englisch. Wahlweise schriftlich in Einzelarbeit oder für leistungsdifferenzierte Dreiergruppen. In letzterem Fall übernimmt ein/e leistungsstärkere/r S das Dolmetschen in beide Richtungen, die beiden leistungsschwächeren MitS übernehmen den englischen bzw. deutschen Part, der lediglich abgelesen werden muss.

🅿 ✳ **11** (TASK) **An article** (SB S. 117)
→ **V** Comparing schools, SB S. 167   → **M** Writers' conference, SB S. 156

Wortschatz
transport, dress code

Methodisches Vorgehen
Die S finden sich in Fünfergruppen zusammen. L erläutert, dass es darum geht, für die Schüler-zeitung einen Artikel über das Schulleben in den USA zu schreiben.

a) Jedes Gruppenmitglied entscheidet sich für einen der im SB vorgeschlagenen (oder weitere, selbst gewählte) Aspekte des US-Schullebens. Gemeinsam liest die Gruppe den **CULTURE**-Kasten.

b) Die S durchforsten Unit 5 jede/r für sich und machen sich auf Karten Notizen zu ihrem Thema. Anschließend berichten sie einander in ihren Gruppen von ihren Ergebnissen.

c) Gemeinsam werden die Karten in zwei Stapel sortiert – je nachdem ob der Aspekt ähnlich ist wie an einer deutschen Schule oder nicht.

d) Die S schreiben ihren Artikel alleine oder in der Gruppe. L verweist auf den Kasten **WRITING SKILLS** und die Satzstrukturhilfen im SB.
Ergebnispräsentation: Die Artikel werden in den Gruppen vorgelesen.
Alternative Form der Ergebnispräsentation, sofern die S ihren Artikel allein geschrieben haben: *Pass the text* (→ **M** LB S. 180).

Lösung
d) Beispiel:

Many young people dream about spending a year at an American high school. But high school life in the USA doesn't only mean big sports events and prom. There are some important differences between school life in Germany and in the USA.

When you arrive at an American high school, you will probably notice that American schools are often bigger than German schools. It's not always easy to find your way around.

One important difference is that teachers in the USA stay in their classrooms all day and the students have to walk to the next classroom after every lesson.

Like many schools in Germany, most high schools have got a cafeteria where you can eat lunch and chat with friends. American high schools have got a locker area where students keep their books and their sports clothes. Some German schools have lockers too.

School in the USA usually ends in the afternoon – but that doesn't mean that you go home then. Students in Germany join clubs in their free time, do homework or play computer games at home, but students in the USA often stay at school until the evening. They can join many different clubs at school and take part in art clubs, dancing and baseball teams, cheerleading or the marching band. Did you wonder how they do their homework? They have time for that every day in their timetables.

Every morning, the principal at an American high school gives a speech and everyone says the Pledge of Allegiance. Many students say that it makes them feel special and like they belong to the school. There are often strict rules at high schools: For example, many high schools have a dress code and you need to have a hall pass and your ID card when you leave the classroom. In Germany, you only need to ask if you feel sick and want to go home, and students don't have an ID card.

Teachers in the USA don't like it when students talk in class. This is also true for German schools. In Germany, many students go to school by bike or by bus. But in America, most students use the school bus.

Sometimes German students have concerts or performances at school in the evening or at the week-end. This is true for American high school students too. There are many school events during the year, for example basketball and football games, drama performances and dances. Many people know the famous prom and the homecoming dance. Students in the USA look forward to these events for months.

I think that students in the USA have to spend more time at school than students in Germany and that some rules are stricter than at German schools. But I would like to go to an American high school because I would like to take part in big sports events and go to great school dances.

Text 2: A first date (SB S. 118–120)

Auf einen Blick

Die S lesen eine als Comic illustrierte Geschichte über Abby und Dylan. Dylan spannt Abby ihrem Freund aus und verabredet sich mit ihr für den *homecoming dance*. Am Ende des Abends werden die beiden zu *homecoming king and queen* gekürt.

In der **TASK** wählen die S aus drei Aufgaben zu der Geschichte: Zwei Vorschläge erfordern einen zusammenhängenden Text *(What happened next?)*, für den dritten Vorschlag braucht es nur Sprechblasen und kurze Bildbeschreibungen.

Kompetenzen:	• über grundlegende Kenntnisse des Schullebens in den USA verfügen, hier: *homecoming dance, homecoming king and queen* (interkulturelle Kompetenzen)
	• eine Bildergeschichte verstehen und dem Text Informationen entnehmen (Leseverstehen/Hörverstehen)
	• die eigene Meinung zur Geschichte äußern und weitgehend frei über Erfahrungen berichten, jedoch mit einfachen Satzstrukturen (dialogisches Sprechen)
	• mündlich auf Texte reagieren, diese ggf. mithilfe von vorgegebenen Redemitteln beschreiben, in Standbilder umsetzen oder in Szenen nachspielen und dabei charakteristische Gestaltungsmerkmale wie Intonation und Körpersprache bewusst einsetzen (Text- und Medienkompetenzen)
	• auch längere zusammenhängende Texte zu vertrauten Themen zunehmend selbstständig verfassen (Schreiben)
Wortfeld:	*school*
Ergänzendes Material:	Kopiervorlage 71
Zeit:	ca. 2 Stunden

Einstieg

Zieltransparenz: L informiert die S über das Kompetenzziel.

○ *Read a story about a first date and find out about homecoming*

○ *Work in groups and make a freeze frame for one scene from the story*

○ *Work with a partner and make a role play for one of the pictures from the story*

● *Think about the story and what happens next*

1 Which American high school characters do you know from movies and TV? (SB S. 118)

→ **M** Placemat, SB S. 154

Methodisches Vorgehen

– Die S finden sich in Vierergruppen zusammen und sammeln auf einer *Placemat* (→ **M** SB S. 154, LB S. 180) Highschool-Figuren, die sie aus Film und Fernsehen kennen. Sie sitzen zu viert um einen Tisch, die *Placemat* in der Mitte, und jede/r S füllt das Feld vor sich aus. Wenn alle vier S ihr Feld beschrieben haben, wird verglichen und besprochen. Das Gruppenergebnis wird in die Mitte des Blattes geschrieben, Überschrift *American high school characters we know from movies and TV*. Nach der Gruppenarbeitsphase stellen die S ihre Ergebnisse in der Klasse vor.

– Alternativ können auf der *Placemat* weitere Fragen bearbeitet werden (z. B. *What are the dos and don'ts on a first date? What big events do we have at our school?*).

3,19 **2 (READING) Read the story.** (SB S. 118)

Wortschatz   *shy, to ask sb out, boyfriend, to show up, girlfriend, to pick up*

Methodisches Vorgehen

Die S lesen die Geschichte jede/r still für sich und erarbeiten Vokabular, das ihnen Verständnis-schwierigkeiten bereitet, selbstständig mithilfe des Vokabelanhangs.

> **Info: Homecoming**
>
> *Homecoming* ist an Schulen und Universitäten der USA im Herbst ein großes Ereignis. Eine Woche lang stehen Aktivitäten und Aktionen auf dem Programm, um den *school spirit* zu stärken. Höhepunkte sind ein großes Sportereignis (z. B. *football*) und der *homecoming dance*. Zu diesem Ball tragen die Jugendlichen festliche Abendgarderobe. Bereits Wochen vorher ist die Frage, wer mit wem zum Ball geht, Gesprächsthema. Die Jugendlichen wählen im Laufe der Woche *homecoming king and queen*, wobei die Wahlmodalitäten von Schule zu Schule variieren, und spätestens am Abend des Balls werden die Sieger gekrönt.

3 Talk about the story. (SB S. 118)

Methodisches Vorgehen

a) Die S arbeiten in Partnerarbeit und tauschen sich über die Geschichte aus. Sie äußern begründet, wie ihnen der Comic gefällt.

b) Weiterhin Partnerarbeit: Die S begründen, warum sie die Geschichte für realistisch oder unrealistisch halten. L gibt ggf. sprachliche Hilfen vor:
  – *If you ask me, a story like this would/wouldn't happen in real life because …*
  – *I'm sure parts of the story would happen in real life. For example, Abby/Dylan would …*
  – *I think it wouldn't happen in real life because Abby wouldn't …*
  – *I don't think that Dylan would …*
  – *In my opinion …*
  – *I think the story is quite realistic. Here's why: …*
  – *I agree with you. / I think so too. / That's exactly what I think.*
  – *I don't agree. I think …*
  – *I don't think that …*

Lösung

Beispiel:

a) *I like the story because Dylan and Abby have a good time at the dance. I think that the story is funny. I don't like the story because I'm not interested in school dances. I think the story is boring. It isn't like real life.*

b) *I think it wouldn't happen in real life because Abby wouldn't say yes when somebody like Dylan asked her to go to a dance with him. I think that Dylan wouldn't ask Abby for a date because he is shy. Scott wouldn't attack Dylan because he would get into trouble with their teachers.*
I think the story could happen in real life because Abby would like to go to the homecoming ball with Dylan. I think they could be homecoming king and queen because they are having so much fun.

4 Who is …? (SB S. 119)

Methodisches Vorgehen

Einzelarbeit: Die S ordnen den *adjectives of feeling* Figuren und Bilder aus der Geschichte zu.

Lösung

2. *Dylan and Abby are proud. That's picture 6.*
3. *Dylan is nervous. That's picture 5.*
4. *Scott is unfriendly. That's picture 2.*

5. *Abby's dad is worried. That's picture 7.*
6. *Scott is angry. That's picture 4.*
7. *Dylan is brave. That's picture 5.*
8. *Dylan is helpful. That's picture 3.*

5 Put the sentences in the right order. (SB S. 119)

Wortschatz   *to kiss*

Methodisches Vorgehen
Die S bringen die Sätze in die richtige Reihenfolge und notieren sich die Buchstaben.
Hilfestellung: Schwächeren S kann der erste und der letzte Satz vorgegeben werden.

Lösung
G *Dylan liked Abby, but he was too shy to ask her out.*
E *One day his books fell out of his locker when Abby walked past with her boyfriend.*
C *Dylan was very embarrassed.*
K *A few days later Dylan helped Abby with her Science project.*
F *Abby's boyfriend saw them in the cafeteria. He was very angry.*
A *Abby's boyfriend attacked Dylan in the gym.*
H *Abby told Scott to stop.*
L *Dylan invited Abby to go to the dance.*
D *Dylan picked Abby up and met her dad.*
J *They became homecoming king and queen.*
I *After the dance Dylan took Abby home.*
B *Dylan tried to kiss Abby.*

Erweiterung
L kopiert die Bildergeschichte auf DIN A3, jede/r S erhält eine Kopie. Die S schreiben weitere
Sprech- und/oder Denkblasen in den Comic.

6 Who could have said it? (SB S. 120)

Methodisches Vorgehen
Einzelarbeit: Die S ordnen die Aussagen den Figuren der Geschichte zu.
Abrufen und Sichern der Ergebnisse im Plenum.
Leistungsstärkere S können aufgefordert werden, die Antworten zu begründen.

Lösung   1. *Abby*   2. *Abby*   3. *Abby*   4. *Dylan*   5. *Scott*   6. *Dylan*

7 Which scene is it? (SB S. 120) → **M** Freeze frame, SB S. 152

Methodisches Vorgehen
Die S finden sich in Gruppen von drei oder vier S zusammen. Gemeinsam überlegen sie, welche
Szene sie nachstellen möchten, und üben diese ein.
Im Plenum zeigt eine Gruppe ihren *freeze frame*. Die MitS erkennen und sagen, um welche Szene
es sich handelt.

Lösung   individuelle Lösungen

8 (SPEAKING) Make a role play. (SB S. 120) → **M** Read and look up, SB S. 154

Methodisches Vorgehen
Partnerarbeit. Gemeinsam wählen die S eine der drei skizzierten Situationen und schreiben
einen kurzen Dialog. Anschließend üben sie das Gespräch nach der Methode *Read and look up*
(→ **M** SB S. 154, LB S. 181) ein. Im Plenum werden einige Dialoge vorgetragen.

Lösung

Beispiel:
- *Picture 2*

  Scott: Who's that guy? Look at him!

  Abby: That's Dylan. He's in my Science class.

  Scott: He looks stupid. Did you see how his books fell on the floor?

  Abby: No, he's not stupid. He's nice.
- *Picture 3*

  Abby: Can I sit with you?

  Dylan: Oh … uhm … yes, of course.

  Abby: Thank you. Ah, I really didn't understand what we have to do for this Science project. Would you help me?

  Dylan: Yes, I will explain it to you after lunch.
- *Picture 5*

  Mr Parker: So, young man, you must be Dylan.

  Dylan: Good evening, Mr Parker. It's nice to meet you.

  Mr Parker: What do you do in your free time, Dylan?

  Dylan: Er, I like Science, so I read a lot of books in my free time.

  Mr Parker: Well, I hope the two of you will have fun at the dance.

  Dylan: Thank you, Mr Parker!

P

86/1
87/2–3

9 (TASK) Choose one of these tasks. (SB S. 120) → **M** Tip top, SB S. 155

Methodisches Vorgehen

Die S setzen sich kreativ mit der Geschichte auseinander und wählen dafür einen der Vorschläge. Die ersten beiden Vorschläge erfordern einen zusammenhängenden Text *(What happened next?)*, für den dritten Vorschlag braucht es nur Sprechblasen und kurze Bildbeschreibungen.

Einige Ergebnisse werden im Plenum oder in Kleingruppen präsentiert. Die S geben Rückmeldung nach der Methode *Tip top* (→ **M** SB S. 155, LB S. 182) und zuvor vereinbarten Kriterien.
- a) Die S schreiben die Geschichte zu Ende. (Bleiben Abby und Dylan zusammen?)
- b) Die S verfassen einen kurzen Text, wie es mit Abbys Ex-Freund und Dylans Rivalen Scott weitergeht.
- c) Die S zeichnen drei weitere Bilder für die Geschichte (Strichmännchen genügen), gestalten Sprech- und/oder Denkblasen und eine kurze Beschreibung zu jedem Bild.

Lösung

Beispiel:
- a) *The next day at school, everybody told Dylan and Abby that they had looked really good together at the dance. Dylan felt great and he wanted to talk to Abby alone. In the break, he asked her if she wanted to go on another date with him. She said yes and they stayed together for a month. After that Abby was always busy with cheerleading and didn't have time for Dylan any more. In the end Dylan liked another girl in his class so he and Abby didn't go out any more.*
- b) *Scott became a great football player and won an important game for his school. Everyone liked him. But one day he was at a store in a shopping mall and his friends told him to steal a phone. The security guard caught him and his parents were very angry. Scott had to stop playing football after that. In the end he didn't want to hang around with his friends any more and he studied harder at school.*
- c) individuelle Lösungen

Erweiterungen

⊚ KV 71
- Kopiervorlage 71 *Homecoming week* bietet einen Überblick über *homecoming activities*, bei denen man sich jeden Tag anders verkleidet. Zunächst eine *matching exercise* Text-Bild, dann tauschen sich die S in Partnerarbeit aus, welche Verkleidung ihnen am besten gefällt.

⊚ KV 77
- Kopiervorlage 77 bietet die Möglichkeit, am Thema *a first date* das Schreiben einer *picture story* zu üben.

Film: The new kid at school (SB S. 121)

Auf einen Blick

In dem Film begleiten die S Ronan an seinem ersten Tag in der neuen Schule. Ronan trifft auf CJ, ein *buddy* an der Schule, der sich um Mitschülerinnen und -schüler kümmert und insbesondere Neuankömmlingen hilft, sich zurechtzufinden.

Kompetenzen:	• über grundlegende Kenntnisse des Schullebens in den USA verfügen (interkulturelle Kompetenzen) • längere Hörsehtexte zu alltäglichen und bekannten Themen (hier: Schulleben in den USA) verstehen, wenn deutlich und in vorwiegend amerikanischer Standardsprache gesprochen und weitgehend bekanntes oder leicht erschließbares Sprachmaterial verwendet wird, und Global- und Detailinformationen entnehmen (Hörverstehen, Hör-/Sehverstehen) • auch längere zusammenhängende Texte verfassen, hier: E-Mail, und dabei auf angemessene formale Gestaltung achten, u.a. Anrede und Schlussformel (Schreiben)
Wortfeld:	*school*
Ergänzendes Material:	Kopiervorlage 72
Zeit:	ca. 1 Stunde

Einstieg

Zieltransparenz: L informiert die S über das Kompetenzziel.

○ *Think about what it's like being the 'new kid' at school*

○ *Watch a film about Ronan's first day at a new school*

● *Write Ronan's e-mail about his first day at his new school*

1 Talk about a new school. (SB S. 121)

Methodisches Vorgehen

Gut als *Think – pair – share* (→ **M** SB S. 155, LB S. 182): Die S notieren in Einzelarbeit drei positive und drei negative Aspekte, die ein Schulwechsel mit sich bringen könnte. Anschließend tauschen sie sich zunächst in Partnerarbeit, dann im Plenum darüber aus.

Lösung

Beispiel:

I would be excited because I could meet many new people.
I would be nervous because I wouldn't know anybody at the new school.
Trying out new activities and joining clubs at school could be positive.
I think making friends could be difficult. I would miss my old friends.

2 (VIEWING) Watch the film. (SB S. 121)

Wortschatz

Die folgenden neuen Wörter, die im Film vorkommen, gehören nicht zum Lernwortschatz:
homeroom, detention, period, tray, cap, sweatshirt, to wave, pompom

10

Transkript

CJ:	Hi! I'm CJ. And this is Birchview Middle School. I'm a 'buddy'. That means I help new students when they first start here: I give them a tour of the school, show them where their classes are, help them with their schedules, lockers … that kind of thing.
Ronan:	Hello. You're CJ, right?
CJ:	Yep, that's me.
Ronan:	I'm Ronan. I just moved here from Ohio.
CJ:	Hi and welcome! Guess what: We're in the same homeroom. I can show you where to go when we change classes each period. Well, how about a quick tour before first period?
Ronan:	Sounds like a good plan. Thanks.
CJ:	That's Ruby. She's pretty popular round here – but not with the teachers …
Ronan:	Yeah, I can imagine. Let me guess: Dress code?
CJ:	Yep! She breaks it all the time: "No ripped jeans, hats or caps!" That's what the dress code on the school website says.
Ronan:	Yeah, same as in my old school.
CJ:	But I bet you didn't have any students like Ruby! She has had detention five times already this year!
Ronan:	Wow!
CJ:	Yeah.
Ronan:	I'd say she's trying to break a world record or something!
CJ:	Oh, I need to get a book for first period. We have History. … You have a lock, right?
Ronan:	Sure. Mrs Li told me I can use the locker right over here.
CJ:	Hey, we only have three minutes! We don't have to say the Pledge of Allegiance, but we shouldn't arrive in the middle of it! … This is it, our homeroom. And just in time too. Mr Thorpe's OK, you'll see.
Class:	I pledge allegiance to the flag of the United States of America, and to the republic for which it stands, one nation under God indivisible, with liberty and justice for all.
Ronan:	Wow! This is a large cafeteria! It's even bigger than at my old school. The food looks OK …
CJ:	Yeah, I guess the cafeteria's pretty big but at lunchtime we still need to have two lunch periods. Luckily we're in the first one. I'm always way too hungry to wait for second lunch. … Ugh! Not that again! … They're part of the yearbook staff and they're just laughing at a silly picture of me that they want to put in the next yearbook. Booooring! … I'm gonna make sure they don't put it in!
CJ:	The library, of course. Some students even come here before first period to get their homework done. Too early for me!
Ronan:	For me too! Oh, sorry … Can we use these computers any time?
CJ:	Yeah, you bring a note from your teacher if you're doing research for a project.
Ronan:	Hey, that's cool!
CJ:	That was Sarah-Lee. Her squad's pretty cool! And the basketball team's really good. … How about going to that pep rally on Thursday? Our pep rallies are loud, crazy and great fun. The best way to get the fans ready and excited to support the next game!
Ronan:	Sounds great! I'll think about it … Well, and thanks for the tour, CJ. I think I know my way around a bit now.
CJ:	You'll soon get round on your own. See ya tomorrow!
Ronan:	Well, let's hope CJ is right. There's my bus! Got to go now!

Methodisches Vorgehen

a) Erstes Hörsehen: Die S schauen den Film zunächst bis Minute 2:48. Im Plenum wird gesammelt, worum es geht und was die S verstanden haben. Anschließend werden die (drei) falschen Sätze im SB gemeinsam verbessert.

○ Ggf. Hilfestellung: *Three of the sentences are wrong.*

b) Zweites Hörsehen: Die S sehen den Film erneut bis Minute 2:48 und notieren alle Örtlichkeiten des Films. Der Film wird kurz angehalten, die Schauplätze werden im Plenum gesammelt. Anschließend schreiben die S zu jedem der Orte einen Satz und erläutern, was Ronan und CJ dort tun.

c) Multiple-Choice-Sicherung des Hör-/Sehverstehens: Die S sehen nun den Rest des Films und wählen jeweils die korrekte Antwort. (Dazu sollten sie die Sätze und Auswahlmöglichkeiten gelesen haben, bevor L den Film abspielt.)

Lösung

a) 1. *That's right.*
   2. *That's wrong. She has had detention five times this year.*
   3. *That's wrong. They have History first period.*
   4. *That's wrong. They don't have to say the Pledge of Allegiance.*

b) *the locker area, the classroom, the cafeteria, the library*
   CJ and Ronan talk about Ruby in the locker area. In the classroom the students say the Pledge of Allegiance. CJ and Ronan have lunch in the cafeteria. In the library CJ explains that the students can use the computers for their projects.

c) 1. *The trays in the cafeteria are green.*
   2. *Ruby is now wearing a T-shirt.*
   3. *Ruby and Samantha have got a picture of CJ.*
   4. *As the boys leave, a cheerleader waves pompoms.*

Erweiterungen

© KV 72 – Alternativ zu den Aufgaben im SB kann Kopiervorlage 72 eingesetzt werden: eine *Before-you-watch*-Aufgabe, zwei *while-viewing*-Aufgaben und eine Aufgabe zu *After you've watched*.

– Gemeinsam wird der SB-Kasten **VIEWING SKILLS** gelesen. Anschließend kann der Film erneut als Ganzes abgespielt werden, die S richten ihre Aufmerksamkeit auf die *establishing shots*. Sie finden heraus, welches Bild der erste *establishing shot* ist, und notieren drei Dinge, die man mit der Einstellung herausfinden kann.

3 (WRITING) Write about the film. (SB S. 121)

Methodisches Vorgehen

– Die S lesen die Aufgabe und den Beginn der E-Mail im Plenum und wiederholen die Bestandteile einer E-Mail (z. B. Anrede, Großschreibung des ersten Buchstabens nach der Anrede, Gruß am Ende). L sammelt ggf. Strukturierungshilfen an der Tafel.

– Die S bearbeiten die Aufgabe in Einzelarbeit, ggf. als Hausaufgabe.

– Hilfestellung: → *Writing skills*, SB S. 124f.

– Anschließend können die S ihre E-Mails in einer *Writers' conference* (→ M SB S. 156, LB S. 182) überarbeiten.

– Einige S lesen ihre E-Mails im Plenum vor und erhalten Rückmeldung von den MitS.

Lösung individuelle Lösungen

Erweiterungen

– Die S verschicken ihre in Aufgabe 3 entstandenen E-Mails an MitS (nach System, sodass jede/r S nur eine E-Mail erhält). Aufgabe zur Folgestunde ist es, die E-Mail zu beantworten, die man erhalten hat.

– Die S entwerfen einen Flyer für neue Fünftklässler mit Informationen über die eigene Schule, spezielle Angebote/Wahlfächer, Regeln, *Dos and Don'ts* usw. Sie gestalten den Flyer mit Fotos, Zeichnungen und kurzen Texten.

(UNIT TASK) A yearbook (SB S. 122–123)

Auf einen Blick

Die S arbeiten in Sechsergruppen und gestalten eine typische Jahrbuchseite.
Im Rahmen eines *Gallery walk* werden die entstandenen Seiten vorgestellt und wertgeschätzt. Die schönsten werden ausgesucht und prämiert.

Wortfeld:	*school*
Zeit:	ca. 2 Stunden

Einstieg

L erläutert, wie *high school students* den letzten Schultag vor den Sommerferien verbringen: Sie schreiben Notizen und Wünsche ins Jahrbuch ihrer Freunde! Falls möglich, wird im Plenum ein Jahrbuch einer amerikanischen Highschool angeschaut. Alternativ gibt es im Internet verschiedene Bilder aus Jahrbüchern. Die S finden sich in Gruppen von sechs S zusammen.

Methodisches Vorgehen

Step 1 Look at this page from a yearbook. (SB S. 122)

Die S betrachten die Fotos auf SB S. 122 (oder weitere Fotos), lesen die Bildunterschriften und diskutieren, welche Fotos sie gelungen finden.

Lösung
Beispiel:
I think the second picture looks nice. I think the story is really funny.
It's cool that they talk about best students at sports.
It's a great way to remember your life at school later.
I think the book doesn't say a lot about your real school life.
That story is very boring.

Step 2 Collect ideas. (SB S. 123)

Die S lesen Step 2 und den **CULTURE**-Kasten und informieren sich so über die Teile eines Jahrbuchs. Zu den angegebenen Stichpunkten sammeln sie Ideen für ihre eigene Schule.

Lösung
Beispiel:
- *student superlatives: best football players/dancers, best friends, best singer, funniest students, best dressed students, knows most about movies, most helpful student, class speakers/student representatives*
- *highlights of the year: sports events, carnival, senior party, school trips*
- *clubs and sports: performances, concerts, charity events*

Step 3 Plan your pages. (SB S. 123)

Die S überlegen in der Gruppe, wie viele Seiten sie gestalten möchten und was auf den Seiten stehen soll. Sinnvoll ist es, drei Seiten mit den Überschriften aus Step 2 zu gestalten, eine Seite pro Überschrift. Die Gruppen diskutieren über Themen, Texte, Fotos usw.

Lösung
Beispiel: *vocabulary and language from this unit: principal, marching band, gym, locker area, helpful, just kidding, main entrance, corridor, stairs, sports field, extracurricular, support, noise*

Step 4 Design your pages. (SB S. 123)

Die S erarbeiten einen *rough draft* für ihre Seiten und präsentieren diesen den anderen Gruppenmitgliedern. Diese geben Rückmeldung.

Lösung individuelle Lösungen

Step 5 Create your pages. (SB S. 123) → M Peer correction, SB S. 153

Die S gestalten ihre Seiten. Innerhalb der Gruppe wird kommentiert und korrigiert.

Lösung individuelle Lösungen

Step 6 Display your pages. (SB S. 123) → M Gallery walk, SB S. 152

Im Rahmen eines *Gallery walk* werden alle Seiten im Klassenzimmer aufgehängt. Die S betrachten alle Seiten und entscheiden, welche ihnen am besten gefallen. L kann Klebepunkte verteilen. Mit der Vergabe ihres Klebepunkts zeigen die S an, welche Seite ihnen am besten gefällt.

Lösung individuelle Lösungen

Writing skills: An e-mail from Leonie (SB S. 124–125)

> **Auf einen Blick**
>
> Schritt für Schritt wird das Schreiben einer E-Mail geübt.
>
> | | |
> |---|---|
> | **Wortfeld:** | *school* |
> | **Ergänzendes Material:** | Kopiervorlage 73 |
> | **Zeit:** | ca. 1 Stunde |

Einstieg

– Die S überlegen, ob bzw. an wen sie schon einmal eine E-Mail geschrieben haben. In Partnerarbeit diskutieren sie, welche Vorteile (und ggf. Nachteile) eine E-Mail gegenüber einem Brief hat.
– Überleitung zur **SKILLS**-Seite: *Today you'll learn how to write an e-mail in English.*
– Vor dem Bearbeiten der Aufgaben lesen die S Leonies E-Mail auf SB S. 124 und fassen zusammen, wem Leonie schreibt und worum es in der E-Mail geht.

Die folgenden Aufgaben lassen sich besonders gut bearbeiten, wenn im Text Unterstreichungen

© KV 73 vorgenommen werden können. Zu diesem Zweck kann Kopiervorlage 73 verwendet werden. Mögliche Arbeitsaufträge:

– *Use a blue pencil to underline the beginning and ending of Leonie's e-mail.*
– *Use an orange pencil to underline the purpose of Leonie's e-mail.*
– *Use a green pencil to underline all the linking words.*
– *Use a yellow pencil to underline Leonie's questions.*

1 How can you begin or end an e-mail? (SB S. 125)

Methodisches Vorgehen

Im Plenum wird der erste **SKILLS**-Kasten gelesen. Die S suchen die Sätze heraus, mit denen Leonie ihre E-Mail beginnt und beendet. Anschließend ordnen sie weitere Sätze den Überschriften *beginning* und *ending* zu. Gemeinsam kann ein Hefteintrag gestaltet werden.

Lösung

beginning phrases in Leonie's e-mail: How are you? I hope you're well. I'm sorry I haven't written for such a long time.

ending phrases in Leonie's e-mail: Well, I must go now. / Say hello to everybody and hope to hear from you soon.

1. *That's for ending an e-mail.*
2. *That's for beginning an e-mail.*
3. *That's for beginning an e-mail.*
4. *That's for ending an e-mail.*
5. *That's for ending an e-mail.*
6. *That's for beginning an e-mail.*

2 Match the purpose. (SB S. 125)

Methodisches Vorgehen

Gemeinsam wird der zweite **SKILLS**-Kasten gelesen und Leonies Schreibabsicht im Text identifiziert.

Lösung

thank: I'm writing to thank you for inviting me
apologise: I'm sorry I haven't written for such a long time
request: I wonder if you could do me a favor

3 Connect your ideas. (SB S. 125)

Methodisches Vorgehen

Die Aufmerksamkeit der S wird auf die unterstrichenen *linking words* im Text gelenkt. Die S ordnen die *linking words* den Überschriften zu und ergänzen damit ggf. ihren Hefteintrag.

Lösung

1. *By the way, …*
2. *Anyway, …*
3. *You'll never believe it, …*
4. *Actually, …*
5. *In other words, …*
6. *…, to make a long story short, …*

92/1–2
93/3–5

4 Write an e-mail. (SB S. 125)

Methodisches Vorgehen

Die S verfassen nun selbst eine E-Mail.
Anschließend *Peer correction* (→ **M** SB S. 153, LB S. 180): Der Partner/Die Partnerin korrigiert mithilfe der Checkliste auf SB S. 125.

Lösung

Beispiel:

Dear Leonie,

Thank you for your last e-mail. I'm happy to hear that you are enjoying your time back at home! I'm sending you a very interesting article from our Astronomy class last Wednesday. Mr Johnson also told us about a really cool video on the internet. You should look at it, it's very exciting. By the way, have you heard that Ellen has joined the cheerleading team? Maybe she will perform at our next big basketball match.

What have you been doing since you arrived back in Germany? Will you have a performance with your drama club soon? Maybe you could send me some cool pictures of your school and your friends in Germany. Actually, I want to persuade my parents to go on vacation to Germany next summer. It would be awesome if we could meet up!

Anyway, my parents say that I spend too much time playing basketball and that I should study more. But it's really hard because our team is getting better and better and we have been practicing four times a week since November. It's really important that we win our match in January. My parents just don't understand that.

Well, I really miss you too! Now I have to go and have dinner with my parents.

Please write soon.

Love, Dan

Revision: Describing people, places and things (SB S. 126–127)

Auf einen Blick

Die S wiederholen die Steigerung von Adjektiven und Adverbien sowie Relativpronomen.

Zeit: ca. 1 Stunde

Methodisches Vorgehen: Variante 1

– Die S arbeiten in Dreiergruppen. Die drei Grammatikthemen *(comparison of adjectives, adverbs, relative pronouns)* werden unter den Gruppenmitgliedern verteilt.

– Arbeitsteilige Gruppenarbeit: Jedes Gruppenmitglied schlägt sein Grammatikthema im Anhang nach und gestaltet ein Merkblatt/-poster. Außerdem bearbeitet jede/r S die entsprechenden *Test-yourself*-Aufgaben und kontrolliert die Lösungen selbstständig (→ SB S. 149).

– Im Anschluss kommt die Dreiergruppe wieder zusammen. Jede/r S erklärt sein/ihr Merkblatt/-poster, sodass am Ende alle drei Gruppenmitglieder auf demselben Wissensstand sind.

– Dann bearbeitet jede/r die *Test-yourself*-Aufgaben, die er/sie zuvor noch nicht bearbeitet hat. Der/Die *expert* für das jeweilige Grammatikthema korrigiert die Lösungen der MitS.

– Im Anschluss bearbeiten die S ein oder zwei Aufgaben nach Wahl der *Revision*-Doppelseite, die sie vertieft wiederholen möchten. L legt die Lösungen aus, sodass sich die S eigenständig kontrollieren können.

1 Talk about two schools. (SB S. 126)

Methodisches Vorgehen: Variante 2

a) Partnerarbeit: Die S betrachten die Fotos und beschreiben sie mithilfe der Wortvorgaben.

b) L stellt einen Vergleich der beiden Schulen an und verwendet dabei eine Steigerungsform (z. B. *I think Rockyroad High School is bigger than Bluenote High School.*).

Im Plenum werden die Regeln zur Steigerung wiederholt. In leistungsschwächeren Lerngruppen kann zusätzlich **G19**, SB S. 148, gelesen und besprochen werden.

Anschließend arbeiten die S erneut in Partnerarbeit. Durch den Vergleich der beiden Schulen wiederholen die S die Steigerung der Adjektive.

Lösung

Beispiel:

a) 1. *In picture 1 there's a big school building with the American flag in front of it.*

   2. *Picture 2 shows a big sports field. There is a lot of green grass.*

   3. *The third picture shows the school library. There is room for a lot of students and a lot of books.*

   4. *Picture number 4 shows a classroom at Rockyroad. The room has no windows.*

   5. *The fifth picture shows students at Rockyroad. They look very friendly.*

   6. *Picture 6 shows a teacher. He doesn't look very friendly at all. In fact, he looks very strict.*

b) 1. *The Rockyroad school building is bigger/more modern (than the Bluenote building).*
   2. *The sports field at Bluenote is older/smaller/not as green as the sports field at Rockyroad.*
   3. *The library at Rockyroad is more modern/bigger/has more books (than the Bluenote library).*
   4. *The classroom at Rockyroad has bigger tables than the classroom at Bluenote.*
      The classroom at Bluenote looks brighter and lighter than the classroom at Rockyroad.
   5. *The corridors at Bluenote are darker/older. The corridors at Rockyroad are more modern.*
   6. *The teacher at Rockyroad looks very strict. The teacher at Bluenote looks friendlier.*

2 How do they do it? (SB S. 127)

Methodisches Vorgehen: Variante 2
Wiederholung der Adverbien der Art und Weise

a) Die S arbeiten in Einzelarbeit und ergänzen die Sätze mit den richtigen Adverbien. Bei Unsicherheiten dürfen sie selbstständig im Grammatikanhang nachschlagen.
   Anschließend vergleichen die S ihre Ergebnisse in Partnerarbeit.

b) Jede/r S schreibt drei Sätze auf, in denen er/sie mithilfe von Adverbien eine/n MitS beschreibt. Im Anschluss wird im Plenum geraten, um wen es sich handelt.

Lösung

a) 2. *well*   3. *loudly*   4. *fast*   5. *beautifully*   6. *quietly*
b) Beispiel:
   She plays football well.
   He can run fast.
   He can speak quickly.

94/1
95/2–3

3 Complete Dan's e-mail to Leonie. (SB S. 127)

Methodisches Vorgehen: Variante 2
Wiederholung von Relativsätzen mit Relativpronomen

a) Im Plenum wird die Verwendung von *who* und *which* wiederholt. Anschließend wählen die S die korrekte Alternative (A–F) für die Lücken in der E-Mail aus.

b) Einzelarbeit: Die S verfassen eine E-Mail an Dan, in der sie über ihre letzte Geburtstagsfeier und erhaltene Geschenke berichten.

Lösung

a) 1–C   *which they gave me*
   2–B   *who thinks I look a bit boring*
   3–E   *which you can wash out easily the next day*
   4–A   *which are very comfortable*
   5–F   *which has the name of my favourite band on it*
   6–D   *who lives in California*
b) Beispiel:
   Dear Dan,
   I think your presents are great! My presents for my last birthday were really cool too.
   From my friends, who know that I like horse riding, I got a T-shirt which has a horse on it.
   My favourite aunt, who likes to work in the garden, gave me some gloves which I can use when I visit her to help in the garden.
   My brother, who plays the guitar, gave me tickets to a concert which will take place in our village next month.
   From my parents, who always want to give me stuff for school, I got a new beautiful pen which I can use to write in my diary.
   Love,
   Paula

Angels and Demons

Diskussionsmethode im Plenum. Eine These/Aussage wird diskutiert.
– Die eine Klassenhälfte sind *angels*, die zustimmen.
– Die andere Klassenhälfte sind *demons*, die widersprechen.
(Ein/e dritte S-Gruppe kann die *balance* einnehmen, die zuhört und am Ende entscheidet, welches die aussagekräftigeren Argumente waren.)

Bingo

Jede/r S zeichnet ein Bingofeld (bestehend aus 3 x 3 Quadraten) und notiert dort je nach Übungstyp neun Uhrzeiten/Zahlen/*past participles*/Wörter des aktuellen Wortfelds o. Ä.
L oder ein/e S, der/die die Funktion des *bingo master* übernimmt, nennt nun verschiedene Uhrzeiten/Zahlen/*past participles* o. Ä. Die Spieler/innen haken die genannten Felder ab. Wer zuerst eine waagerechte, senkrechte oder diagonale Reihe gekennzeichnet hat, ruft *Bingo!* und hat gewonnen.

Bus stop (→ M SB S. 150)

Im Deutschen „Lerntempoduett". Einzelarbeit und Partnerarbeit wechseln sich ab.
Die S bearbeiten eine Aufgabe zunächst in Einzelarbeit. Wer fertig ist, geht zu einem gekennzeichneten Platz im Klassenraum, dem *Bus stop*, und wartet auf den/die nächste/n MitS, der/die sich einfindet. (Dies hat den Vorteil, dass sich jeweils S mit ähnlichem Lerntempo zu Paaren zusammenfinden.) Ggf. ist kurzes Warten erforderlich. Die beiden S vergleichen ihre Ergebnisse und korrigieren sie bei Bedarf. Dann gehen sie an ihre Plätze zurück und bearbeiten die nächste Aufgabe.
Die Methode fördert selbstbestimmtes Lernen im eigenen Lerntempo. Bei schnellen S entsteht kein Leerlauf, weil sie auf die anderen warten müssen, und langsame S werden nicht überfordert, weil sie hetzen müssen.
An die Phasen der Einzel- und Partnerarbeit kann sich eine Phase im Plenum anschließen, in der die Ergebnisse zusammengetragen/gesichert werden. Alternativ legt L ein Lösungsblatt aus, mit dem die S ihre Lösungen überprüfen.

Buzz reading

Bei dieser Methode lesen alle S gleichzeitig einen Text halblaut vor sich hin. Sie lesen so lange, bis L ein Zeichen zum Aufhören gibt. Wenn sie am Ende des Textes angelangt sind, fangen sie wieder von vorne an. Es ist als Variante auch möglich, dass L einen Hörtext vorspielt und die S gleichzeitig halblaut mitlesen, um die Aussprache zu schulen.

Categories

Auf Deutsch: „Stadt – Land – Fluss".

Chinese whispers

Im Deutschen als „Stille Post" bekannt.

Chorsprechen

Wortschatz und Strukturen lassen sich festigen, indem L Wörter, Wortgruppen *(chunks)* oder kurze Sätze vorspricht und die Klasse sie gemeinsam wiederholt *(call and response)*. Diese einfache Methode zur Schulung von Aussprache und Intonation erhöht die Zahl der Sprechgelegenheiten, bindet Lernende auf unterschiedlichen Leistungsniveaus ein und fördert die Konzentration.
Wichtig ist dabei der *time lag*: Zwischen dem Vor- und dem Nachsprechen wird eine Pause von drei bis fünf Sekunden eingehalten. L signalisiert den S nonverbal, wann sie wiederholen sollen. Der *time lag* gewährleistet, dass sich die S die Wörter besser einprägen.
Um die Übung abwechslungsreich zu gestalten, empfehlen sich Variationen. Auch Sprechtempo und Lautstärke können abgewandelt werden. Beispiele: *Only the boys. / Only the girls. / Now the kids with black hair. / Now the kids who are thirteen. / Only those of you wearing a blue top today. / Say it slowly. / Say it fast. / Say it loudly. / Whisper it. / Say it like a robot.*

Communicative hand

Visualisierungsmethode zur Aktivierung von Vorwissen. Die S zeichnen ihre eigene Hand ab, in die sie dann Informationen, Begriffe usw. schreiben. In die Mitte der Hand wird das Thema/der Oberbegriff geschrieben, in die Finger stichwortartig Beispiele. (Alternativ schreiben die S direkt auf ihre Handfläche.) Dann sucht sich jede/r S eine/n Partner/in und spricht frei über das Thema. Dies wiederholt sich, bis jede/r S mit vier MitS gesprochen hat. L: *Please draw the outline of your hand on a piece of paper. Write the words X, Y, Z and XY into the fingers. Then walk around the classroom and talk to your classmates about your 'fingers'. Talk to four different classmates. Then sit down again.*
Alternative: Der/Die MitS hört zu, macht sich Notizen, fragt nach, bevor er/sie selbst berichtet. Das Paar sucht sich ein weiteres Paar. Diesmal stellt jede/r S die Ideen des Partners/der Partnerin vor.

Dictogloss

Form des Diktats, bei der L einen Text in nahezu normaler Geschwindigkeit dreimal vorliest und die S im Anschluss die Aufgabe haben, den Text zu rekonstruieren.
- Erstes Vorlesen: Die S hören lediglich zu.
- Zweites Vorlesen: Die S notieren *key words*, die sie verstanden haben.
- Drittes Vorlesen: Die S dürfen Sätze oder *chunks* mitschreiben.

Danach Übergang zur Arbeit in Kleingruppen: Die S nutzen ihre Notizen, um den Text zu rekonstruieren. (Ein Gruppenmitglied wird zum *writer* bestimmt.) In der letzten Phase vergleichen sie ihren Text mit dem Ausgangstext.

Dominoes

Wie das deutsche „Domino". Die Dominosteine bestehen aus jeweils zwei Teilen, z. B. zwei Bildern, zwei Wörtern oder einem Wort und einem Bild. Die Steine/Kärtchen müssen so aneinander gelegt werden, dass je zwei Enden Dominosteine aneinanderpassen (z. B. das Bild einer Katze in einer Box und die Präposition *in*). Am Ende ergibt sich daraus eine geschlossene Reihe mit lauter Paaren.

Double circle (→ M SB S. 151)

Bei dieser kooperativen Lernform, auch unter dem Namen „Kugellager" bekannt, bildet die Klasse zwei Gruppen, die sich in einem Außen- und einem Innenkreis aufstellen, sodass jeweils zwei S einander ansehen. (Alternativ sind auch Sitzkreise möglich.) Sobald L ein akustisches Signal gibt, führen die einander gegenüberstehenden S Dialoge. Beim nächsten Signal bewegen sich die S im Innenkreis zwei Plätze nach rechts und sprechen mit neuen Partnern/Partnerinnen. Der Vorgang wird einige Male wiederholt.
Hinweis: Bei ungerader S-Zahl wird pro Runde ein Dreierteam gebildet. L gibt ggf. Hilfestellung. Wenn wenig Platz zur Verfügung steht, kann die Variante → Zipper ausprobiert werden.

Dramatic reading (→ M SB S. 151)

Beim *Dramatic reading* („szenisches Lesen") tragen die S eine Rolle in einem Dialog mit guter Aussprache und Intonation möglichst frei vor. Zunächst machen sich alle gleichzeitig mit ihren Parts vertraut, wobei sie den Text murmelnd lesen können (→ Buzz reading).
Dann üben sie in Paaren bzw. Gruppen; dabei wenden sie die Methode → Read and look up an. Abschließend erhalten alle Teams Gelegenheit, ihre Umsetzung im Plenum vorzutragen.
Alternativ sind eigene Tonaufnahmen möglich.

Find pairs

Auf Deutsch als „Memory" bekannt. Die S bilden Paare oder Gruppen und erhalten jeweils einen doppelten Satz Bildkarten bzw. einen Satz Bild- und einen Satz Wortkarten. Sie drehen die Karten um und mischen sie. Nacheinander decken sie jeweils zwei Karten auf.
Um das Spiel mit einer Sprechaktivität zu verbinden, benennen die S die Dinge auf den Bildkarten bzw. lesen die Begriffe auf den Wortkarten vor. Wer ein Paar hat, behält es und darf zwei weitere Karten aufdecken. Karten, die nicht zueinander passen, werden wieder umgedreht. Es gewinnt, wer am Ende die meisten Paare hat.

5-minute teacher

Leicht einzusetzendes Mittel der Binnendifferenzierung, da meist leistungsstärkere S die Rolle übernehmen. Ein/e *5-minute teacher* fragt z. B. neue Vokabeln ab oder ruft Ergebnisse von geschlossenen Aufgaben ab. Die Methode reduziert den Sprechanteil von L und führt zu authentischer Kommunikation zwischen den S. MitS sind einem/r *5-minute teacher* gegenüber meist eher bereit zuzugeben, wenn sie etwas nicht verstanden haben.

Four corners

Vier Orte/Aussagen/Haltungen/… werden auf DIN-A4-Blätter geschrieben und in je einer Ecke des Klassenzimmers aufgehängt. Die S gehen umher und entscheiden sich für eine Ecke, der sie sich zuordnen. Anschließend tauschen sie sich mit den Gleichgesinnten über den Grund ihrer Auswahl aus.

Freeze frame (→ **M** SB S. 152)

Auf Deutsch: Standbild. Die Methode hilft, Texte zu deuten und Figurenkonstellationen zu erarbeiten und zu visualisieren. Die S bauen in Gruppen ein eingefrorenes Szenenbild, das die Figuren zeigt und ggf. die Gefühle und Beziehungen der Figuren zueinander widerspiegelt.

Gallery walk (→ **M** SB S. 152)

- Präsentation von in Einzelarbeit entstandenen Produkten: Einige S stehen mit ihren Produkten an den Wänden verteilt und stellen ihre Produkte vor. Die anderen S bilden entsprechend viele Kleingruppen, wandern umher und hören den Präsentationen zu. Anschließend halten andere S ihre Kurzvorträge und die bisherigen Präsentatoren werden zu Besuchern. So geht es ein paar Runden weiter, bis alle ihre Arbeiten erläutert haben.
- Präsentation von Gruppenprodukten: Die Teams hängen ihre Poster, Collagen o. Ä. an verschiedenen Stellen im Klassenraum auf. Ein Gruppenmitglied ist Experte, präsentiert das Produkt und beantwortet ggf. Fragen dazu. Die übrigen Teammitglieder gehen unterdessen umher und hören den Kurzvorträgen zu den weiteren Produkten zu. Beim nächsten Durchgang wird gewechselt; jetzt übernimmt ein anderes Teammitglied die Expertenfunktion.

Give one, get one

Die S schreiben vier Begriffe oder Vorschläge auf vier Karten. Dann gehen sie umher und führen auf ein akustisches Signal von L hin mit dem/der am nächsten stehenden MitS einen Kurzdialog zu einem eigenen und einem Partnerkärtchen. Dann werden die Kärtchen getauscht. Mit dem nächsten Partner/der nächsten Partnerin wird ein weiteres eigenes Kärtchen eingesetzt.
Die Methode kann auch dazu dienen, Ideen zu sammeln. Dabei werden die eigenen Ideen in eine Liste geschrieben. Nun gehen die S durchs Klassenzimmer und tauschen ihre Ideen aus: *Give one and take one.* Neue Ideen der MitS werden dabei der eigenen Liste hinzugefügt.

Hangman

Auf Deutsch „Galgenmännchen" oder „Galgenraten". (Falls L eine friedlichere Variante bevorzugt: *Snowman.* Auch ein Schneemann lässt sich leicht in etwa zehn Etappen zeichnen.)

I spy (with my little eye)

Entspricht dem deutschen „Ich sehe was, was du nicht siehst".

Jelly bear game

Zur Festigung von Strukturen, Abfragen von Vokabeln usw. L gibt jeder Gruppe eine kleine Tüte Gummibärchen. Der Reihe nach ziehen die S ein Gummibärchen und führen einen zur Gummibärchenfarbe passenden Auftrag aus. Die entsprechende „Farblegende" schreibt L an die Tafel. Anweisungen:
- *Don't look into the bag. Close your eyes and take a jelly bear.*
- *Check the instructions on the board. Pick the one for your jelly bear colour and follow the instruction.*
- *Enjoy your jelly bear.*

Milling around (→ **M** SB S. 153)

Die Methode eignet sich zum Vergleich von Arbeitsergebnissen und zum Einüben von Dialogen.
Die S bearbeiten eine Aufgabe zunächst allein oder bereiten sie zumindest gedanklich vor (z. B. bei Dialogen). Auf ein Signal von L hin gehen alle frei im Klassenraum umher. Beim nächsten Signal bilden sie Paare und tauschen sich über ihre Ergebnisse aus bzw. führen ihren Dialog. Dann bewegen sie sich wieder frei im Raum, bis zum nächsten Signal. Dies wird einige Male fortgeführt. L legt die Anzahl der Runden abhängig von der Komplexität der Aufgabe fest.

One stays, three stray

Methode für Simultanpräsentationen, die durch Bereitstellung eines geschützten Raums gerade schwächere S in der Ausbildung ihrer Präsentationskompetenz unterstützt.
Nach der Erarbeitung in Vierergruppen bleibt jeweils ein/e S am Gruppentisch sitzen, während die anderen drei von Tisch zu Tisch wandern, um sich über die Ergebnisse der anderen Gruppen zu informieren. Der/Die am Tisch verbleibende S informiert die MitS, die bei ihm/ihr vorbeikommen. (Nicht immer ist es möglich, die Ergebnisse aller Gruppen wertzuschätzen; entsprechend kann L Vorgaben machen, welche S die Ergebnisse welcher Gruppen anschauen, oder Vorgaben, von wie vielen Gruppen sie die Ergebnisse kennen sollten.)
Abschließend kehren die S an ihren ursprünglichen Gruppentisch zurück, tauschen sich aus und informieren den/die MitS, der/die die ganze Zeit am Platz blieb, über die Ergebnisse der anderen.

Pass the text

Alternative Form der Ergebnispräsentation nach einer Phase der Textproduktion. Die S geben ihre Texte durch die Klasse. Sie überfliegen jeweils den Text, der ihnen gereicht wird, und geben ihn dann an den/die Nächste/n weiter. So haben am Ende alle S alle Texte gelesen. (Kann auch in Vierergruppen durchgeführt werden.)

Peer correction (→ **M** SB S. 153)

Nachdem die S eine Aufgabe in Einzelarbeit bearbeitet haben, vergleichen sie ihre Lösungen in Partnerarbeit und korrigieren sie ggf. Die Fehler werden im Gespräch geklärt.

Pictionary

Entspricht dem deutschen „Montagsmaler".

Picture dictation

Ein/e S beschreibt ein Bild, der Partner/die Partnerin zeichnet der Anleitung folgend. Im Anschluss werden Original und Kopie verglichen. Alternative im Plenum: L (oder ein/e leistungsstärkere/r S) beschreibt, alle S malen. Einfachere Variante: Die S erhalten ein Arbeitsblatt, das bereits einige Bildelemente enthält, und vervollständigen die Vorlage während des Bilddiktats entsprechend.

Pictures at an exhibition

Ein/e S stellt als Experte/Expertin im Museum ein Bild vor, die Gruppe stellt Fragen. L: *Imagine you are a museum guide. At the moment there is a photo exhibition on at the museum. Explain your photo to your group and give as many details as possible. Be prepared to answer your group's questions.*

Placemat (→ **M** SB S. 154)

Beim *Placemat*-Verfahren sitzt eine Vierergruppe um ein großes Blatt Papier, das in fünf Schreibbereiche eingeteilt ist (→ Abbildung SB S. 154).
Zunächst denkt jede/r S für sich über ein Thema, ein Problem oder eine Frage nach und schreibt seine/ihre Ideen auf seinen/ihren Teil des Blattes (eines der Außenfelder).
Dann tauschen sich die Gruppenmitglieder aus, indem sie das Blatt drehen und lesen, was die anderen geschrieben haben.
Anschließend diskutieren sie und einigen sich auf gemeinsame Gedanken/Ergebnisse, die sie in die Mitte des Bogens schreiben. Diese werden ggf. der gesamten Klasse präsentiert.

Pyramid discussion

Im Deutschen als „Schneeballverfahren" bekannt.

Einzelarbeit → Partnerarbeit → Gruppenarbeit (je zwei Paare) (→ ggf. Plenum)

Die S notieren in Einzelarbeit zu einem Thema/einer Fragestellung Gedanken, Wünsche, Vorstellungen. Sie wählen fünf Punkte aus, die sie separat aufschreiben.

Anschließend tauschen sie sich in Partnerarbeit aus und einigen sich auf fünf Punkte.

Die Paare finden sich zu Vierergruppen zusammen und einigen sich erneut auf fünf Punkte, die notiert und anschließend dem Plenum präsentiert werden.

Vielleicht schafft es die Klasse abschließend, sich auf fünf Punkte zu einigen.

Read and look up (→ **M** SB S. 154)

Methode, um einen Text weitgehend auswendig zu sprechen.

Die S üben zunächst still für sich, lesen einen Satz, blicken auf und wiederholen ihn, ggf. nur murmelnd (→ Buzz reading). So erarbeiten sie den gesamten Text, z. B. für eine Präsentation.

Falls es sich um einen Dialog aus dem Lehrwerk handelt, können die S ihren Part zunächst mit einem Partner/einer Partnerin festigen, der/die denselben Part gelernt hat. Danach üben sie den vollständigen Dialog mit einem/r MitS, der/die den anderen Part einstudiert hat.

Wenn die S ihre Sätze sprechen, dürfen sie nicht in den Text schauen, sondern sollten Augenkontakt mit ihrem Gegenüber/ihrem Publikum aufnehmen.

Rope skipping

Die Methode hilft, das Meinungsbild in der Klasse zu visualisieren, und lockert zudem den Unterricht durch die körperliche Aktivität der S auf.

L legt ein Seil oder Klebeband durch die Mitte des Klassenzimmers. Die eine Seite steht für Zustimmung *(yes/I like)*, die andere für Ablehnung *(no/I don't like)*.

L erläutert, wofür welche Seite steht. Zur Illustration können an der Tafel Symbole für *thumbs up* und *thumbs down* angebracht werden (oder auf DIN-A4-Blättern auf dem Boden).

L stellt nun verschiedene Fragen, macht Vorschläge oder Aussagen. Die S springen je nach Vorliebe auf eine der Seiten des Seils.

L: *Let's make plans for the weekend. Let's sleep until 10 o'clock!* (Die S springen, je nachdem ob ihnen die Idee gefällt oder nicht.) … *Let's go shopping!* … *Let's play football!* … *Let's clean the house!* …

Round robin (→ **M** SB S. 155)

Im Deutschen als „Blitzlicht" bekannt. Die Methode dient dazu, ein schnelles Meinungsbild zu erstellen oder Vorwissen zu einem Thema zu sammeln.

Jede/r S überlegt sich einen Satz, der die eigene Meinung zu einem Thema ausdrückt. Wenn alle bereit sind, sagen die S der Reihe nach ihren Satz. Die MitS reagieren nicht, sondern lassen die Aussagen unkommentiert.

Schlüssellochmethode (Arbeit mit Bildern)

L zeigt Bilder (Fotos oder SB-Abbildungen) per Dokumentenkamera, Whiteboard oder Tageslichtprojektor und deckt die Bilder dabei so ab, dass jeweils nur ein kleiner Ausschnitt zu sehen ist.

Am besten bereitet L eine DIN-A4-Schablone vor, die immer wieder verwendet werden kann: normales weißes DIN-A4-Papier genügt; langlebiger ist festeres Papier, z. B. Tonpapier oder Fotokarton.

An einer Stelle wird eine kreisrunde Öffnung von etwa drei cm Durchmesser ausgeschnitten.

Dieses „Guckloch" ermöglicht die Konzentration auf einzelne Bildausschnitte.

L bewegt das „Guckloch" so über die Bilder, dass Personen, Tiere oder Dinge nur zum Teil zu sehen sind, und stellt Fragen.

Offener L-Impuls: *What can you see?*

Stärker gelenkt: *Look at these feet. Guess: Who do you think it is? / What about this T-shirt here: Do you think it's a boy or a girl, a man or a woman?*

Auch als stummer Impuls kann die Schlüssellochmaske eingesetzt werden: L bewegt das Guckloch über die Bilder, stoppt hier und da und gibt Raum für S-Äußerungen.

Text puzzle

Mit dieser Gruppenarbeitsmethode lesen die S mehrere Texte oder einen längeren Text arbeitsteilig und fügen dann ihre Ergebnisse zu einem Gesamtbild zusammen. Die S bereiten ihren Text in *home groups* so vor, dass sie *experts* für ihren Text sind und ihn anschließend in *expert groups* vorstellen können. So sind am Ende alle S auf demselben Wissensstand.

– Die S werden in so viele Gruppen eingeteilt, wie es Texte gibt, die *home groups*.
– Jede Gruppe liest ihren Text (Einzelarbeit), stellt sicher, dass sie ihn verstanden hat (Partnerarbeit), und ist somit *expert* für diesen Text.
– Die S finden sich in neuen Gruppen zusammen, den *expert groups*, d. h. in jeder Gruppe befindet sich mindestens ein/e *expert* pro Text. (Je nach Anzahl der S ggf. mehr als ein/e *expert* pro Text.)
– In diesen gemischten Gruppen, den *expert groups*, stellen die S ihren Text den MitS vor.

Die Methode eignet sich auch zur gemeinsamen Erarbeitung eines längeren Textes. Der Text wird in Sinnabschnitte unterteilt; es werden entsprechend viele *home groups* gebildet.

Think – pair – share (→ **M** SB S. 155)

Diese kooperative Lernform lässt sich in unterschiedlichen Unterrichtsphasen einsetzen, u. a. bei der Aktivierung von Vorwissen, bei der Hypothesenbildung zu Lesetexten und Filmen und beim Austausch von Informationen.

– *Think:* Die S bearbeiten eine Aufgabe bzw. Fragestellung zunächst in Einzelarbeit und notieren Stichpunkte bzw. Lösungen.
– *Pair:* Im Anschluss tauschen sie sich in Partnerarbeit aus, diskutieren, vergleichen ihre Ergebnisse und nehmen ggf. Ergänzungen und Korrekturen vor. Falls Fragen auftauchen, halten sie diese schriftlich fest.
– *Share:* Die Paare präsentieren ihre Ideen bzw. Lösungen und stellen ggf. Fragen.

Tip top (→ **M** SB S. 155)

Methode, um Rückmeldung zu geben. Dabei sagt der Feedback-Gebende zunächst, was ihm/ihr gut gefallen hat *(top)*. Anschließend sagt er/sie, was ihm/ihr nicht so gut gefallen hat, und gibt womöglich einen Tipp (z. B. *Maybe next time you could try to speak more slowly.*).
Nonverbale Rückmeldung möglich mit Daumen-Feedback: *thumbs up, thumbs down, thumbs sideways* (→ Abbildung SB S. 155).

Walking sentences

Vorbereitung: L übernimmt Sätze aus den Units und bereitet (evtl. laminierte) DIN-A4-Karten mit den einzelnen Wörtern oder Wortgruppen vor. Die Anzahl der Karten muss der S-Zahl entsprechen (je größer die Gruppe/Anzahl der Wörter/Satzteile, desto schwieriger).
Beispiele: *We | are | from Bavaria.*
Where | is | Holly's | flat | ?
Durchführung: Jede/r S zieht eine Karte. Wenn ein Signal ertönt, bringen die S ihre Karten in die richtige Reihenfolge und stellen sich entsprechend auf. Dann lesen sie ihren Satz laut vor.

Writers' conference (→ **M** SB S. 156)

Die S tauschen Texte, die sie geschrieben haben, in Vierergruppen aus, bewerten und kommentieren sie (keine Kritik ohne Verbesserungsvorschlag!). Dabei achten sie nicht zuletzt auf formale Kriterien wie leserliche Handschrift, Übersichtlichkeit und die Unterteilung in Absätze. Im Anschluss an diese „Schreibwerkstatt" schreiben die S ihre Texte ins Reine/drucken sie sauber aus.

Zipper

Variante von → Double circle. Die Klasse bildet zwei Reihen. Auf ein Zeichen von L hin führen die einander gegenüberstehenden S Dialoge. Anschließend rückt eine Reihe einen Platz weiter nach rechts; der/die jeweils heraustretende S geht an das andere Ende der Reihe (Reißverschlussverfahren). Dies wird einige Male fortgeführt, was den S Gelegenheit gibt, ihre Dialoge mit verschiedenen MitS zu wiederholen.

Kompetenzraster

Kompetenzziel	
Thema	
Sprachliche Mittel (Lexik/Grammatik)	
Input	
Methode(n)/Unterrichtsschritte	
Medien/Materialien	
Aufgabe/Task	
Differenzierung	

Kognitive Lernprozesse ↑

Sprachlich-diskursive Lernprozesse ↑

Sozial-interaktionale Lernprozesse ↑

Outcome

→ **evtl. Lernerfolgskontrolle**

Red Line 3 Bayern – Lehrerband | ISBN: 978-3-12-546698-2
Textquellen: Wolfgang Hallet, Ulrich Krämer (Hrsg.): Kompetenzaufgaben im Englischunterricht. Grundlagen und Unterrichtsbeispiele; Klett Kallmeyer 2012, S. 14; adaptiert von Dr. Frank Haß, Kirchberg

 Klett

183

Die CD-ROM enthält 77 Kopiervorlagen (ggf. mit Lösungsblättern), die als ergänzende Materialien im Unterricht eingesetzt werden können. Sie enthalten vertiefende und ergänzende Übungen und Spiele sowie Feedbackbögen.

Alle Dokumente liegen sowohl als editierbare Word®-Dateien als auch im PDF-Format vor.

Außerdem finden Sie zu jeder Unit die Kompetenzziele der Unit-Teile kompakt zusammengestellt. Sie können diese *advance organizers*, die aus dem Print-Teil dieses Lehrerbandes übernommen sind, nutzen, um Ihre S zu Beginn eines Unit-Teils über das Kompetenzziel zu informieren.

Zusätzlich finden Sie bei jeder Unit Kompetenzraster. Diese sollen Sie bei der Planung und Strukturierung der einzelnen Unterrichtssequenzen unterstützen. Unit 1 enthält zudem eine Blanko-Vorlage für ein eigenes Kompetenzraster, die Sie individuell verwenden können.

Zoom in
Kopiervorlagen 1–3
Unit 1
Kompetenzziele auf einen Blick Kopiervorlagen 4–14, 74 Kompetenzraster (Blanko-Vorlage) Kompetenzraster zu Intro und Topics 1 und 2
Unit 2
Kompetenzziele auf einen Blick Kopiervorlagen 15–29, 75 Kompetenzraster zu Intro und Topics 1 und 2
Unit 3
Kompetenzziele auf einen Blick Kopiervorlagen 30–43 Kompetenzraster zu Intro und Topics 1 und 2
Look at literature
Kompetenzziele auf einen Blick Kopiervorlagen 44–47
Unit 4
Kompetenzziele auf einen Blick Kopiervorlagen 48–62, 76 Kompetenzraster zu Intro und Topics 1 und 2
Unit 5
Kompetenzziele auf einen Blick Kopiervorlagen 63–73, 77 Kompetenzraster zu Intro und Topics 1 und 2